엎치락뒤치락 **세계 경제 이야기**

비행청소년
13

엎치락뒤치락
제계 경제
이야기

석혜원 글 어진선 그림

풀빛

| 차 례 |

자본주의는 개인이 재산을 소유하는 사유재산제도에 바탕을 두고, 이윤 추구를 목적으로 이루어지는 생산을 비롯한 모든 경제 활동을 자본이 지배하는 체제입니다. 공산주의 국가에서도 경제적으로는 자본주의 체제를 선호하니, 현재는 자본주의가 세계 경제를 지배한다고 할 수 있지요.

그렇다면 자본주의가 시작된 시기부터 현재에 이르기까지 세계 경제가 어떻게 변화했는지, 큰 줄기를 중심으로 알아볼까요?

16~18세기 유럽에서 자본주의가 싹튼 이래 18세기 영국에서 시작된 산업혁명 이후 기계에 의한 생산의 시대가 열렸습니다. 산업화에 따라 농업 사회는 공업 사회로 전환되고, 자본주의 경제 체제도 확고하게 자리를 잡았지요. 그러나 산업화로 자본가들은 부유해졌지만 노동자들의 삶의 질은 전혀 개선되지 않아 자본주의에 대한 저항의 움직임도 일어났습니다. 19세기 말에 이루어진 컨베이어 벨트를 이용한 조립 라인 방식은 생산성을 획기적으로 향상시켜 대량 생산을 가능하게 했지요. 연이어 사람

들의 일상생활을 편리하게 만들어 주는 많은 발명품이 쏟아져 나왔고, 백화점 같은 새로운 형태의 시장이 등장하면서 소비 생활에도 변화가 생겼어요. 그러나 1929년 세계 경제의 중심지인 미국의 주가 대폭락으로 시작된 대공황은 자본주의에 제동을 걸었습니다. 이에 따라 자유주의 경제 사상은 힘을 잃었으며, 정부가 경제를 통제하고 감독하는 정책이 등장했지요. 그럼에도 2차 세계대전이 끝나는 1945년까지 자본주의 국가들의 성장은 지지부진하고, 오히려 사회주의 국가들의 경제 성장이 더 돋보였어요.

2차 세계대전이 끝나기 직전인 1944년 미국의 브레턴우즈에서 만났던 승전국 대표들은 전쟁 이후 세계를 움직일 국제 금융 시스템을 비롯한 새로운 세계 경제 질서를 세우는 데 합의했습니다. 1945년부터 1973년 1차 석유 파동이 오기 전까지의 기간을 역사상 가장 높은 경제성장률을 기록했던 '자본주의의 황금기'라고 부릅니다. 그러나 두 차례의 석유 파동과 이에 따른 경제 불황을 극복하는 과정에서 정부의 역할은 줄이고 자유로운 경쟁 체제를 더욱 강화하는 신자유주의 경제 정책이 힘을 얻습니다. 공산주의 국가인 중국이 정치와 경제를 분리해 경제 개방을 허용하는 개혁을 꾀하며 비약적인 경제 성장을 달성하고, 1990년 소련의 해체로 공산주의 국가들이 잇따라 붕괴하면서 사회주의 경제 체제가 무너지자 자본주의는 세계 대부분의 나라의 경제를 지배하는 체제가 되었어요.

한편 산업혁명이 계기가 되어 이루어진 공업 사회는 1990년대에 꽃을 피운 정보기술 혁명을 바탕으로 정보 사회로 넘어갔습니다. 정보기술 혁명에 따른 통신 수단의 발달과 1995년에 설립된 세계무역기구가 주도한 상품과 서비스, 노동과 자본 등 모든 시장의 개방화는 세계를 하나의 시장으로 만들었습니다. 그래서 21세기를 세계화의 시대라고 하죠. 이런 세계화는 경제 위기를 맞아서도 세계를 통합했습니다. 2008년 미국에서 발생한 금융 위기가 유럽으로 확산된 뒤 곧바로 세계 경제 침체로 이어지는 결과를 초래했으니 말이죠.

자본주의가 싹튼 이래 지금까지 세계 경제는 사이사이 침체기를 겪기도 했지만 길게 보면 지속적으로 성장했습니다. 이런 성장은 강력한 경제력을 가진 나라들이 중심이 되어 이루어졌는데, 이들이 최우선으로 여긴 것은 세계 경제의 발전이나 인류 평화가 아니라 자기 나라의 정치적인 지위와 경제적인 이익이었어요. 그래서 이 나라들은 언제나 치열한 경쟁을 벌였고, 세계 경제의 선두 자리는 엎치락뒤치락하다 바뀌곤 했지요. 16세기에는 새로운 항로를 개척하는 데 앞장섰던 스페인과 포르투갈의 국력이 가장 강대했지만, 17세기에는 세계 해상 무역을 이끄는 강국으로 발전한 네덜란드가 선두로 나섰으며, 19세기 초에는 최초로 산업혁명을 이룬 영국이 그 자리를 이어받았습니다. 19세기 말부터 비약적으로 생산력이 향상되었던 미국은 20세기 초부터 세계 최대 경제 대국의 자리를 굳힌 뒤, 한 세기 동안 그 위치를 지키고 있습니다. 그러나 미국이 재정 적자와 무역 적자라는 쌍둥이 적자 문제를 잘 극복하지 못하고 위기를 맞는다면 다른 나라가 그 자리를 넘볼 수도 있어요.

이 책에서는 경제의 역사 속에서 중요한 사건들을 추려 내어 그 이야기들을 중점적으로 조명할 겁니다. 우리가 역사를 배우는 이유는 그 속에 담긴 지식과 교훈을 통해 미래를 예측함으로써 보다 나은 내일을 준비하기 위해서죠. 1절에서 22절까지는 16세기부터 20세기까지 세계 경제를 움직였던 사건들과 그 사건들이 일어난 배경, 그리고 각 나라의 경제가 부흥하고 쇠퇴하는 데 영향을 준 정책이나 결정 등에 관한 이야기들이 담겨 있습니다. 이런 이야기를 읽으면서 세계 경제 체제가 어떤 과정을 거쳐 오늘날과 같은 양상을 띠게 되었는지, 경제의 역사가 주는 교훈은 무엇인지, 이를 미래를 위해 어떻게 발전시켜 나가야 할지 등에 대해 정리해 봅시다. 23절부터 25절까지는 세계화, 지속 가능한 발전, 2008년 금융 위기 이후의 세계 경제 침체 등 오늘날 우리가 직면한 문제들을 다루고 있어요. 청소년은 바로 미래의 주인공들입니다. 이러한 주제들에 대해서는 이 책을 읽는 데서 한 걸음 더 나아가 글에서 소개한 관련 서적들을 찾아 읽고 문제 해결 방안을 친구들과 토론해 보면 어떨까요?

'근대 경제학의 창시자'로 불리는 알프레드 마셜은 '가난한 사람들의 생활을 개선할 방법이 없을까?'를 고민하다가 경제에 관심을 갖게 되었다고 합니다. 그는 빈곤을 해결하려면 경제를 역사학이나 철학의 한 분야가 아니라 경제 문제만을 별도로 다루면서 제대로 알려 주는 학문이 필요하다고 생각했습니다. 그리고 경제학을 연구하는 사람은 '냉철한 머리와 따뜻한 가슴'을 가져야 한다고 강조했어요. 냉철한 머리로 경제 문제를 분석하고 판단해야 하지만, 인간에 대한 사랑을 잃지 말아야 제대로 연구를 할 수 있다는 의미지요.

자, 책 읽을 준비가 되었나요? 스스로에게 '냉철한 머리와 따뜻한 가슴을 가진 나는 국가와 세계 경제를 책임져야 할 사람이다. 내가 할 일은 무엇인가?'라는 질문을 던지며 책장을 넘겨 봅시다.

자본주의의 싹이 트다

1장

1장에서는 자본주의가 처음 시작된 시기의 경제에 대한 이야기가 펼쳐집니다. 자본주의는 16세기 유럽에서 봉건제도가 위기에 빠지면서 싹텄다고 봅니다. 남성들이 가발을 쓰고 주름 잡힌 옷을 입고 각선미를 자랑하던 시대였지요. 이 시기까지는 유럽의 경제 발전 정도가 중국이나 인도에 비해 결코 앞섰다고 할 수 없습니다. 그렇다면 자본주의는 왜 유럽에서 시작되었을까요? 이는 아직도 논쟁거리인데, 지금부터 자본주의가 싹터서 본격적으로 자리 잡기 전인 16~18세기의 역사를 살펴보고 그 원인을 분석해 보는 것도 재미있지 않을까요?

자본주의 경제 체제의 가장 중요한 요소는 자본이에요. 16~18세기 유럽의 절대 왕권에 의해 추진된 상업과 무역을 발달시키는 '중상주의' 정책 덕분에 상공인들은 돈을 모을 여력이 생겼습니다. 그렇게 자본을 축적한 일반 시민의 힘은 절대 왕정에 대항할 정도로 커졌으며, 이들은 자본력을 바탕으로 경제 활동의 규모를 점점 키웠습니다. 이 같은 현상이 자본주의의 싹이었다는 견해가 제법 우세하지요.

상인들의 시대였다고 할 수 있는 17세기에 세계에서 가장 부유한 도시는 세계 무역을 주도했던 네덜란드의 수도 암스테르담이었습니다. 암스테르담에 본사를 둔 동인도 회사는 네덜란드의 무역 창구였으며, 세계 최초의 주식회사로 유명하지요. 그런데 당시 독립 전쟁을 벌여 스페인의 지배에서 벗어난 작은 나라 네덜란드는 강력한 왕들이 다스리던 유럽의 다른 나라들을 제치고 어떻게 세계 최고의 무역 국가가 될 수 있었을까요?

  네덜란드 동인도 회사는 자신들이 발행한 주식과 채권을 거래하기 위해 1602년 암스테르담에 세계 최초로 증권거래소를 설립했습니다. 주식회사는 거대한 자본을 모으는 가장 합리적인 방식이라 다른 나라들도 뒤쫓아 주식회사를 세웠지요. 이때 영국과 프랑스에도 증권거래소가 생겨났어요. 그런데 무슨 제도든 자리를 잡기까지는 우여곡절이 있게 마련입니다. 요즘도 대박을 꿈꾸며 주식이나 부동산 투기를 하다 패가망신하는 사람들이 있지요? 주식 투기는 주식시장이 걸음마 단계였던 18세기 영국과 프랑스에서도 벌어졌답니다. 탐욕에 눈먼 사람들이 투기를 일삼으며 주식시장에 거품이 생겼고, 이 거품이 꺼지면서 국가 경제는 엉망이 되었죠.

  20세기 초반 미국의 경제력은 자본주의가 시작되었던 유럽의 경제력을 추월하기 시작했어요. 이런 발전을 가능하게 한 경제적 토양은 미국 건국 초기 연방 정부에 의해 실시되었던 경제 정책에 따라 마련되었습니다. "뭉치면 살고 흩어지면 죽는다."는 말 있지요? 이는 국가의 경제 활동에도 적용됩니다. 미국은 서로 다른 통화 체계와 경제 정책을 가졌던 13개 주가 합쳐서 독립을 이룬 나라입니다. 초대 재무장관을 지낸 알렉산더 해밀턴은 13개 주가 이전의 통화 체계와 경제 정책을 버리고 통합된 경제 정책을 받아들이게 만드는 정치력을 발휘했어요. 미국 경제 발전의 주춧돌이었던 그의 경제 정책은 무엇이었을까요?

① ── 16~18세기 유럽의 중상주의 정책

● 자본주의는 16세기 유럽에서 시작되었다고 보는 견해가 우세하다. 16~18세기 유럽에서는 국가 부흥을 위해 경제를 강력하게 통제하며 상업과 무역을 장려한 중상주의 정책을 실시함으로써 국왕으로부터 특권을 받은 상공인들이 많은 돈을 벌수 있었다. 이런 과정에서 축적된 신흥 부자들의 자본이 자본주의의 싹을 틔웠다고 보기 때문이다. 그렇다면 당시 절대 왕정의 국왕들이 추구한 중상주의의 목표는 무엇이었으며, 중상주의 경제 정책은 어떤 식으로 이루어졌을까?

가발은 어떻게 유럽 귀족 남성의 상징이 되었을까?

봉건제도가 무너진 16세기 유럽에서는 '절대 왕정'이라는 강력한 권력을 가진 왕들의 중앙 집권적 통치가 이루어졌습니다. 절대 왕정은 봉건 사회에서 근대 국가로 넘어가는 시기의 과도기적인 정치 형태였는데, 유럽에서 가장 먼저 중앙 집권을 한 나라는 스페인이었습니다. 유럽 최고의 해군력을 가졌던 스페인은 펠리페 2세가 통치하던 1571년 그리스의 레판토 항구 앞바다에서 벌인 레판토 해전에서 오스만 제국을 격파해 지중해를 손에 넣었고, 1580년에는 포르투갈을 합병해 유럽 최대 강국이 되었어요. 그러나 정작 중요한 국내 산업을 키우지 못했으므로 산업 기반이 약했으며, 1588년 영국 해군의 습격을 받아 무적함대가 격파된 뒤 쇠퇴했습니다.

영국의 절대 왕정은 1485년 튜더 왕조를 연 헨리 7세로부터 시작되어 헨리 8세 시기에 완성되었으며, 전성기는 엘리자베스 1세 여왕 때였습니다. 16세기에 절대 왕정이 시작되었던 프랑스는 루이 13세 시기에 절대주의 체제를 확립한 뒤 "짐은 곧 국가다."라는 말로 유명한 태양왕 루이 14세 때 전성기를 맞이했지요.

분열이 계속되던 신성로마제국에서 신교_{프로테스탄트}와 구교_{가톨릭}의 종교 분쟁으로 1618년부터 시작된 30년 전쟁은 다른 나라들이 전쟁에 개입하자 유럽의 패권을 놓고 다투는 전쟁으로 발전했어요. 베스트발렌 조약으로 전쟁이 막을 내린 뒤, 1701년에 왕국으로 승격한 동부의 프로이센에서는 프리드리히 1세 때 절대 왕정이 성립되었습니다. '철인왕_{哲人王}'이라 불린 계몽 군주 프리드리히 2세는 강력한 부국강병책과 산업 진흥을 통해 프로이센이 발전하는 기틀을 마련했지요.

절대 왕정의 왕들은 왕권신수설, 즉 왕권이야말로 신이 부여한 신성한 권리라고 주장하며 국민에게 절대적인 복종을 강요했어요. 17세기부터 유럽 귀족 남성들이 즐겨 쓰기 시작한 치렁치렁한 가발은 이러한 절대 권력을 가진 국왕에 대한 충성의 표현이었습니다. 그런데 가발을 쓰기 시작한 데는 재미있는 유래가 있어요.

1562년 프랑스에서 위그노 전쟁이 일어났습니다. 이 전쟁은 위그노라 불리는 신교도들이 정부와 가톨릭교회를 믿는 구교도에 저항함으로써 발생했어요. 위그노 전쟁은 1598년 가톨릭교 신자였던 앙리 4세가 신교도의 종교적 자유를 인정하는 '낭트 칙령'[1]을 발표하면서 종지부를 찍었습니다. 그 덕분에 프랑스는 평화를 되찾았고, 절대 왕정은 루이 13세를 거쳐 루이 14세 때 절정기를 맞이한 것이지요. 그런데 고작 아홉 살에 왕위에 올랐던 루이 13세는 절대 권력을 가진 국왕이라는 자리가 무척 힘겨웠나 봅니다. 스트레스를 많이 받은 탓에 20대 초반에 벌써 대머리가 되어 가발을 쓸 수밖에 없었어요. 그러자 국왕이 대머리라는 사실을 감추어 주기 위해 귀족 출신 관료들이 너도나도 가발을 쓰기 시작했습니다.

루이 14세는 루이 13세보다도 어린 네 살에 왕이 되었습니다. 너무 어린 나이에 왕위에 오른 그는 귀족들의 반란 때문에 몇 번이나 죽을 고비를 넘겨야 했어요. 뒷날 성인이 된 루이 14세가 파리에서 멀리 떨어진 베르사유에 궁전을 짓고, 귀족들을 그곳에 살게 하면서 엄하게 감시한 이유도 바로 이 때문이었죠. 여기서 주목할 만한 사실은 루이 14세는 대머리가 아니었음에도 아버지의 영향을 받아 가발을 즐겨 썼다는 것입니다. 그러자 왕권에 눌린 귀족들도 충성의 표현으로 계속 가발을 쓸 수밖에 없었고, 이는 청교도 혁명[2]으로 프랑스에서 망명 생활을 하던 영국 국왕 찰스 2세에게도 예외가 아니었어요. 그런데 찰스 2세는 왕정이 복고되어 영국

---

1 낭트 칙령 1598년 4월 13일 프랑스 낭트에서 발표한 칙령으로, 신교파인 위그노 교도에게 일정한 지역 안에서 신앙의 자유를 허용하고 구교도들과 동등한 정치적 권리를 갖도록 했다. 1685년에 루이 14세가 폐기했다.

2 청교도 혁명 1649년에 영국에서 찰스 1세의 종교적 박해를 받던 청교도들이 중심이 되어 일어난 시민 혁명. 혁명이 일어나자 크롬웰은 혁명군을 지휘해 왕당파를 물리치고 찰스 1세를 처형한 뒤 공화 정치를 시행했다. 그러나 1660년 크롬웰이 죽자 바로 왕정으로 돌아갔다.

으로 돌아간 뒤에도 가발을 벗지 않았습니다. 강력한 왕권을 바탕으로 위세를 뽐냈던 루이 14세의 모습을 닮고 싶었던 거죠. 그러자 영국의 귀족들도 하나둘 가발을 쓰기 시작해, 결국 가발은 유럽 귀족 남성의 상징이 되었습니다.

이처럼 귀족들의 머리 스타일까지 장악했던 국왕들의 힘은 대체 어디서 나왔을까요? 그 비결은 상비군과 관료제에 있습니다. 국가에 큰일이 벌어진 위급한 상황에 항상 대비할 수 있도록 편성한 상비군은 국왕이 필요로 하면 언제든 무기를 들고 나서서 왕을 지켜 주는 조직이었고, 관료제는 왕이 임명한 관료들이 그의 뜻을 충실히 받들어 행정에 반영하는 제도였어요. 또한 절대 왕정 시기는 끊임없는 전쟁의 결과에 따라 국가의 부흥과 쇠퇴가 반복되던 때였지요. 처음에는 새로운 항로 개척에 앞장섰던 스페인과 포르투갈이 경제적·군사적 우위를 점했습니다. 그러나 시간이 지날수록 두 나라의 힘은 약해졌고, 그 뒤를 이어 영국과 프랑스, 네덜란드가 패권 다툼을 벌였지요. 나중에는 프로이센과 러시아까지 합세해 유럽을 혼돈 속에 몰아넣었습니다.

힘겨루기가 그치지 않는 시기에 국가가 해야 할 기본적인 책무는 안보를 강화하고 독립을 유지하는 것이었어요. 외부의 적이나 내부의 반란 세력을 막아 내지 못하면 평화와 번영을 약속할 수 없는 환경이었죠. 이처럼 16세기 이후의 유럽은 국가 안보를 지키기 위해 강력한 왕정이 필요함을 누구나 공감하던 시기였고, 그 덕분에 국왕은 국가와 하나가 되어 권력을 마음껏 누릴 수 있었습니다.

중상주의의 목표는 국부 증대

절대 왕정의 국왕들은 상비군과 관료제를 유지하기 위해 자금을 확보하는 데 모든 힘을 기울였습니다. 군대에 무기와 식량을 보급하고, 관료들을 입맛에 맞게 이끌어 가자면 상상할 수 없을 만큼 엄청난 비용이 필요했어요. 그 자금은 곧바로 국가의 성장으로 연결되었습니다. 부유한 국가일수록 안보를 효과적으로 유지하고, 이를 바탕으로 부를 더욱 증대할 수 있었거든요. 반대로 국력이 약한 국가는 안보가 불안하고 경제력이 약화되는 악순환을 거듭할 수밖에 없었습니다.

그렇다면 국왕들은 자금을 확보하기 위해 어떤 방법을 썼을까요? 가장 대표적인 방법은 상공업과 금융업으로 돈을 번 시민 계급과 손을 잡는 것이었습니다. 국왕들은 시민 계급의 세금으로 국고國庫를 충당하는 대신, 그들의 경제 활동을 보호하고 육성하는 정책을 시행했어요. 이렇게 국가의 부를 늘리려고 국가가 나서서 시민들의 상업과 무역을 장려하는 정책을 '중상주의mercantilism'라고 부릅니다.

중상주의는 국가가 보유한 금은 같은 귀금속을 국부, 곧 나라가 지닌 경제력으로 보았습니다. 그래서 무역을 통해 외국의 귀금속을 획득한 다음, 그 귀금속이 다시 외국으로 빠져나가는 일을 최대한 억제했어요. 나라의 산업을 육성하고 수입보다 수출을 많이 함으로써 무역수지를 늘리는 게 중상주의 국가의 목적이었습니다. 무역수지란 일정 기간 동안에 거래된 총수출액과 총수입액의 차이를 말하죠. 이 같은 목적을 이루기 위해 국가는 수출업자와 수출품 생산업자들에게 여러 특권과 혜택을 주고, 직접 공장을 세워 생산에 나서기도 했지요. 또 원료 공급을 원활하게 하고,

판로를 넓히기 위해 해외 진출도 활발하게 시도했습니다.

영국의 올리버 크롬웰, 프랑스의 장 밥티스트 콜베르, 프로이센의 프리드리히 2세 등 절대주의 시대의 지도자들은 모두 중상주의 정책을 적극 추진해 국가 재정을 안정시키고 부를 쌓으려 했습니다. 경제적 특권을 얻은 상공인들은 많은 돈을 벌어 자본을 축적했고, 상인들이 축적한 거대한 자본은 자본주의를 본격적으로 발전시켜 나갈 수 있는 밑거름이 되었어요. 그러나 정부 차원의 보호나 독점권 같은 혜택은 선택된 소수에게만 주어졌으므로, 국가가 부강해졌다고 해서 국민의 생활 여건이 크게 나아지지는 않았지요. 이를 통해 우리는 경제 성장의 혜택을 골고루 누릴 수 없게 만드는 소득의 양극화 현상은 정부의 경제 철학에 따라 언제나 생길 수 있는 문제라는 사실을 알 수 있습니다.

항해 조례로 국내 산업을 보호한 크롬웰

절대 왕정의 국왕들은 권력을 유지하는 데 필요한 자금을 마련하기 위해 중상주의 정책을 택했습니다. 그런데 아이러니하게도 가장 철저한 중상주의 정책을 실시했던 사람은 청교도 혁명을 주도해 국왕을 처형하고 권력을 잡은 영국의 정치가 올리버 크롬웰 Oliver Cromwell(1599~1658)이었어요.

영국 절대 왕정의 전성기는 "나는 영국과 결혼했다."며 독신을 고집했던 엘리자베스 1세 여왕 통치기였습니다. 여왕은 1588년 무적함대라 불리던 스페인 해군을 무찔러 해상권을 장악하고 국내 모직물 산업을 육성했으며, 1600년에는 동인도 회사를 설립해 인도 진출의 발판을 마련했어요. 그러나 후손을 남기지 못한 탓에 영국의 왕위는 이웃 스코틀랜드의 왕이었던 제임스 6세에게 넘어가 버리고 말았습니다.[3]

영국 왕 제임스 1세가 된 그는 영국의 정치 관습을 전혀 존중하지 않아서 의회와 자주 마찰을 빚었습니다. 그의 아들 찰스 1세 때는 그 정도가 더욱 심해졌어요. 찰스 1세는 재정이 어려워지자 의회의 승인도 없이 폐지된 조세를 다시 부활하고, 일부 귀족과 상인들에게 경제적 특권을 주었으며, 11년 동안 의회를 단 한 번도 소집하지 않았습니다. 그러나 뭐니 뭐니 해도 그가 저지른 가장 큰 실수는 청교도들의 종교적 자유를 박탈한 것이었어요. 결국 그는 1649년, 분노한 청교도들의 손에 목숨을 잃고 말았죠.

처형된 찰스 1세의 뒤를 이어 정권을 잡은 사람이 바로 크롬웰이었습니다. 그는 왕정을 폐지하고 공화정을 세운 뒤 가장 높은 자리라 할 수 있는 호국경護國卿에 취임했습니다. 그러고는 강력한 군사력을 바탕으로 의회를 장악해 독재 정치를 실시했어요. 1651년 의회는 그의 지휘 아래 '항해 조례'라는 법안을 통과시켰습니다.

그 당시 세계 무역의 중심지는 네덜란드 암스테르담으로, 영국 상인들은 유럽 전 지역에서 네덜란드 상인들에게 밀렸어요. 심지어 영국 식민지에서 벌이는 무역조차 네덜란드 상인들이 우위에 있었으며, 다른 대륙과의 무역에서도 네덜란드 화물선이 널리 사용되었습니다. 이러한 상황에

---

3 현재 우리가 알고 있는 영국은 잉글랜드와 스코틀랜드, 웨일스, 북아일랜드 등으로 이루어진 입헌군주국이다. 이 글에서 영국은 그레이트브리튼 섬의 중남부를 차지하는 '잉글랜드'를 가리킨다.

서 제정된 항해 조례항해법는 영국이 식민지 무역의 이권을 지키고, 국내 산업을 보호하기 위한 수단이었습니다. 항해 조례에 따르면 영국 선박과 생산국의 선박만이 유럽 대륙에서 영국으로 수입되는 상품을 운송할 수 있었으며, 유럽 대륙 이외의 식민지에서 유럽으로 수입되는 상품은 영국 선박만 이용할 수 있었어요. 결과적으로 네덜란드 선박은 자기 나라 수출 품을 영국과 식민지로 보내는 일만 할 수 있게 되어 경제적으로 큰 타격을 입었죠. 네덜란드로서는 억울한 일이었지만, 영국이 강력한 해상 군사력을 가졌기에 울며 겨자 먹기로 당할 수밖에 없었습니다.

1658년 크롬웰이 죽은 뒤 그의 아들이 호국경에 올랐습니다. 하지만 크롬웰의 아들은 정권을 유지하는 데 실패했고, 1660년 프랑스에서 망명 생활을 하던 찰스 2세가 돌아가 왕위에 오름으로써 영국은 다시 군주가 다스리는 국가로 돌아갔어요. 이렇게 나라를 다스리는 권력은 바뀌었지만 항해 조례는 유지되었습니다. 항해 조례가 영국의 해운업, 조선업, 무역업을 보호하고 자본을 축적하는 데 큰 도움이 되었거든요. 국왕이든 호국경이든 그 시대에 권력을 잡은 사람이 가장 중요하게 여겼던 것은 국가의 경쟁력을 키우는 일이었습니다. 항해 조례는 산업혁명으로 영국이 세계 최고의 공업국이 된 뒤에 폐지되었습니다.

국왕은 아니었지만 강력한 중상주의 정책을 진두지휘했던 또 다른 인물로는 프랑스의 장 밥티스트 콜베르Jean Baptiste Colbert(1619~1683)를 꼽을 수 있습니다. 1665년 루이 14세에 의해 재무장관으로 발탁되었던 콜베르는 영국의 올리버 크롬웰과 쌍벽을 이루는 사람이지요. 프랑스 정부의 곳간이 텅텅 비어 있던 시기에 재무장관이 되었던 그는 가장 먼저 세제 개혁을 시도했어요. 온갖 이유를 대며 세금을 내지 않던 귀족들로부터 세금을 거두어들였고, 평민들의 세금도 지방 정부나 귀족이 아니라 중앙 정부가 직접 거두어들여 중간에 새어 나가는 것을 막았지요. 또한 수입을 억제하고 수출을 늘리기 위한 여러 조치를 취했습니다. 베네치아 유리를 수입하는 대신 유리 제품을 직접 생산하기 위해 왕립 유리 공장과 상품을 운송할 상선을 만드는 조선소를 비롯한 많은 공장을 세웠으며, 프랑스 숙련공들의 해외 이주는 막고 전문 기술을 가진 외국 노동자들이 프랑스로 이주해 오는 것은 장려했어요. 상품의 질적 수준을 보장하기 위해 모든 종류의 제품에 품질 규정을 만들었으며, 위조품이나 결함에 대해서는 엄격한 벌금과 형벌을 부과했지요. 국제 무역을 늘리기 위해 1664년에 새로운 프랑스 동인도 회사를 세운 뒤 서인도 회사와 지중해 동부, 유럽 북부 지역을 대상으로 하는 무역 회사들도 잇따라 설립했습니다. 이러한 콜베르의 중상주의 정책들을 가리켜 특별히 '콜베르주의'라는 말이 생겨날 정도로 그는 강력한 경제 통제 정책을 추진했어요. 콜베르는 절대 권력자였던 루이 14세와 마찰을 일으키는 것도 두려워하지 않을 정도로 자신의 정책에 충실한 사람이었습니다. 루이 14세가 하루라도 빨리 베르사유 궁전을 완공하라고 해도 그는 '국가 재정이 허락하는 한'이라는 조건을 붙이며 속도를 조절했어요. 대신 프랑스의 무역을 뒷받침할 해군력을 키웠지요.

콜베르는 프랑스의 상공업을 발전시키는 데는 기여했지만 국민의 추앙을 받는 데는 실패했습니다. "곧은 나무는 부러진다."는 말 있지요? 극단적인 공업 보호 정책은 국민의 90퍼센트인 농민들의 반발을 불러일으켰어요. 농촌에서 반은 공업, 반은 농업에 종사하던 사람들은 그가 길드[4] 조직을 재편성하기 위해 지시했던 길드 가입을 따르지 않았고, 공업 규제에 대한 반발도 거세졌지요. 결국 1683년에 그가 사망하자 콜베르주의는 사실상 중단되었습니다.

가발과 운명을 함께한 중상주의

절대 왕정이 권력을 유지하는 데 필요한 돈을 마련하기 위해 중상주의 정책을 시행하자 사람들의 생활 태도도 변했습니다. 중세 유럽의 사람들은 각자 분수에 맞게 살아야 하며, 지나친 이윤을 추구해 공동체의 조화와 균형을 깨뜨리는 일은 하지 말아야 한다고 생각했어요. 하지만 중상주의 정책이 시행된 뒤에는 거리낌 없이 자신의 경제적 이익을 꾀하고 부를 증진하는 데 몰두했지요. 이런 목적을 달성하기에 가장 적절한 수단은 상공업이었습니다. 국왕으로부터 경제적 특권을 받은 상공인들은 손쉽게 자본을 축적할 수 있었거든요. 다만 정부 차원의 보호나 혜택은 선택된 소수에게만 주어졌으므로, 국가가 부강해졌다고 해서 모든 국민의 생활이 나아진 것은 아니었습니다. 오히려 사회적 불평등이 심화되어 이에 대한 저항의 기운이 생겨나기도 했죠.

쓴소리도 마다하지 않던 재무장관 콜베르가 사망한 후, 루이 14세는 모

---

4 길드 중세 시대 유럽 도시의 상공업자들이 공동의 이익과 독점권 확보 및 안전을 도모하기 위해 만든 동업 조합. 11~12세기에는 중세 영주의 권력에 맞서면서 도시의 경제적 발전과 자치권을 획득하는 데 중요한 역할을 했으나, 근대 산업의 발달과 함께 16세기 이후에 쇠퇴했다.

든 부서의 회계를 하나로 묶어 관리했던 그의 회계 장부 기록을 중단했습니다. 그래서 대신들은 국왕의 살림살이를 비판하기 전에 그의 재무 상태를 파악하기 위한 자료를 확보하는 일조차 쉽지 않았어요. 루이 14세의 집권 후기는 사치와 끊임없는 전쟁으로 국가 재정이 바닥나기 시작했지만, 재정 상태의 심각성은 공개되지 않았습니다. 게다가 낭트 칙령을 다시 폐지해 상공업에 종사하던 신교도들이 프랑스를 떠나는 바람에 경제력이 더욱 악화되었습니다.

사정은 루이 15세를 거쳐 루이 16세에 이르러서도 나아지지 않았습니다. 오히려 루이 16세는 사치스러운 생활과 전

쟁을 계속하기 위해 국민에게 더 많은 세금을 요구했어요. 불만을 품은 사람들은 더는 참지 못하고 1789년 7월, 거리로 뛰쳐나왔습니다. 프랑스 혁명을 일으킨 거예요. 결국 루이 16세는 1793년 파리의 콩코르드 광장에서 단두대의 이슬로 사라졌습니다. 그러자 귀족의 상징이었던 가발이 프랑스에서 먼저 사라지고, 이어 유럽 전역에서도 가발을 쓰지 않았어요.

우연의 일치일까요? 중상주의도 가발과 운명을 같이했습니다. 17세기 유럽에서는 경험주의 철학자 베이컨과 합리주의 철학자 데카르트가 학문에 대한 새로운 방법론을 모색하기 시작했고, 갈릴레이와 뉴턴 등 위대한 과학자들이 등장하면서 자연과학이 발전했습니다. 18세기에 이르러서는 합리적인 사고방식이 발전함에 따라 절대 권력을 지지하던 왕권신수설이 힘을 잃고, 인간 이성의 힘을 강조하는 계몽주의 사상이 유행했어요. 사람들은 이성적으로 생각하는 방법을 배웠으며, 눈으로 보거나 실제로 증명할 수 있는 것만 믿었지요. 이런 변화는 경제사상에도 영향을 미쳤습니다. 중상주의는 세계 전체로 보았을 때 금은 같은 귀금속에 한정되어 있고, 무역에서 한 나라가 이익을 얻으면 상대국은 그만큼 손해를 본다고 여겼습니다. 그러나 사고의 전환이 이루어지자 국가의 부는 금이나 은, 화폐를 통해 만들어지는 것이 아니라 생산물을 통해 만들어진다는 생각을 하게 되었어요. 또한 절대 왕정의 보호 아래 이루어졌던 국내 산업 보호 정책이 오히려 국민들의 자유로운 경제 활동을 가로막아 산업 발전을 해치자 중상주의에 대한 비판이 일었습니다. 이러한 반론과 사회 변혁으로 영국과 프랑스에서는 18세기 중엽 이후 중상주의가 영향력을 잃었어요. 다만 영국과 프랑스에 비해 늦은 1840년경에 공업화가 시작되었고, 이를 정부가 앞장서서 이끌어 나갔던 독일에서는 이후에도 중상주의 경제 정책이 힘을 발휘했지요. 1871년에 독일을 통일한 프로이센의 재상 비스마르크는 국내 산업의 경쟁력을 기르는 발판으로 '보호무역주의'를 내세웠습니다. 고전파 경제학의 창시자로 불리는 애덤 스미스Adam Smith(1723~1790)는 1776년에 쓴 경제학서 《국부론》을 통해 금은 등의 귀금속은 교환의 매개로 쓰이는 물건에 불과할 뿐 실제 부와 연관되는 것은 국가가 생산하는 생산물의 양이라고 주장했어요. 오히려 수입을 통해 물건을 들여오면 그 자체로 시장이 풍부해져서 국가의 부가 증대된다고 이야기했죠. 애덤 스미스의 이론은 훗날 자본가들이 주도한 자유무역과 자유 시장의 발전으로 이어져 자본주의의 성장을 이끌었습니다.

그렇지만 중상주의 정책 아래서 축적되었던 상공인들의 자본이 없었다면 산업혁명의 기폭제가 된 기계의 발명이 이루어졌다고 하더라도 가내 수공업에서 대규모 공장제 기계 공업으로 전환하는 일은 불가능했을 거예요. 그래서 자본주의는 중상주의 정책이 이루어졌던 시기에 시작되었다고 보는 견해가 우세합니다.

● 러시아 절대 군주 표트르 대제의 근대화 첫걸음

250년 가까이 몽골의 지배를 받다가 15세기 말에 독립을 이룬 러시아는 유럽의 다른 나라들에 비해 늦은 17세기 말 로마노프 왕조의 4대 황제인 표트르 대제에 의해 절대 왕정이 완성되었다. 표트르 대제는 근대화를 이루기 위해서는 서유럽의 뛰어난 기술을 도입할 필요가 있다고 생각하고 약 250명으로 구성된 대사절단을 파견했다. 그때 대제도 변장을 하고 스스로 선진 기술을 배우기 위해 유럽으로 파견한 사절단의 한 사람이 되었다. 그는 신분을 감춘 채 공장과 박물관, 병원, 대학, 천문대 등을 열심히 다니며 유럽의 문물을 배웠고, 네덜란드의 조선소에서는 직접 손에 망치를 들고 배 만드는 기술을 익히기도 했다.

또한 '표트르의 도시'란 뜻을 지닌 페테르부르크를 건설해 서유럽으로 통하는 창구와 발트해 지배를 위한 발판으로 삼았다.

근대화를 위해서는 일상생활의 변화가 먼저 이루어져야 한다고 판단했던 그는 귀국한 뒤 귀족들에게 풍성하고 소매가 긴 옷 대신 서양식 양복을 입게 했으며, 수염을 기르지 못하게 했다. 수염을 자르지 않는 귀족의 수염은 가위를 들고 직접 잘라 버렸으며, 그래도 고집을 부리는 사람들이 있자 수염세를 만들어 수염을 기르면 해마다 100루블의 세금을 내게 했다고 한다.

● 국가의 부를 증대하기 위해 국왕들이 앞장서서 무역을 장려했던 시기, 아이러니하
게도 스페인의 지배에서 벗어나 독립을 선언했던 작은 나라 네덜란드가 세계 무
역의 최강자로 떠올랐다. 무력을 앞세웠던 다른 나라들과 달리 동인도 회사를 앞
세워 상인들의 자유로운 거래를 보장한 정책 덕분이었다. 폭풍우를 만나 표류하다
가 제주도에 다다른 뒤 13년 동안 조선에서 생활했던 하멜은 동인도 회사의 직원
이었다. 그가 몸담았던 동인도 회사는 어떤 곳이었으며, 그는 부유한 집안 출신임
에도 왜 배를 타는 험한 일을 했을까?

헨드릭 하멜이 항해 일지를 작성한 이유는?

1666년 9월, 동료 일곱 명과 여수 전라좌수영을 탈출한 네덜란드 동인도
회사 소속 선원 헨드릭 하멜Hendrik Hamel(1630~1692)은 일본의 나가사키로
가는 데 성공했습니다. 하지만 그곳에서 다시 1년간 잡혀 있었죠. 하멜은
나가사키에 있던 동인도 회사의 극동 무역 본부인 데지마 상관商館에 머
무는 동안 13년간의 밀린 임금을 청구하기 위해 보고서를 작성했어요. 보
고서에는 1653년 6월 항해를 시작한 일부터 폭풍우 때문에 표류하다가
그해 8월 조선의 켈파트 섬제주도에 다다른 이야기, 이후 조선에서 생활했

던 13년간의 이야기, 1666년 9월 나가사키에 도착한 뒤 나가사키 총독이 던진 질문과 답변 등이 적혀 있습니다.

1667년 12월, 하멜 일행은 나가사키에서 네덜란드 동인도 회사 본부가 있던 바타비아지금의 인도네시아 자카르타로 보내졌습니다. 그 뒤 하멜만 바타비아에 남고, 다른 동료들은 긴 항해 끝에 1668년 7월 네덜란드 암스테르담에 도착했어요. 동료들이 가지고 갔던 하멜 보고서의 필사본은 출판사로 넘겨져 《1653년 바타비아발 일본행 스페르베르 호의 불행한 항해 일지》라는 책으로 암스테르담과 로테르담에서 각각 출간되었습니다. 우리에게 《하멜 표류기》로 알려진 책의 원본이죠. 미지의 나라 조선의 이야기가 담긴 이 책은 서양에서 큰 관심을 불러일으켰어요. 1670년 프랑스를 시작으로 독일, 영국에서 여러 종류의 번역본이 출간되었고, 이후 여러 차례 복간출판이 중단되거나 폐지된 출판물을 다시 펴내는 것이 이루어지기도 했습니다. 하지만 정작 우리는 이런 책이 있다는 사실을 1917년이 되어서야 국학자 최남선崔南善을 통해서 알게 되었습니다. 우리나라가 바깥세상 돌아가는 일에 얼마나 무관심했는지 짐작이 가지요?

17세기에 네덜란드에서 바타비아까지 항해를 하려면 6개월은 족히 걸렸습니다. 도중에 폭풍우를 만나 배가 난파되면 선원들은 목숨을 건지기도 힘들었어요. 난파되었던 스페르베르 호는 그 당시 아시아 무역을 장악했던 네덜란드 동인도 회사의 화물선이었고, 하멜은 '서기'라는 직책으로 배에 올랐습니다. 그런데 하멜은 왜 이런 위험을 감수하고 항해에 나섰을까요? 하멜은 칼뱅파의 신교도 프로테스탄트였습니다. 그는 프로테스탄트 윤리에 따라 배 타는 직업을 신이 자신에게 부여한 소명으로 여겼고, 주어진 임무를 수행하기 위해 기꺼운 마음으로 배에 올랐을 거라고 여겨집니다.

최초의 근대적 주식회사였던 네덜란드 동인도 회사

대항해 시대 이후 무역이 활발해지면서 국가가 특수한 사업을 위임한 '수탁 회사'라는 독특한 기업이 탄생했습니다. 왕실의 지원을 받은 탐험가들이 발견한 신대륙의 상권을 왕실과 상인들이 공동으로 장악하는 데 가장 좋은 형태가 수탁 회사라고 생각했기 때문이지요. 최초의 주식회사[5] 형태를 갖춘 수탁 회사는 1555년에 세워진 영국의 머스코비 회사입니다. 이를 모델로 17세기 초에 영국, 네덜란드, 프랑스는 아시아 무역과 식민지를 차지하기 위해 경쟁적으로 동인도 회사를 설립했어요. 아시아 특산품에 대한 무역 독점권을 둘러싸고 치열한 암투를 벌였던 동인도 회사들은 유럽 중상주의 국가들이 벌였던 상업 전쟁의 최전선에 배치된 전사들이었습니다.

그 가운데 1602년에 설립되어 1799년에 해산한 네덜란드 동인도 회사는 1730년대까지 세계에서 가장 큰 기업이었습니다. 1648년에야 비로소 정식 독립 국가로 인정받았던 작은 나라 네덜란드가 세운 동인도 회사가 영국과 프랑스의 동인도 회사를 물리치고 최고의 위치에 올랐던 비결은 무엇이었을까요?

---

5 **주식회사** 주식을 발행해 여러 사람으로부터 자본금을 마련해서 만든 회사. 자본과 경영이 분리되는 회사의 대표적인 형태다.

대항해 시대를 열고 한 세기 동안 아시아 교역을 독점했던 포르투갈이 스페인에 합병된 뒤 유럽의 모든 상인에게 주어졌던 포르투갈의 후추 판매권이 일부 상인에게만 허용되었습니다. 그러자 수익성이 높은 후추 판매업에서 배제된 국가의 상인들은 스스로 아시아 항로를 개척하기 시작했지요. 스페인과 독립 전쟁을 벌이던 네덜란드에서도 1590년대에 아시아 무역을 시도하는 회사가 여러 개 설립되었어요. 하지만 이들의 경쟁이 점차 심해지면서 모두 도산할 위기에 처하고 말았습니다. 그러자 정부는 하나의 연합 회사를 만들어 경쟁을 없애고자 했는데, 그것이 바로 1602년에 세운 네덜란드 동인도 회사입니다. 회사 설립 특허장에는 희망봉 동쪽과 마젤란 해협 서쪽 사이 지역에서 독점적으로 항해할 수 있는 권리를 갖는다고 적혀 있었습니다. 그뿐만 아니라 아시아 국가 및 영주들과의 조약 체결, 전쟁 선포, 요새와 상관 건설, 군인 충원 등 국가 기능을 대신할 수 있는 권한도 주어졌어요.

　다른 나라의 동인도 회사들도 네덜란드 동인도 회사처럼 무역 독점권과 국가 기능을 대신할 수 있는 권한을 가지고 있었습니다. 그럼에도 네덜란드 동인도 회사가 선두에 섰던 이유는 가장 먼저 사업을 안정적으로 추진할 수 있는 자금을 확보했기 때문이죠.

　네덜란드 동인도 회사는 설립한 후 첫 항해에서 265퍼센트의 이익을 냈습니다. 그러고는 이익금을 투자가들에게 나누어 준 뒤 사업 조직을 해산했어요. 그러나 다음 항해 때부터는 회사에 투자한 돈을 투자가들에게 곧바로 돌려주지 않고, 1612년과 1622년 연말에 청산하는 방식을 도입했습니다. 대신 투자하고 받은 주식을 마음대로 팔 수 있게 해 투자금의 자유로운 거래를 보장했어요. 또한 경영 성과에 따라 발생하는 이익금은 10년을 다 기다린 다음에 받는 것이 아니라, 회사가 5퍼센트의 이익을 낼 때마다 곧바로 배당하는 조건도 내걸었습니다. 회사 측이 항해를 위한 사업 조직을 21년간 영업하는 하나의 벤처기업으로 여겼던 거지요. 자금이 필요한 투자가는 주식시장에서 주식을 팔면 되기 때문에, 투자한 돈을 회수하기 위해 사업 조직을 청산할 때까지 기다리지 않아도 됐습니다. 또 회사는 항해할 때마다 사업 조직을 새로 구성하고 해산하는 일을 반복하지 않아도 되어 지속적인 사업을 벌일 수 있는 안정성을 확보했고요.

현재의 주식회사와는 성격이 조금 다르지만 네덜란드 동인도 회사는 당시로서는 분명히 획기적인 조직이었습니다. 그래서 네덜란드 동인도 회사를 역사상 최초로 주주의 유한 책임제를 적용했던 주식회사라고 합니다. 항해할 때마다 새로이 주주를 모았던 영국 동인도 회사도 10년 뒤에는 네덜란드의 방식을 따랐어요. 하지만 이미 인도양과 동인도 제도의 모든 섬, 항구에서 포르투갈을 몰아내고 상권을 거머쥐었던 네덜란드 동인도 회사를 따라잡기에는 역부족이었습니다.

1636년 이후 쇄국 정책을 펼치며 바깥 세계와의 교역을 금했던 일본이 네덜란드 동인도 회사에만 나가사키 데지마 상관을 통해 교역을 허용했던 것도 네덜란드에 힘을 실어 주었습니다. 일본은 네덜란드 상인들에게 교역 독점권을 주는 대신, 선박이 나가사키 항구로 들어올 때마다 해외 정보에 대한 보고서를 제출하도록 요구했어요. 쇄국 정책을 펼치면서도 해외 정세를 계속 살피기 위해서였죠.

17세기 황금기를 맞이한 네덜란드

무력을 앞세워 무역을 했던 스페인이나 포르투갈과 달리 네덜란드는 동인도 회사를 내세워 상인들의 자유로운 거래를 보장하며 유럽, 아시아, 아프리카 등 세계 모든 지역을 상대로 무역을 했습니다. 네덜란드에서 생산 또는 가공한 상품과 다른 나라에서 수입한 상품들은 모두 네덜란드 선박에 실려 각 나라로 운송되었습니다. 이에 따라 네덜란드는 해운업과 상업으로 세계적인 명성을 얻었어요. 17세기에 네덜란드 상인들은 영국, 프랑스, 스코틀랜드의 모든 상인이 가졌던 선박보다 더 많은 선박을 소유했고, 유럽 상품 가운데 90퍼센트의 운송을 담당했습니다. 네덜란드가 바다를 지배할 수 있었던 것은 화물 운송에서 뛰어난 경쟁력을 갖춘 '플라이트Fluyt'라는 상업용 선박 덕분이었습니다. 1595년 홀란트 주 북부에 있는 도시의 한 조선소에서 개발한 이 선박은 양옆이 불룩하게 튀어나오고 갑판이 매우 좁아 출발하고 정지하기가 쉬웠습니다. 또한 폭풍우도 잘 견뎠으며, 다른 선박보다 속력이 두 배 정도 빨랐어요.

17세기에 무역 규모가 엄청나게 커지면서 네덜란드는 황금기를 맞이했습니다. 경제의 중심지였던 암스테르담은 언제나 활기가 넘쳤어요. 17세기 초 암스테르담에는 은행이 설립되어 무역에 꼭 필요한 환전 서비스를 담당했으며, 주식시장도 개설되어 기업들은 주식을 발행해서 자금을 쉽게 조달할 수 있었어요. 암스테르담은 자연스럽게 유럽의 금융 중심지가 되었습니다.

새로운 형태의 기업과 선박을 만들어 세계 무역을 주도했던 네덜란드 사람들의 창의성과 실용성은 어디서 나온 걸까요? 독일의 사회학자이자 경제학자인 막스 베버Max Weber(1864~1920)의 연구는 이러한 궁금증을 풀어 줍니다. 그는 경제적으로 부유한 나라들의 공통적인 특징을 정리해 1904년과 1905년 두 차례에 걸쳐 〈프로테스탄티즘의 윤리와 자본주의 정신〉이라는 논문을 발표했습니다. 그는 신이 부여한 소명이 무엇인지 모른 채 불안한 삶을 살던 사람들이 자신의 직업을 소명으로 받아들이고 열심히 일하도록 이끌어 준 종교 윤리가 자본주의를 발전시킨 요인이라고 분석했습니다. 종교개혁을 통해 싹튼 근검절약 정신을 바탕으로 자기 절제를 요구하는 종교 윤리가 만들어지고, 벌어들인 돈을 전부 쓰지 않고 저축하면서 자본 축적이 가능해져 자본주의가 자리 잡을 수 있었다는 거죠. 그리고 자본주의 정신이 발달한 나라들은 모두 부유해졌다고 했습니다.

네덜란드의 역사는 이런 주장이 타당함을 보여 줍니다. 종교개혁 이후 네덜란드 북부의 여러 주에서는 칼뱅파 신교도가 갑작스럽게 늘어났어요. 그러자 스페인의 펠리페 2세는 이들을 탄압했고, 1567년 네덜란드의 총독으로 부임해 온 알바 공도 신교도를 탄압하고 공포 정치를 폈지요. 이에 1572년 네덜란드 인들은 자신들의 자유를 주장하며 독립의 목소리를 높이기 시작했습니다. 1579년 홀란트 주를 비롯한 북부 7주는 위트레흐트 동맹을 결성해 항전을 계속했으며, 1581년 7월에는 독립을 선언하고 빌럼 1세를 초대 통령으로 네덜란드 연방 공화국을 세웠어요. 네덜란드의 독립을 주도했던 신교도들은 자신들이 믿는 종교 윤리에 따라 자신이 아닌 신의 영광을 위해 돈을 벌었고, 신이 내린 재능을 발휘하기 위해 열

심히 사업을 펼쳤습니다.

　하멜의 보고서에는 그의 신앙을 알 수 있는 구절이 여러 군데 나옵니다. 그의 고향인 호르큄에 있는 문서보관소의 기록에 따르면, 하멜은 1630년에 유아 세례를 받았어요. 세례 증인은 호르큄 시장이었고, 아버지가 매입했던 집이 대저택이었던 사실을 통해 그가 부유한 집안 출신이라는 것을 짐작할 수 있죠. 하멜은 스무 살이 되던 해인 1650년에 네덜란드를 떠나, 1651년 바타비아에 도착한 뒤 동인도 회사에 선원으로 취직했습니다. 스페르베르 호를 탔을 때 서기였던 점으로 보아 글을 읽고 쓸 수 있었음을 알 수 있어요. 부유한 환경에서 제대로 교육받은 하멜이 배를 타는 험난한 직업을 택했던 이유는 프로테스탄트 윤리 때문이었다고 짐작할 수 있습니다. 강력한 해양 국가의 청년이 가졌던 도전 정신과 열정이 그를 바다로 나아가게 했죠. 신생 독립국 네덜란드는 하멜처럼 사명감과 소명 의식을 갖고 어떤 위험도 마다하지 않는 사람들의 힘이 모여 17세기에 세계 최강의 나라가 될 수 있었던 것입니다.

● 네덜란드의 금광이었던 청어

바다보다 낮은 척박한 땅 네덜란드에서 사람들이 살기 시작했던 14세기, 전체 인구 100만 명 가운데 20만 명은 어부였다. 이들은 대부분 청어 잡이에 종사했다. 바닷물의 온도에 민감한 청어는 기후가 온난했던 중세에는 여름이면 남쪽의 발트 해로 이동하고, 초가을이면 잉글랜드의 북해 해안으로 몰려왔기 때문에 독일과 북유럽 국가들은 청어 잡이로 많은 돈을 벌었다. 그런데 14세기 중엽 네덜란드 어부들에게 행운이 찾아왔다. 기후가 변하면서 바닷물의 온도가 내려가자 청어 어장이 북대서양으로 바뀐 것이다. 때마침 빌렘 벤켈소어라는 평범한 어부가 내장을 단번에 제거하고 머리를 도려 낸 청어를 소금에 절여 장기간 저장하는 방법을 개발했다. 덕분에 신선한 청어를 공급하게 된 네덜란드는 청어 수출 1위를 차지했다. 네덜란드의 청어 수출량은 다른 모든 유럽 국가의 수출량을 합친 것보다 많았다. 유럽인들의 단백질 공급원이었던 청어를 수출해 축적한 자본은 네덜란드 경제 발전의 기반이 되었으니, 청어가 네덜란드의 금광이었던 셈이다.

③ ── 18세기 영국과 프랑스 주식시장의 버블

● 주둥이는 작고 몸통은 큰 병에 원숭이가 좋아하는 음식을 넣어 나무에 매달아 놓으면, 원숭이가 냄새를 맡고 찾아와 병 속으로 손을 집어넣는다. 병의 주둥이가 좁아 무언가를 움켜쥔 상태로는 손을 뺄 수 없기 때문에 음식을 먹을 수 없지만 원숭이는 사람에게 잡혀갈 때까지 먹을 게 아까워 손을 빼지 못한다. 네덜란드의 증권거래소를 따라 영국과 프랑스에서도 증권거래소가 문을 연 뒤, 두 나라에서 이런 원숭이와 다르지 않은 행태가 벌어졌다. 사람이 어리석은 원숭이가 되었다니, 도대체 무슨 일이 일어났던 걸까?

'비이성적 과열'이라는 경고에 급락한 뉴욕 증시

1987년 8월 미국 연방준비제도이사회 FRB(Federal Reserve Board of Governors) 의장으로 취임한 앨런 그린스펀 Alan Greenspan(1926~)은, 이후 18년 6개월 동안 미국은 물론 세계 경제에 막강한 영향력을 행사했습니다. 경제 위기가 닥칠 때마다 이를 잘 극복해서 세계의 경제 대통령임을 스스로 증명해 보였죠. 특히 취임한 지 얼마 지나지 않은 시점에 발생한 '블랙 먼데이 Black Monday'에는 즉각 금리를 내려서 위기를 정면 돌파했어요. 블랙 먼데이란 1987년 10월 19일 월요일 단 하루 만에 뉴욕 증권시장의 주가가

22.6퍼센트나 하락해 미국 경제를 공황으로 몰아넣었던 일을 말합니다. 갑작스런 주가 폭락으로 사람들이 혼란스러워하자 그린스펀은 정부가 시장을 통제할 만한 충분한 자금을 가지고 있으며, 대출 이자를 낮추어 상황을 합리적으로 해결할 수 있도록 적극 돕겠다는 의지를 보였습니다. 그덕분에 시장은 빠르게 안정을 찾고 재도약의 기회를 잡을 수 있었어요. 1990년 8월 1차 걸프 전쟁이 일어나 국제 유가가 상승했을 때도 그는 통화량 확대를 주장하는 조지 H. W. 부시 대통령의 말을 듣지 않고 돈을 풀지 않다가, 이듬해 원유 가격이 하락했을 때 금리를 인하해 미국 경제 최고의 호황기를 맞이했습니다.

이렇게 위기에 대응하는 그린스펀의 방안들이 효력을 나타내자 사람들은 그의 말에 민감하게 반응하기 시작했습니다. 1996년 12월, 그린스펀은 공개적으로 "주식시장이 비이성적 과열irrational exuberance에 빠졌다."라고 말했습니다. 그러자 과거 10년 동안 네 배 정도 성장했던 뉴욕 증시가 순식간에 급락해 버렸어요. 그린스펀이 내뱉은 '비이성적 과열'이라는 말이 사람들의 불안을 자극해 주식을 팔도록 만든 거예요. 그 뒤 사람들은 그의 말 한마디에 금리와 주가가 출렁이는 현상을 '그린스펀 효과'라고 불렀습니다.

그린스펀이 '비이성적 과열'이란 말을 내뱉었을 때 사람들은 과거 비이성적 과열의 역사를 떠올리며 주식을 내던졌을 거예요. 이런 역사의 가장 대표적인 예는 17세기 네덜란드에서 일어났던 '튤립 버블'입니다. 16세기 중반, 터키가 원산지인 튤립이 유럽에 알려지자 튤립의 아름다운 모양과 선명한 색깔에 반한 사람들은 너도나도 이 꽃을 가꾸고 싶어 했어요. 이에 따라 터키에 엄청난 값을 지불하고 수입했으니 튤립은 유럽에서 아주 비싸게 팔릴 수밖에 없었습니다. 1600년 무렵부터 중부 유럽에서 튤립을 직접 재배했지만 가격은 내려가지 않았어요. 튤립을 키우지 않으면 교양이 없다는 말이 나올 정도로 튤립 사랑이 유난했던 네덜란드에서는 튤립의 인기가 날이 갈수록 높아지면서 가격도 덩달아 올라갔습니다. 1634년에서 1636년까지 3년 동안 가격이 계속 오르자 튤립 한 뿌리의 가격이 1000길더가 넘었어요. 당시 500길더가 한 가족이 1년 동안 생활하고도 남는 돈이었다고 하니, 도저히 이해할 수 없는 가격인 거지요. 심지어 일주일 사이에 가격이 두 배로 치솟을 정도로 투기 열풍이 불었고, 가장 희귀한 튤립은 한 뿌리가 요즘 가격으로 10만 달러 우리 돈으로 약 1억 1000만 원 정도에 팔리는가 하면, 튤립 한 뿌리와 암스테르담 중심지에 있는 땅을 맞바꾸는 믿지 못할 일도 일어났어요.

하지만 1637년 2월, 더는 가격이 오르지 못할 것이라고 판단한 일부 투자가들이 튤립을 팔기 시작하자 상황은 갑자기 달라졌습니다. 결국 튤립 가격은 예전 가격의 1퍼센트 수준까지 떨어졌고, 전 재산을 털어 넣고도 모자라 빚까지 내서 튤립을 사재기했던 수많은 사람이 빚더미에 올라앉았습니다. 이 같은 투기 후유증으로 경제 혼란을 겪은 네덜란드는 유럽 최고 강국의 지위를 국제 무역의 주도권을 놓고 치열한 경쟁을 벌이던 영국에 넘겨주어야 했어요. 네덜란드의 튤립 투기는 짧은 기간에 돈을 벌 가능성이 있으면 수백만 명이 한꺼번에 이성을 잃어버릴 수도 있음을 보여 준 '비이성적 과열'의 가장 역사적인 예로 기록되었습니다.

이러한 비이성적 과열은 한 세기가 지나기도 전에 영국과 프랑스의 주

식시장에서 되풀이되었고, 이 두 사건은 네덜란드의 '튤립 버블'과 함께 근대 유럽의 3대 버블이라는 역사를 만들어 냈어요. '비이성적 과열'이란 말이 나올 때마다 사람들의 입에 오르내리는 대표적인 투기 사례인 영국의 '남해 회사 버블'과 프랑스의 '미시시피 버블'에 대해서도 알아보기로 합시다.

영국의 남해 회사 버블

1700년에 후손을 남기지 못한 채 세상을 떠난 스페인 왕 카를로스 2세의 유언장에는 왕위 계승자로 루이 14세의 둘째 손자 앙주 공작[6]이 지명되어 있었습니다. 그런데 이웃한 신성로마제국[7]의 황제 레오폴트 1세가 그의 아들을 왕으로 세우려는 욕심을 부리면서, 1701년부터 신성로마제국과 프랑스 사이에 전쟁이 벌어졌어요. 이때 스페인의 막대한 식민지가 모두 프랑스의 손아귀에 들어갈 것을 염려한 영국은 신성로마제국을 지원하기로 결정했습니다. 물론 스페인은 선왕의 유언에 따라 프랑스를 지지하기로 했고요.

그러나 무너져 가던 신성로마제국은 루이 14세 치하에서 전성기를 맞이한 프랑스를 이길 수 없었습니다. 전쟁이 길어지면서 신성로마제국을

---

6 앙주 공작 뒷날 스페인 왕 펠리페 5세(1683~1746)다.

7 신성로마제국 962년부터 1806년까지 서유럽에 있던 연합 형태의 제국. 독일 국가 원수가 황제 칭호를 가졌던 시대의 독일제국의 정식 명칭. 현재의 독일과 오스트리아, 네덜란드 등이 속해 있었으며, 레오폴트 1세는 오스트리아 왕족 출신이다.

지원하던 영국 정부 또한 국채[8]를 발행해 전쟁 비용을 마련했으므로 국가의 빚이 늘어났어요. 이때 토리당[9]의 로버트 할리Robert Harley(1661~1724) 백작이 묘수를 제안했습니다. 바로 주식회사를 세운 뒤, 그 회사의 주식으로 국채를 매입해 나라의 빚을 줄이자는 것이었어요. 이렇게 만들어진 회사가 '남해 회사The South Sea Company'입니다. 남해 회사는 국채를 떠안는 대신 아프리카 노예 무역과 서인도 제도, 남아메리카 무역권을 독점했습니다. 하지만 남아메리카는 전쟁 상대인 스페인이 지배하고 있었기 때문에 제대로 돈을 벌 수 있는 상황이 아니었지요.

그래서 영국 정부는 당시 인기를 끌던 채권 형태의 복권 판매권을 남해 회사에 추가로 주었습니다. 남해 회사는 사람들의 투기 심리를 이용해 제법 짭짤한 수익을 올렸어요. 이에 욕심이 생긴 경영자 존 블런트John Blunt는 주식을 더 발행해서 자본을 늘리기로 결심했죠. 그는 추가 주식을 발행하는 데 필요한 국가의 허가를 얻기 위해, 주식과 국채를 파격적인 조건으로 바꾸어 주겠다고 약속했어요. 교환 기준은 주식에 표시되어 있는 금액인 액면 가격이 아닌 시장 가격이었습니다. 100파운드 영국의 화폐 단위 의 주식이 시장에서 200파운드에 거래되면, 200파운드의 국채를 100파운드의 주식과 바꾸는 거죠. 그래서 주식 가격이 높을수록 남해 회사는 이익을 볼 수 있었습니다.

---

8 국채 필요한 돈을 조달하거나 정책을 집행하기 위해 국가가 원금과 이자의 지급을 보증하며 발행한 채권.

9 토리당 17세기 후반에 생긴 영국의 보수 정당. 귀족과 대지주를 기반으로 왕권과 국교회를 지지했다. 현재의 보수당.

남해 회사는 주가를 올리는 데 총력을 기울였습니다. 남아메리카의 모든 항구에 남해 회사 선박이 입항할 수 있도록 스페인 정부가 허가를 했다거나, 세계 은 생산량의 절반을 담당하던 볼리비아 포토시의 은광 채굴권을 취득했다는 등 헛소문을 퍼뜨리기도 했지요. 그 당시 영국 사람들은 커피 하우스에서 만남을 가졌는데, 그곳에서 슬쩍 흘린 말은 순식간에 다른 나라 사람들에게도 전해져 귀를 솔깃하게 만들었습니다.

소문을 들은 사람들은 너도나도 주식을 사겠다고 덤벼들었습니다. 실제로 1720년 초에 128파운드였던 남해 회사의 주가는 3월에 330파운드로 오르더니, 5월 말에는 550파운드를 넘어섰어요. 그러자 남해 회사처럼 주식회사를 만들어 한몫 잡으려는 사람들이 생겨났죠. 이에 남해 회사의 수익이 줄어들 것을 염려한 블런트는 의회에 로비를 해 주식회사 설립을 제한하는 '버블법 The Bubble Act'을 통과시켰습니다.

남해 회사의 주가는 8월 초까지 계속 올라서 1000파운드를 넘어섰어요. 거기까지가 한계였습니다. 1000파운드가 넘는 주가를 비정상적이라고 판단한 일부 투자가가 주식을 팔기 시작하자 주가가 내려갔어요. 그러자 갑자기 불안을 느낀 많은 사람이 주식을 팔았고, 남해 회사의 주식 가격은 오를 때보다 더 가파른 속도로 떨어졌습니다. 결국 연말에는 최고 가격의 10퍼센트 수준에 불과한 100파운드 선에서 거래가 이루어졌지요.

주식에 투자했던 돈이 거품처럼 사라지면서 대박을 꿈꾸던 사람들은 알거지가 되었습니다. 그 영향으로 소비가 위축되면서 영국 경제는 엉망이 되어 버렸어요. 이 같은 사태에 놀란 영국 정부는 주식회사의 악영향을 방지하기 위해 1825년에야 버블법을 폐지했습니다. 결국 100년이 넘는 기간 동안 주식회사의 설립을 제한했으니, 영국의 자본 시장은 그만큼 더디게 성장할 수밖에 없었습니다.

프랑스의 미시시피 버블

영국에서 남해 회사 버블 사건이 터졌던 1720년, 프랑스에서도 비슷한 일이 발생했습니다. 사건의 주인공은 스코틀랜드 출신의 재정가 존 로John Law(1671~1729)였습니다. 로는 런던에서 귀족과 혈투를 벌여 상대방을 죽이고 수감 생활을 하던 중, 뇌물을 주고 유럽 대륙으로 탈출했습니다. 3년 동안 여러 나라를 떠돌며 살다가 네덜란드에서 주식시장과 금융에 대한 식견을 넓혔어요. 그 당시 네덜란드는 세계 최초의 주식회사인 동인도 회사와 암스테르담 증권거래소가 자리한 금융 선진국이었죠. 로는 다시 17년간이나 방랑 생활을 하다 프랑스로 삶의 터전을 옮겼습니다.

18세기 초반의 프랑스는 루이 14세가 벌이는 잦은 전쟁으로 심각한 재정난을 겪고 있었어요. 나랏빚이 한 해 국가 수입의 스무 배가 넘을 정도였죠. 이때 루이 15세를 대신해 섭정을 하던 오를레앙Orleans 공작에게 접근한 로가 국가를 파산에서 구할 묘책을 제안했습니다. 그 방법은 바로 금화나 은화로 바꿀 수 없는 불환 지폐를 발행해 경제에 활력을 불어넣는 것이었지요. 우리가 5만 원짜리 지폐를 한국은행에 가져가도 5만 원에 해당하는 금이나 은으로 바꿔 주지 않죠? 이렇게 금이나 은으로 바꿀 수 없는 지폐를 불환 지폐라고 해요. 현재는 각 나라에서 정부의 신용을 바탕으로 발행되는 불환 지폐가 널리 통용되고 있습니다. 그러나 금화와 은화가 널리 통용되던 시절에 불환 지폐를 사용하자는 로의 제안은 매우 놀라운 아이디어였어요.

오를레앙 공작은 물에 빠진 사람이 지푸라기라도 잡는 심정으로 로의 제안을 받아들였고, 1716년 5월 파리에 방크 제네랄Banque Generale 이라는 은행을 설립했습니다. 은행 자본금의 75퍼센트는 국채를 발행해서 마련했고, 은행이 발행한 지폐로 세금도 낼 수 있었으므로 금방 사람들의 신용을 얻었지요. 덕분에 프랑스 정부는 싼 이자로 돈을 대출해서 생산과 소비, 투자를 활성화할 수 있었습니다. 2년 뒤, 국왕이 지폐에 대한 보증을 서면서 이 은행은 방크 로얄르Banque Royale 로 이름을 바꾸었어요.

은행이 성공적으로 설립되자 로는 주식회사를 이용한 새로운 사업 계획을 짰습니다. 1717년 8월 '미시시피 회사Mississippi Company'를 사들이고, 정부에 영향력을 발휘해 서인도 제도 및 북아메리카의 식민지와 25년간 독점으로 무역할 수 있는 권한을 얻었어요. 그러고는 미시시피 강 일대 개발과 관련한 장밋빛 소문을 퍼뜨리며, 500리브르프랑스의 옛 화폐 단위 가치의 주식 5만 주를 발행했지요.

소문을 들은 사람들은 앞다투어 미시시피 회사의 주식을 사들였습니다. 미시시피 회사의 주식 가격은 금세 두 배로 올랐고, 로는 15억 리브르에 해당하는 국채를 갚아 주는 조건으로 주식 30만 주를 더 발행했어요. 외국인들까지 주식을 사겠다고 몰려들자 다시 60만 주를 추가로 발행했죠. 그때가 1719년 여름, 때마침 미시시피 강 인근의 루이지애나에서 금광이 발견되었다는 소문이 돌면서 1000리브르였던 주가는 1만 5000리브르까지 치솟았습니다.

1720년, 로는 프랑스 재무장관으로 임명되었습니다. 모든 일이 순조롭게 진행되는 것처럼 보였죠. 그러나 루이지애나를 개발하기 위해 이주했던 사람들 절반이 병으로 죽고, 사업에 진전이 없자 미시시피 회사의 계획에 의문을 갖는 사람들이 생기기 시작했어요. 급기야 몇몇 투자가가 로에게 주식을 금화로 바꾸어 달라고 요청했죠. 하지만 로는 그들의 요구를 들어주기는커녕 금화 사용을 제한하는 칙령을 통과시켜 버렸습니다. 대신 주식을 시장 가격보다 높게 쳐서 지폐로 바꾸어 주겠다고 약속했어요.

그런데 예상보다 많은 사람이 주식을 내놓으면서 은행은 엄청난 양의 지폐를 발행해야 했습니다. 그 여파로 통화량이 증가하면서 초인플레이션[10]이 발생하고 물가가 폭등했죠. 그러자 로는 주식과 지폐의 가치를 각각 40퍼센트, 20퍼센트 정도 낮추어 버렸어요. 이에 성난 투자가들이 은행으로 몰려와 주식을 금화로 바꾸어 달라고 아우성쳤고, 은행은 소나기를 피하기 위해 열흘간 영업을 중단했습니다. 다시 문을 연 뒤에도 거래 한도를 제한해야 했고요.

주식과 지폐 모두 신용을 잃어 금융시장이 어지러워진 상황에서 설상가상으로 전염병까지 돌았습니다. 그 여파로 다른 나라와의 무역 거래가 줄어들면서 상품의 생산과 소비에도 문제가 생기자 프랑스 경제는 공황 상태에 빠졌어요. 더 이상 로가 무엇을 할 수 있었을까요? 그는 몰래 프랑스에서 도망쳤고, 미시시피 회사의 주식은 휴지 조각이 되어 버렸습니다.

---

10 초인플레이션 전쟁이나 극심한 경제 불안 등으로 물가가 통제할 수 없을 정도로 급속하게 상승하는 현상(1개월에 50퍼센트 초과).

미시시피 버블의 후유증을 겪은 프랑스는 그 뒤 150년 동안이나 주식회사 설립을 제한했어요. 1980년대까지도 주식시장을 엄격하게 규제했죠. 지금도 프랑스에서는 '크레디 아그리콜Credit Agricole', '크레디 리요네Credit Lyonnais', '소시에테 제네랄Societe Generale' 등 은행 이름에 '방크'란 말을 붙이지 않는 경우가 대부분입니다. 이렇게 은행이란 단어를 싫어하는 걸 보면 로가 설립했던 방크 제네랄에 대한 울분이 얼마나 컸는지 짐작할 수 있겠죠?

비이성적 경제 행동을 연구하는 행동경제학

지금까지 살펴본 것처럼 '비이성적 과열'로 17세기에 네덜란드, 18세기에 영국과 프랑스는 큰 타격을 입었습니다. 하지만 이러한 현상이 과연 과거의 일일까요? 오늘날에도 단기간에 큰돈을 벌고 싶은 사람들의 투기 현상이 곳곳에서 그치지 않고 있습니다. 그래서 최근에는 이성적 인간이 아닌, 실제 인간의 행동을 바탕으로 경제를 연구하려는 행동경제학이 두각을 드러내고 있죠. 행동경제학의 창시자이자 심리학자인 대니얼 카너먼Daniel Kahneman(1934~)은 경제 활동과 관련한 사람들의 의사 결정이 반드시 합리적으로 이루어지는 것은 아니라는 '준합리적 경제 이론'을 발표해 2002년 노벨 경제학상을 받았습니다. 유진 파마Eugene F. Fama(1939~)와 라스 피터 핸슨Lars Peter Hansen(1952~), 로버트 쉴러Robert J. Shiller(1946~) 또한 주식·채권·주택 시장 등의 흐름을 연구하고 예측한 공로를 인정받아 2013년에 노벨 경제학상을 수상했죠.

비이성적 과열에 의한 투기 현상은 지금도 우리 주변에서 끊임없이 발생하고 있습니다. 탐욕을 버리지 못하는 이들에게 이성적인 판단을 바탕으로 합리적인 투자를 하게 하려면 어떤 처방을 내려야 할까요?

● 과학자와 음악가의 주식 투자

과학자와 음악가는 주식 투자로 누가 더 많은 돈을 벌 수 있을까? 회사의 재무 상태를 따져 보고 시장의 움직임을 판단하는 일은 음악가보다는 과학자가 더 잘할 것 같다. 그런데 유명한 만유인력의 법칙을 발견한 아이작 뉴턴은 남해 회사 주식을 샀다가 일부를 팔아서 7000파운드를 벌었지만, 다시 주식을 사들인 뒤 남해 회사 버블이 꺼지면서 주가가 폭락해 2만 파운드의 손해를 보았다. 그러나 헨델은 적당한 시기에 팔고 얻은 이익으로 왕립 음악아카데미를 설립했다.

손해를 본 뉴턴은 이렇게 말했다고 한다.

"나는 별들의 움직임은 측정할 수 있었지만 인간의 광기는 계산할 수 없었다(I can calculate the movement of the stars, but not the madness of men)."

④ — 미국 건국 초기 알렉산더 해밀턴의 경제 정책

● 중상주의 정책을 실시했던 나라들은 국가의 부를 늘리기 위해 원료 공급처와 상품 시장을 넓혀야 했으므로 식민지를 개척하는 데 힘을 쏟았다. 이에 따라 북아메리카 대륙도 영국, 프랑스, 네덜란드, 스페인 등의 식민 지배를 받았다. 그런데 영국 식민지였던 미국 동부의 13개 자치주에 과도한 세금을 물리자 이에 맞서 주민들이 독립 전쟁을 일으켰고, 1776년 미국은 마침내 독립을 선언했다. '미국 건국의 아버지들'은 초기 다섯 명의 대통령을 포함해 독립 선언에 참여해 미국의 독립과 건국에 앞장섰던 정치인들을 일컫는 말이다. 이런 '미국 건국의 아버지'이면서 '경제의 아버지'로 칭송받는 사람이 있다. 그는 누구이며, 어떻게 영광을 차지했을까?

노벨 경제학상 수상자가 제시한 유로존 해법

2008년 금융 위기에서 시작된 불황으로 세계 경제의 위기감이 높았던 2011년, 노벨 경제학상 수상자로 지명된 크리스토퍼 심스Christopher A. Sims (1942~) 프린스턴대학 교수와 토머스 사전트Thomas J. Sargent(1943~) 뉴욕대학 교수는 공동 기자 회견 자리에서 유로존Eurozone[11] 문제 해결에 관한 견해를 밝혔습니다. 심스 교수는 "여러 국가가 함께 사용하는 공동 통화는 통합된 재정 정책을 펼 수 있는 기구 없이는 지탱하기 어렵다."고 지적했습니다. 그래서 유로존 국가들은 통합된 통화를 사용하지만, 재정 정책이 제각각 이루어지므로 근본적으로 문제를 안고 있다는 거죠. 따라서 유로존의 난관을 극복하려면 통합된 재정 정책을 수행할 기관인 통합 재정 당국을 설립해서 통화 정책을 재정 정책과 연계하고, 각 나라가 재정 부담을 서로 나누어야 한다고 주장했어요.

사전트 교수도 유로존 통합 재정 당국의 필요성을 언급했습니다. 그는 유로존 국가들이 "1780년대 미국 연방 정부가 독립 전쟁 때문에 주州 정부들이 진 빚을 떠안았던 일에서 해법을 찾아야 한다."고 말했어요. 그 당시 연방 정부는 세금을 걷어서 주 정부의 빚을 줄여 주는 해결사 역할을 톡톡히 했습니다.

이들은 미국 연방 정부가 경제 상황이 저마다 다른 13개 주를 통합하면서 중앙은행과 강력한 연방 재무부를 설치했던 점을 강조하며, 유로존이 미국 초대 재무장관을 지낸 알렉산더 해밀턴Alexander Hamilton(1755?~1804)의 재정 통합 정책을 배워야 한다고 주장했습니다. 도대체 알렉산더 해밀턴이 누구이고, 어떤 경제 정책을 실시했기에 200년 넘는 세월이 흐른 뒤에도 이를 배워야 한다는 말이 나오는 걸까요?

10달러 지폐의 주인공 알렉산더 해밀턴

알렉산더 해밀턴은 미국 사람들이 가장 많이 사용하는 10달러 지폐의 주인공입니다. 잠시 미국 달러화의 주인공들을 살펴볼까요? 1달러의 조지

---

11 유로존 유럽연합의 단일 화폐인 유로(Euro)를 공동으로 사용하는 국가나 지역.

워싱턴, 2달러의 토머스 제퍼슨, 5달러의 에이브러햄 링컨, 20달러의 앤드류 잭슨, 50달러의 율리시스 그랜트는 모두 대통령을 지냈던 인물입니다. 10달러의 알렉산더 해밀턴과 100달러의 벤저민 프랭클린은 대통령은 아니었지만 미국이 독립하는 데 공을 세운 '건국의 아버지들Founding Fathers'로 뽑힌 인물이지요. 건국의 아버지들은 대부분 유복한 환경에서 자랐으나 해밀턴은 예외였습니다. 1755년 영국 서인도 제도의 네비스 섬 찰스타운에서 사생아로 태어났는데, 떠돌이 교역상이었던 아버지는 해밀턴이 어렸을 때 가족을 버리고 어디론가 사라져 버렸어요. 조그만 가게를 운영하며 생활을 책임졌던 어머니마저 그가 열세 살 때 세상을 떠났죠.

그런데 열일곱 살이 되던 해 여름에 몰아쳤던 허리케인이 그의 인생행로를 바꾸어 놓았습니다. 자연 앞에 무력할 수밖에 없는 인간 존재에 관한 그의 글이 신문에 실렸는데, 이를 읽고 감동받은 지역 유지들이 돈을 모아 그를 뉴욕 킹스칼리지지금의 컬럼비아대학교에 유학 보내기로 결정한 것입니다. 해밀턴은 열심히 공부했지만 2년 뒤 미국인들이 영국에 저항하는 운동을 펼치자, 학업까지 포기하며 이에 적극적으로 가담했죠. 그는 독립 전쟁 중이던 1776년 3월 뉴욕 식민지 의회에 있는 친구의 도움을 받아 식민지 포병대의 대위로 임관했어요. 매사추세츠와 버지니아, 필라델피아의 중간에 위치한 뉴욕은 미국과 영국 모두에 전략적 요충지였습니다. 영국군에 패해 뉴욕을 내준 뒤 뉴욕을 되찾으려는 의지를 불태웠던 조지 워싱턴은 해밀턴의 조언에 힘입어 허드슨 강 근처 사라토가에서 승리를 거두었어요. 이 공로로 해밀턴은 1777년 2월 중령으로 승진하며 조지 워싱턴의 참모 장교가 되었죠.

1781년 11월 독립 전쟁이 사실상 끝이 나자 그는 법률 공부에 몰두했고, 1782년에 변호사 자격증을 땄습니다. 그 뒤 뉴욕 시 재정 담당관을 거쳐 1783년부터 뉴욕 시 변호사로 일했으며, 1787년 뉴욕 하원의원에 선출되면서 정치계에 발을 들여놓았어요.

초대 재무장관이 된 후 제안했던 경제 정책

1789년 1월 미국에서는 새 헌법에 따라 연방 정부를 구성하기 위한 선거를 실시했습니다. 각 주를 대표하는 선거인들은 당시 수도였던 뉴욕에서 이루어진 선거를 통해 버지니아 주의 조지 워싱턴을 대통령으로, 매사추세츠 주의 존 애덤스를 부통령으로 선출했어요. 의회는 연방 정부에 국무부, 재무부, 국방부를 설치했으며, 워싱턴 대통령은 각 부서 장관으로 토머스 제퍼슨, 알렉산더 해밀턴, 헨리 녹스를 임명했습니다.

초대 재무장관인 해밀턴에게는 프랑스에서 빌린 차관[12]을 갚는 일, 독립 전쟁에 참여한 군인들에게 밀린 월급을 주는 일, 새 국가 건설에 필요한 엄청난 돈을 마련하는 일 등 수많은 과제가 주어졌습니다. 그 당시 13개주 정부는 독립 전쟁을 치르느라 많은 빚을 지고 있었어요. 주마다 서로 다른 통화 체계를 가지고 있었기에 경제적으로 하나가 될 수 있는 환경이 아니었지요. 해밀턴은 새로 독립한 나라가 안정된 국가로 자리 잡기 위해서는 정부가 부유하고 힘 있는 엘리트 집단의 지지를 얻어야 하며, 이들이

---

12 **차관** 한 나라의 정부나 기업, 은행 등이 외국 정부나 기관에서 빌려 온 자금.

연방 정부에 돈을 빌려 주게 만들어 새 정부의 성공과 존속을 바라게 해
야 한다고 생각했습니다. 또한 미국의 발전은 건전한 제조업 분야를 중심
으로 이루어져야 하며, 이를 위해 상공업을 육성하는 일이 절실하다고 판
단했죠.

해밀턴은 이렇게 되기 위해서는 연방 정부가 적극적인 역할을 하며 일관된 정책을 시행해야 한다고 보았습니다. 그래서 1790년과 1791년에 연방 정부의 역할과 정책을 제안하는 5개의 보고서를 의회에 제출했어요. 그의 경제 정책을 요약하면 다음과 같습니다.

첫째, 국가의 신용 제도를 확립한다. 주 정부의 빚은 연방 정부가 그대로 승계하고, 주 정부가 발행했던 채권의 원금을 대신 갚는다. 이에 필요한 자금을 마련하기 위해 재무부는 국채를 발행할 권한을 갖는다.

둘째, 선진 유럽의 경쟁을 물리치고 산업화를 추진하기 위해서 관세와 보조금을 지원해 제조업 같은 걸음마 단계의 산업 infant industry 을 보호하고 발전시킨다. 상공업 진흥에 꼭 필요한 통일되고 안정된 금융제도를 확립하기 위해 연방 정부의 자금을 보관하고, 지폐를 발행하며, 자금을 빌려 주기 위한 중앙은행을 설립한다.

셋째, 연방 정부는 재정 문제를 해결하기 위해 세금을 거두어들일 수 있는 권한을 가지며, 주류에는 소비세, 수입품에는 관세를 부과한다.

그러나 연방파를 대표했던 해밀턴의 보고서는 토머스 제퍼슨이 이끄는 공화파의 격렬한 저항에 부딪쳤습니다. 연방파는 강력한 중앙 정부가 통제하는 민주주의를 주장했어요. 해밀턴은 인간은 나약한 존재라서 타락할 수밖에 없으며, 이기적이고 다투기를 좋아하므로 이를 견제하려면 강력한 정부가 필요하다고 보았죠. 그러나 공화파는 미국이 연방 정부의 권한이 크지 않은 농업 공화국이 되기를 원했기 때문에 둘 사이에 마찰이 생길 수밖에 없었어요.

해밀턴은 13개 주의 경제를 살리고 통화와 재정 통합을 성공시키기 위한 빅딜을 시도했습니다. 연방 정부가 모든 주 정부의 빚을 떠안고 해결하는 계획을 관철하고자 한 거죠. 먼저 그는 빚이 적어 재정 통합을 반대하는 남부 주들을 설득하기 위해, 연방 정부의 수도를 뉴욕에서 남부와 가까운 워싱턴 DC로 옮긴다는 조건을 내걸었어요. 단, 워싱턴 DC에 수도를 건설하기 전까지 임시 수도는 펜실베이니아 주의 필라델피아로 옮기자고 제안했습니다. 이는 재정난을 해결하기 위한 법률에 반대했던 펜실베이니아 주의 협조를 얻어 내기 위한 조치였어요. 필라델피아가 미국의 임시 수도가 된다면 펜실베이니아 주의 발전에 큰 도움이 될 거라고 판단한 주 대표는 결국 해밀턴이 제안한 법률에 찬성하기로 결정했습니다. 덕분에 해밀턴은 그의 재정 정책을 실현할 수 있었고, 1790년부터 1800년까지 미국의 수도였던 필라델피아는 19세기 초에는 미국에서 가장 큰 도시로 성장할 수 있었으니, 윈윈전략이었다고 할 수 있지요.

재정 통합과 단일 통화 사용으로 하나가 된 미국 경제

해밀턴이 정면 돌파 작전을 밀고 나갔기 때문에 연방 정부는 중앙은행을 설립하고, 강력한 연방 재무부가 이끌어 가는 재정 통합 정책을 실시할 수 있었습니다. 이는 의회가 경제를 안정시키기 위해 헌법을 유연하게 해석했기에 가능했어요. 해밀턴은 효율적이고 강력한 정부를 중요시했지만, 제퍼슨은 강력한 정부의 독재를 두려워하며 자유를 중요하게 여겼습니다. 이들의 철학이 다르다는 점은 미국에는 오히려 행운이었습니다. 두 철학이 잘 섞일 수 있는 기회가 만들어졌거든요. 둘 사이에 빚어진 갈등으로 의회는 헌법을 새롭고 근본적으로 해석할 수 있는 기회를 갖게 되었습니다.

해밀턴이 중앙은행을 설립하자고 제안했을 때, 제퍼슨은 헌법에 나열된 연방 정부의 권한을 제외한 다른 모든 권한은 주 정부가 가지고 있다고 주장했습니다. 해밀턴은 헌법에는 연방 정부가 중앙은행을 설립할 수 있는 근거가 특별히 명시되지 않았다는 걸 인정했어요. 그러나 연방 정부에 허용된 권한을 행사하기 위해 의회가 적절한 법률을 만들 수 있다고 반박했지요. 해밀턴은 "연방 정부는 헌법에 명시된 대로 세금을 매기고 거두어들일 권한과 돈을 빌리고 갚을 권한을 가지고 있다. 그러므로 의회는 이를 수행하는 데 필요한 중앙은행의 설립을 승인할 수 있다."고 말했습니다.

의회는 해밀턴의 의견에 따라 존속 기한 20년의 중앙은행 설립을 승인했습니다. 이에 따라 1791년 임시 수도였던 필라델피아에 미합중국은행Bank of the United States이 설립되었고, 1811년까지 미국의 중앙은행 역할을 수행했어요. 미합중국은행의 설립으로 13개 주는 서로 다른 통화 체계를 버리고 모두 이 은행에서 발행한 동일한 화폐를 사용하게 되었습니다.

그러나 해밀턴의 보호무역 정책은 남부 지주들의 저항 때문에 그가 살아 있는 동안 실행되지 못했어요. 남부 지주들이 국가의 간섭을 받지 않고 자유로이 농산물을 수출하면서 값싸고 질 좋은 영국 공산품을 수입하기를 원했기 때문입니다. 하지만 영미 전쟁[13]이 끝난 뒤인 1816년 해밀턴의 보호무역 정책이 다시 관심을 끌었고, 이후 미국이 세계 최고의 제조업 국가로서 지위를 완전히 굳힌 1945년까지 기본 경제 정책이 되었습니다.

경제 정책이 성공하려면 상황을 예리하게 분석하고, 적절한 대처 방법을 찾아 시기를 놓치지 않고 실행에 옮겨야만 합니다. 건국 초기 알렉산더 해밀턴이라는 뚝심 있는 재무장관이 시의적절한 경제 정책을 실행에 옮겼던 것은 미국에는 더할 나위 없는 행운이었지요. 경제 상황이 모두 달랐던 13개 주가 미국이라는 하나의 나라가 되지 못하고 서로 다른 통화 체계와 경제 정책을 그대로 유지했더라면, 과연 미국이 오늘날과 같은 경제 대국이 될 수 있었을까요?

---

13 영미 전쟁 1812년 6월 영국과 미국 사이에서 일어난 전쟁. 영국이 프랑스 해안을 봉쇄해 나폴레옹 전쟁 때 중립을 선언한 미국의 해상 운송이 위협을 받자, 미국 배에 내린 봉쇄 조치를 풀어 달라고 요구했으나 교섭이 이루어지지 않아 미국이 영국에 선전 포고를 하면서 시작되었다. 1814년 12월 조약을 맺음으로써 끝이 났다.

● 미국 달러화 속 인물들은 보호무역주의자

미국은 무역과 투자의 자유화를 외치고 있다. 그러나 연방 정부의 국내 산업 보호와 육성을 주장했던 알렉산더 해밀턴뿐만 아니라 미국 달러화 속의 주인공들은 모두 보호무역주의자였다.

조지 워싱턴 대통령은 취임식 때 질 좋은 영국제가 아닌 미국제 옷감으로 만든 옷을 입었고, 에이브러햄 링컨은 남북 전쟁 때 수입을 억제하기 위해 관세를 사상 최고 수준으로 올렸다.

앤드류 잭슨이 1836년 미합중국은행의 허가를 취소했던 이유는 미국 정부의 지분이 20퍼센트인 데 비해 외국인 지분은 30퍼센트로 너무 높았기 때문이며, 율리시스 그랜트는 영국이 자유무역을 강요하자 200년 정도 보호무역을 해 보고 거기서 얻을 수 있는 장점을 다 취한 뒤에 미국도 자유무역을 할 거라고 대답했다.

스위스 경제사학자 폴 베어록(Paul Bairoch)의 말 그대로 미국은 "현대 보호무역주의의 본산이요 철옹성(mother country and bastion of modern protectionism)"이었다.

산업혁명으로
국가의 위상이 **달라지다**

2장

자본주의의 핵심인 자본을 형성한 배경과 거대 자본을 축적할 수 있게 했던 주식회사 제도에 대해서는 이미 알고 있지요? 만일 산업혁명이 일어나지 않았다면 아마도 자본주의는 아주 느린 속도로 자리 잡았을 거예요. 산업혁명은 세상을 변화시킨 괄목할 만한 역사적 사건들 중에서도 가장 강력하며, 모든 분야를 뒤집어엎는 결과를 초래한 사건이었습니다. 또한 새로운 기계를 발명함으로써 산업의 기초가 소규모 수공업 작업장에서 기계 설비를 갖춘 큰 공장으로 바뀐 현상을 말하지요. 기계화 및 공장제를 기반으로 하는 산업화는 자본의 뒷받침이 없으면 불가능했으므로 산업화를 이끌어 나간 계층은 자본가들이었습니다. 이들은 기업 경영에서 이윤을 최우선으로 삼아 큰돈을 벌어서 더욱 많은 자본을 축적했고, 그 결과 자본이 경제 활동을 지배하는 자본주의 체제가 확고하게 자리 잡았지요.

　2장에서는 산업혁명은 어떻게 시작되었는지, 산업혁명으로 세상은 어떻게 달라졌는지, 산업화에 앞섰던 국가와 그렇지 못한 국가의 운명은 어떻게 바뀌었는지에 대해 살펴보기로 합시다.

　산업혁명에 결정적인 영향을 끼친 것은 증기기관의 발명이었습니다. 석탄 에너지에 크게 의존하던 영국에서 석탄을 쉽게 캐내고, 석탄 속 에너지를 기계 에너지로 바꾸는 과정의 효율성을 높이기 위해 다양한 시도를 하던 중에 이루어진 일이지요. 또한 영국은 면직물 공업을 시작으로 철강, 석탄 화학, 기계 공업 등의 발전을 이끌어 세계 최고의 공업 국가가 되었습니다. 공업 생산성이 놀라운 수준으로 높아졌고, 철도가 사람과 상품을 먼 곳까지 신속하게 수송함으로써 서로 다른 지역 간의 교류가 활발해지며 농업 문명을 대신해 공업 문명이 사회를 지배하는 대변혁이 이루어졌지요.

그러나 산업화는 많은 사람에게 '빛 좋은 개살구'였습니다. 기술 혁신으로 돈을 번 사람은 소수일 뿐 다수의 노동자는 열악한 공장에서 낮은 임금을 받고 일했으며, 급속한 인구 증가로 도시의 주거 환경이 오염되면서 얻은 병과 싸우는 힘겨운 일상을 견뎌야 했어요. 그러자 자본가와 노동자의 갈등은 점점 깊어졌고, 이에 대한 저항도 커졌어요. 이러한 저항은 어떤 식으로 일어났을까요?

18세기 후반 영국에서 시작된 산업혁명은 19세기에는 프랑스, 독일, 미국, 일본, 러시아 등으로 확산되었습니다. 산업화에 앞장섰던 나라들은 기술 향상과 투자 증대로 생산 능력이 소비 능력을 넘어서자 원자재와 상품 수출 시장을 확보하기 위해 앞다투어 식민지 건설에 나섰어요. 한편에서는 치열한 식민지 경쟁이 벌어졌지만, 그때까지 경제력에서 유럽 국가들에 크게 뒤지지 않았던 중국과 인도는 산업화가 몰고 올 변화의 파장을 전혀 느끼지 못했습니다. 그 결과 막강한 경제력을 등에 업고 식민지 건설에서도 가장 앞서 나갔던 영국에 뒤통수를 얻어맞았지요. 중국은 영국과 난징 조약을 맺은 뒤 종이호랑이 신세가 되어 버렸고, 인도는 영국의 식민지로 전락했습니다. 두 나라의 굴욕의 역사가 전개된 과정을 살펴보기로 합시다.

— 영국 산업혁명의 빛과 그림자

● 18세기 후반에 시작된 산업혁명으로 영국은 세계에서 가장 앞서가는 나라가 되었다. 산업혁명은 왜 영국에서 처음 시작된 걸까? '해가 지지 않는 나라'라고 할 정도의 막강한 권력을 자랑했지만, 사실 19세기의 영국은 두 얼굴을 가진 나라였다. 산업 자본주의를 등에 업고 세계 최고 수준의 경제 선진국으로 발돋움했지만, 내부적으로는 산업화에 따른 문제점을 가득 끌어안고 있었다. 영광의 빛 속에 감추어진 어둠의 그림자는 어떠했는지 살펴보자.

19세기 세계 제일의 나라, 영국

결혼식을 치르는 신부들은 세상에서 가장 아름답고 행복한 여성이 되기를 꿈꾸며 흰색 웨딩드레스를 입습니다. 이런 전통은 영국의 빅토리아 여왕 시기에 만들어진 거예요. 열여덟 살 때 군주 자리에 오른 빅토리아 여왕은 1840년 2월, 독일 삭스 코버그Saxe-Coburg 공국[1]의 앨버트 왕자와 결혼식을 올리면서 직접 디자인한 흰색 드레스를 입었습니다. 여왕의 결혼

---

1 공국 중세 유럽에서, 큰 나라로부터 '공(公)'의 칭호를 받은 군주가 다스리던 작은 나라.

식 장면은 순식간에 전 세계로 퍼져 나갔고, 이를 본 여성들은 모두 흰색 드레스를 입고 결혼식을 올리는 꿈을 꾸었죠. 이처럼 유명인이 입었던 옷이나 장식품이 갑자기 관심을 끌면서 수요가 늘어나는 현상을 '편승 효과' 또는 '밴드왜건 효과bandwagon effect'라고 합니다. 결혼할 때 아직까지도 흰색 웨딩드레스를 입는 건 그만큼 빅토리아 여왕의 영향력이 컸다는 사실을 의미해요.

1837년부터 1901년까지 빅토리아 여왕이 왕위에 있는 동안 영국은 역사상 가장 화려한 전성기를 맞았습니다. 오랫동안 시행착오를 겪던 의회 민주주의가 '자유당과 보수당'이라는 두 정당政黨으로 정리되면서 정착했고, 유럽 어느 나라보다도 일찍 해외로 눈을 돌려 곳곳에 엄청나게 넓은 식민지를 건설했지요. 그 당시 사람들이 영국을 가리켜 '해가 지지 않는 나라'라고 부른 것은 세계 곳곳에 있는 영국의 식민지 가운데 한 곳은 반드시 낮이었기 때문입니다.

19세기에 영국이 세계에서 가장 앞서가는 나라가 될 수 있었던 데는 18세기 후반에 일어난 산업혁명의 공이 컸습니다. 산업혁명이란 생산 기술이 급속히 발전하면서 새로운 기계가 발명되고, 산업의 기초가 소규모 수공업에서 기계 설비를 갖춘 대규모 공장으로 이동한 현상을 말합니다.

'산업혁명'이라는 말을 처음 사용한 사람은 영국 옥스퍼드대학의 교수이자 경제학자였던 아놀드 토인비Arnold Toynbee(1852~1883)[2]예요. 그가 대

---

2 《역사의 연구》를 쓴 유명한 역사학자 아놀드 조셉 토인비(Arnold Joseph Toynbee, 1889~1975)는 아놀드 토인비의 조카다.

학에서 했던 '영국 산업혁명 강의 Lectures on the Industrial Revolution in England'가 1884년 책자로 만들어지면서 널리 퍼진 것이지요. 토인비는 영국의 산업 혁명이 갑작스레 일어난 사건이 아니라, 적어도 16세기 중반부터 서서히 진행된 공업화의 연장선이라고 주장했습니다.

그런데 산업혁명은 왜 유럽 대륙이 아닌 섬나라 영국에서 가장 먼저 일어났을까요? 18세기 후반 영국에는 값싼 노동력, 풍부한 자본, 풍부한 지하자원, 광대한 시장 등 산업혁명에 필요한 조건이 잘 갖추어져 있었습니다. 16세기에 모직물 공업이 발달해 양털 값이 폭등하자 토지 소유자들은 더 큰 이윤을 얻기 위해 농사짓던 땅을 양을 기르는 목장으로 바꾸어 버리는 인클로저 운동을 일으켰어요. 또한 자본주의 경영 방식에 눈을 뜬 토지 소유자들은 기후나 토양 등을 파악해 생산성이 가장 높을 것으로 예상되는 농산물을 효율적인 방식으로 재배했습니다. 밀이나 보리, 호밀, 귀리 등을 재배한 뒤 농지를 목초지로 바꾸어 이용하는 교대 농법과 품종을 개량하는 노력으로 농업 생산력이 크게 향상되자 농업혁명이 일어났어요. 인클로저 운동과 농업혁명으로 부를 축적한 토지 소유자들이 주변의 땅까지 사들이자 다수의 영세 농민은 토지를 잃은 채 몰락하고 말았지요. 이들은 상업적인 농업 경영자 밑에서 임금 노동자로 일하거나 새로운 삶의 터전을 찾아 도시로 떠났습니다. 도시의 자본가들은 이들의 값싼 노동력을 이용해 모직물 공업을 비롯한 각종 산업을 발달시켰어요. 뿐만 아니라 영국은 공업 발달에 꼭 필요한 석탄과 철 등 자원의 매장량이 풍부했으며, 이를 캐내는 기술과 자원을 운송하기 위한 도로 및 운하 등도 잘 갖추어져 있었습니다. 피를 흘리지 않고 평화롭게 전제 왕정을 입헌군주제로 바꾼 명예혁명을 비롯한 여러 혁명을 거치며 정치적으로도 안정을 이루었고, 식민지 지배로 광대한 시장을 보유했던 점도 산업혁명이 일어나는 데 기여한 요인의 하나입니다.

증기기관 발명이 이끈 산업혁명

영국에서는 에너지 자원으로 사용하던 땔감과 숯이 부족해지자 16세기 중반부터 석탄을 연료로 사용했습니다. 17세기 후반에는 영국의 석탄 생산량이 전 세계 석탄 생산량의 약 85퍼센트를 차지할 만큼 석탄에 대한 의존도가 높아졌어요. 그런데 석탄 소비량이 늘어나면서 기술적으로 해결해야 하는 문제가 생겼습니다. 특히 깊은 땅속에서 석탄을 캐다 지하수가 터지면 탄광에 고인 물을 밖으로 퍼내기가 쉽지 않았어요. 영국의 공학자 토머스 세이버리 Thomas Savery(1650?~1715)는 광부들의 이런 고생을 덜어 주기 위해 1698년 '광부의 친구 The Miner's Friend'라는 펌프를 발명했습니다. 밸브와 보일러, 연결관, 증기 공급관, 응축기, 난방로 등으로 이루어진 이 펌프는 압축시킨 증기를 사용해 광산에 고인 물을 땅 위로 끌어올리는 기계였지요.

그 뒤 증기 에너지에 관한 연구가 활발하게 이루어졌습니다. 마침내 1781년, 제임스 와트 James Watt(1736~1819)가 석탄 속의 화학 에너지를 기계 에너지로 바꿀 수 있는 증기기관을 발명했어요. 덕분에 에너지 생산 효율이 높아지면서 사람들은 싼 가격으로 에너지를 얻을 수 있었고, 광물을 캐내는 광산업과 광석에서 금속을 골라내는 야금업이 발달했습니다.

기술의 발전은 여기서 그치지 않았습니다. 노동자들의 수고를 덜고 생산성을 높일 수 있는 새로운 기계가 곳곳에서 발명되었지요. 증기기관에서 시작된 기술 혁신이 생산력 향상으로 이어지면서 산업혁명을 불러온 거예요.

산업혁명의 영향이 처음 나타난 분야는 면직물 공업입니다. 17세기 후반 인도산 면제품이 인기를 끌면서 맨체스터와 글래스고 주변의 수공업자들은 면직물 공업에 관심을 갖기 시작했습니다. 1720년 영국 의회가 영국 내에서 인도산 면직물 판매를 금지하자 영국의 면직물 산업은 빠르게 성장했고, 기술 혁신의 필요성 또한 높아졌지요.

1733년, 존 케이John Kay(1704~1764?)는 '플라잉 셔틀flying shuttle '이라는 베틀을 발명했습니다. 이 베틀은 양쪽에 북³ 상자가 붙어 있어서, 가죽끈으로 스프링 장치를 당기면 자동으로 북이 움직이는 기계였어요. 플라잉 셔틀 덕분에 직물을 짜는 속도는 두 배 이상 빨라졌고, 혼자서도 폭이 넓은 직물을 짤 수 있었지요. 하지만 플라잉 셔틀 때문에 일자리를 잃을까 봐 겁내는 직조공들이 저항해 실용화되지 못하다가, 1760년에 들어서야 적극적으로 보급되었습니다.

직물 짜는 일이 늘어나자 자연스레 그 원료인 실도 많이 필요해졌습니다. 따라서 곧바로 실을 만드는 여러 종류의 방적기가 발명되었어요. 1760년대에는 제임스 하그리브스James Hargreaves(?~1778)와 리처드 아크라이트Richard Arkwright(1732~1792)가 각각 제니Jenny 방적기와 수력 방적기

---

3 북 베틀에서, 세로 방향으로 놓인 실 사이를 오가며 가로 방향으로 놓인 실을 푸는 기구.

를, 1779년에는 새뮤얼 크럼프턴 Samuel Crompton(1753~1827)이 두 방적기의
특징을 살린 정교한 뮬 mule 방적기를 발명했습니다.

1784년 에드먼드 카트라이트 Edmund Cartwright(1743~1823)가 증기 에너지
를 사용해 직물을 짜는 역직기力織機 제작에 성공한 뒤 이듬해에 특허를 내
면서, 면직물 공업의 기계화가 빠른 속도로 이루어졌습니다.

면직물 공업의 발달은 철강, 석탄 화학, 기계 공업 등의 발전에도 영향
을 끼쳤어요. 생산량이 증가하면서 원료와 제품을 운반하는 일이 늘었고,
더불어 운송 수단도 함께 발전했지요. 철도는 석탄을 실어 나르기 위해
만들어졌습니다. 열네 살 때부터 탄광 기관부인 아버지의 조수로 일했던
조지 스티븐슨 George Stephenson(1781~1848)은 1814년 7월, 치열한 연구 끝
에 증기기관차를 발명했습니다. 1823년에는 세계 최초의 기관차 공장을
설립했고, 그 이듬해에는 석탄을 운반하기 위한 철도를 개통했죠. 그리고
1825년, 드디어 스티븐슨의 공장에서 만들어진 기관차가 철도 위를 미끄
러지듯 달리면서 본격적인 철도 수송의 시대가 열렸습니다. 그 뒤 1830년
에 개통된 맨체스터와 리버풀 사이의 여객용 철도가 상업적으로 엄청난
성공을 거두자, 철도망은 이에 자극을 받아 다른 지역으로 급속히 확대되
기 시작했습니다.

그러자 커다란 공장이 들어선 곳으로 일자리를 찾는 사람들이 모여들
면서 도시가 생겼습니다. 공장에서는 쉴 새 없이 기계 돌아가는 소리가
들리고, 굴뚝에서는 끊임없이 검은 연기가 피어오르던 영국은 세계 최고
의 공업국이 되었습니다. 공산품을 실어 나르기 위한 교통과 통신이 발달
하면서 상업적으로도 다른 나라가 모델로 삼는 나라가 되었지요.

1851년 5월 1일, 런던에 있는 수정궁에서 세계 최초로 만국 박람회가 열렸습니다. 철골과 유리로 지은 축구장 11개 넓이의 3층 건물 속에 산업혁명의 결과물이라 불리는 1만 3000개가 넘는 발명품이 전시되었죠. 만국 박람회는 전 세계의 공업 제품을 한곳에서 관람할 수 있도록 마련한 자리였지만, 실제로 전시품의 절반은 영국 제품이 차지했어요. 기관차, 선박용 엔진, 고속 인쇄기, 동력 직기, 공작 기계기계나 기계 부품을 만드는 기계 등 영국 공업을 빛낸 제품으로 가득한 만국 박람회는 세계에 영국의 발전상을 자랑하기 위한 축제나 마찬가지였습니다. 빅토리아 여왕은 남편 앨버트 공이 주관한 박람회가 성공을 거두자 누구보다도 자랑스러워했다고 해요.

영광 뒤에 숨겨진 어두움

이처럼 찬란한 영광의 이면은 어두웠습니다. 겉으로는 산업 자본주의를 등에 업고 세계 최고 수준의 경제 선진국으로 발돋움했지만, 안으로는 산업화에 따른 문제점을 가득 끌어안고 있었지요.

공장 제도가 발전하면서 소수의 자본가는 새로운 지배층이 된 반면, 대부분의 사람은 임금을 받고 일하는 노동자가 되었습니다. 소수의 자본가는 다수의 노동자에게 임금을 주는 데 매우 인색했습니다. 임금을 적게 줄수록 자본가들의 이윤이 높아졌기 때문이지요. 14~15시간 동안 열악한 환경에서 강도 높은 노동에 시달리던 노동자들은 건강을 해쳐 병에 걸리기 일쑤였어요. 1830년대 말 농촌에 살던 지주들의 평균 수명은 50~52세였지만, 맨체스터와 리버풀 등의 공업 도시에 살던 노동자들의 평균 수명은 15~19세였죠. 그런데도 임금을 낮추기 위해 여성과 어린이를 고용하는 공장이 점점 늘어났습니다.

주거 환경도 형편없기는 마찬가지였습니다. 노동자들은 목욕탕이 없는 공동 주택에서 생활했으며, 심지어 하나의 침대를 서너 명이 번갈아 사용하기도 했어요. 도시 인구는 큰 폭으로 증가하는데 위생 시설은 제대로 마련되지 않아, 10여 세대 이상이 화장실을 공동으로 사용했죠. 비위생적인 환경 때문에 도시에서는 콜레라와 이질, 성홍열 등의 전염병이 자주 발생했고, 가난한 노동자들은 치료를 받지 못한 채 죽음으로 내몰렸습니다.

또한 과학 기술의 발전으로 에너지 사용이 증가하면서 자연환경이 무자비하게 파괴되었습니다. 예전의 농업 사회에서는 생산에 필요한 에너지를 사람이나 동물의 근력, 또는 바람이나 물 등 자연에서 얻었습니다. 취사나 난방을 할 때도 땔감이나 숯 같은 연료를 사용했어요. 그러나 공업화가 이루어지면서 대규모의 에너지가 필요해지자 열량 높은 석탄과 가스, 석유 등의 화석 연료가 주된 에너지원으로 등장했습니다. 이 같은 화석 연료의 무차별한 사용은 대기의 질을 악화시켜 뒷날 수천 명의 사망자가 발생한 런던 스모그smog 사건으로 이어졌지요.

낮은 임금을 받으며 열악한 공장에서 일하다 세상을 떠난 노동자들과 파괴된 자연은 산업혁명의 영광 뒤에 감추어진 어둠이었습니다. 영국이 전성기를 맞이했던 빅토리아 여왕 시기는 이렇게 빛과 어둠이 공존하던 시대였어요.

검은색은 어둠과 죽음을 상징합니다. 숭고함과 순수함의 상징인 흰색 웨딩드레스를 입고 모든 여성의 부러움을 받으며 결혼식을 치렀던 빅토리아 여왕은 1861년, 앨버트 공이 사망하자 그를 추모하기 위해 약 40년 동안 검은색 옷만 입었습니다. 그 검은색 옷이 힘들고 고달팠던 그 당시 노동자들의 아픔을 어루만져 주었던 것일까요? 빅토리아 여왕은 눈을 감기 전까지 영국 국민은 물론 식민지 사람들의 지지와 사랑을 받는 행운을 누렸습니다.

● 러다이트(Luddite) 운동(기계 파괴 운동)

가내 공업이 번창했던 영국 중부 노팅엄의 수공업 노동자들은 자동 직물 기계가 발명되면서 생계의 위협을 느끼기 시작했다. 프랑스와 오랜 전쟁을 치러 경제 상황이 나빠지자 희망을 잃은 이곳 노동자들은 1811년 공장 소유주를 협박하고 양말과 레이스 짜는 기계를 파괴했다. 다음 해에는 북부 직물업계에서도 집단적으로 직물 공장의 기계를 파괴했다. 그러자 리버풀 내각은 1812년 의회에 제출된 탄압 법안을 통과시킨 뒤 군대를 동원해 상황을 진압했고, 1816년 17명을 교수형에 처하면서 기계 파괴 운동은 막을 내렸다.

노동자들이 작업 기계를 닥치는 대로 파괴하는 것을 '러다이트'라고 하는데, 이는 기계를 처음 부수었던 양말 공장 노동자 '네드 러드(Ned Ludd)'의 이름에서 유래했다.

기계 파괴 운동은 기계에 힘입은 생산성 향상이 산업화를 이룬 국가들의 경제 성장을 가져다준 것은 사실이지만, 기계가 인간의 노동을 대신하는 일이 노동자들에게 얼마나 큰 위협이 었는지를 여실히 보여 준다. 로봇이 인간의 일을 대신하며 인간의 노동에 위협을 가하고 있는 현실 문제를 슬기롭게 극복할 방안은 무엇일까?

⑥ ── 자본주의에 대한 저항

● 산업혁명으로 영국이 누렸던 영광의 이면에 숨겨진 어두운 모습, 이로 인한 자본
가와 노동자의 갈등은 자본주의 사회에서라면 어디서나 볼 수 있는 현상이다. 로
버트 오언은 이런 모순을 최소화하기 위해 일생을 바쳤지만 자신이 꿈꾸었던 세
상을 만들 수 없었다. 자유와 평등 같은 사회 정의를 위해 그가 기울였던 노력은
물거품이 되어 버린 걸까? 계몽과 설득을 통해 자본수의의 모순을 최소화하려 했
던 그의 시도가 실패하자 마르크스와 엥겔스가 최선이라고 제시한 대안은 무엇이
었을까?

뉴 래너크 방적 공장에 담긴 로버트 오언의 꿈

스코틀랜드 최대의 도시 글래스고에서 남동쪽으로 40킬로미터 떨어진
지점에 위치한 뉴 래너크New Lanark 는 유네스코 세계 문화유산으로 지정
된 마을입니다. 이 작은 마을이 세계 문화유산이 된 것은 공상적 사회주
의자로 불리는 로버트 오언Robert Owen(1771~1858) 이 경영했던 방적 공장과
이를 중심으로 한 모범적인 산업 공동체 덕분이에요. 오언은 빈곤과 타락,
무기력에 젖어 있던 공장 노동자들에게 인간다운 삶의 길을 열어 주는 일
을 하는 데 일생을 바쳤습니다. 아름다운 자연과 조화를 이룬 공장 건물

과 널찍한 노동자 숙소, 세계 최초의 유치원 등이 남아 이곳을 찾는 사람들에게 그가 어떤 세상을 꿈꾸었는지 보여 주죠.

오언은 웨일스에서 가난한 수공업자의 아들로 태어나 10세부터 공장에서 일하기 시작했고, 20세에는 맨체스터의 큰 방적 공장 공장장이 되었습니다. 그 당시 영국은 산업혁명으로 공장 노동자들이 급속하게 늘어났는데, 이들은 열악한 환경에서 14시간이 넘는 장시간의 노동에 시달렸어요. 영양실조로 건강 상태가 좋지 않았던 노동자들은 매우 거칠고 의욕이 없었으며, 기업가들은 협박이나 해고 등 강압적인 수단으로 이들을 통제했죠. 오랫동안 바로 옆에서 노동자들의 이 같은 삶을 지켜 본 오언은 장시간 노동, 열악한 근무 환경, 저임금과 학대, 영양실조 등 생산성을 떨어뜨리는 구조적인 문제를 획기적으로 개선하고, 교육을 통해 노동자들의 생활 태도를 바꾸면 노동 생산성이 크게 향상될 거라고 믿었습니다. 그러나 공장 주인은 그의 의견에 귀를 기울이지 않았어요.

그러자 오언은 25세이던 1796년, 다른 사람들과 함께 자본을 투자해 새로운 회사를 만들었습니다. 그리고 자신의 신념대로 경영을 펼쳐 성공을 거두었습니다. 그 뒤 맨체스터 문예 및 철학 협회에서 함께 활동하던 여인과 사랑에 빠졌는데, 그 여인은 뉴 래너크에 방적 공장을 세운 데이비드 데일David Dale(1739~1806)의 딸이었습니다. 데이비드 데일은 이들이 결혼하기 전에 방적 공장을 다른 사람에게 팔았는데, 새 주주들이 오언에게 공장의 경영을 맡겼습니다. 이렇게 해서 1800년 초부터 24년간 지속되었던 그의 뉴 래너크 시대가 열렸어요.

뉴 래너크 공장은 다른 곳에 비해 이미 훌륭한 작업 환경을 갖추었지

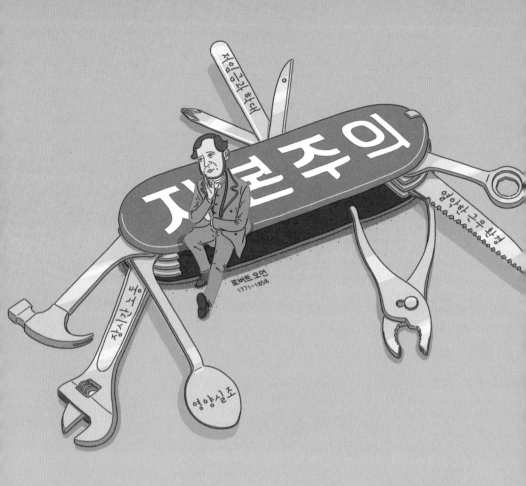

자본주의

정의로운 사회

열악한 근무 환경

장시간 노동

영양실조

로버트 오언
1771~1858

만, 오언은 여기서 만족하지 않고 복지 시설을 더욱 늘리며 근무 환경을
획기적으로 개선했습니다. 노동 시간을 14시간에서 10시간으로 줄였고,
10세 미만 아동의 노동을 금했으며, 최신 설비를 설치하면서도 노동 인원
은 그대로 유지했을 뿐만 아니라 오히려 노동자들의 임금을 올려 주었어
요. 그는 노동자 교육에도 심혈을 기울였습니다. 노동자들이 교육을 통해
자율적이고 능동적인 사람으로 변하면 생산성이 향상된다고 믿었기 때문
이에요. 그의 신념대로 공장을 운영한 결과 노동 생산성과 순이익은 2배

이상 늘어났습니다. 이 같은 사실이 널리 알려지자 오언의 경영 실험에 관심을 가졌던 사람들이 뉴 래너크로 줄줄이 견학을 오기 시작했습니다.

하지만 오언의 경영 실험도 어느 순간 주변의 반대에 부딪히고 말았습니다. 자본 대비 5~10퍼센트가 넘는 초과 이윤을 모두 노동 환경 개선과 교육에 투자하자는 그의 의견을 다른 동업자들이 반대한 거죠. 결국 그는 자신의 지분을 정리하고 1825년에 미국으로 떠났습니다. 그리고 인디애나 주의 '뉴 하모니 New Harmony'를 사들여 900여 명의 주민과 꿈의 공동체를 건설하고자 했지만, 몰려든 사람들이 일은 하지 않고 쓸데없는 논쟁만 일삼아 새로운 실험은 실패하고 말았어요. 이에 오언은 3년 만에 다시 영국으로 돌아왔습니다.

온건하게 진행된 영국의 노동 운동

'뉴 하모니'의 실패에도 불구하고 오언은 여전히 낙천적이었습니다. 전국 노동조합대연합이라는 조직을 만들기도 하고, 노동자들의 선거권을 얻기 위해 차티스트 운동을 벌이는 등 노동자들의 이익을 위한 그의 헌신은 계속되었어요. 이런 활동들은 영국의 노동조합과 협동조합 운동, 사회 민주주의 운동의 밑거름이 되었습니다. 오언은 자본주의를 비난했지만, 폭력적으로 몰아내려고 하지는 않았어요. 자신의 견해를 알리고 이를 행동으로 옮기며 모범을 보이면서도 다른 사람들에게 강요하지는 않았죠. 오언의 이런 행동이 영향을 미쳤기 때문인지 영국의 노동 운동은 온건 투쟁을 통해 하나하나 원하는 것을 얻어 가는 방향으로 진행되었습니다.

영국에서 노동조합이 처음 만들어진 시기는 17세기 말이었습니다. 그 뒤 노동자들이 더욱 단단하게 뭉치고 단결하자, 이에 두려움을 느낀 자본가들은 정부를 움직여 1799년에 '노동자 단결 금지법'을 만들게 하고 노동조합을 불법 단체로 여겼어요. 그러나 산업화에 따른 급격한 사회 변화 속에서 비참한 생활을 하던 노동자들이 당하고 있지만은 않았습니다. 이들은 비밀 단체를 만든 뒤 산업혁명 직후 방적 기계 때문에 일자리를 잃은 노동자들이 일으킨 러다이트 운동기계 파괴 운동 같은 저항 운동을 벌이거나, 조직적으로 대규모 임금 인상 운동을 벌였어요. 이러한 투쟁을 한 결과 1824년 정부는 노동자 단결 금지법을 폐지했습니다.

프랑스 7월 혁명[4]의 영향을 받은 영국은 1832년 1차로 선거법을 개정했습니다. 그 결과 상공업에 종사하는 시민들은 선거권을 얻었지만, 노동자들에게는 선거권이 주어지지 않았지요. 이에 반발한 오언은 1834년 전국노동조합대연합을 결성해 단기간에 50여만 명의 조합원을 모집하는 쾌거를 이루었습니다. 그러나 자본가들의 방해로 조직이 바로 붕괴되자 1838년부터는 차티스트 운동으로 방향을 바꾸어 투쟁을 계속 이끌었습니다. 이 운동은 표면적으로는 남성의 보통 선거권 획득, 균등한 선거구 설정, 비밀 투표, 매년 선거, 의원의 보수 지급, 의원 출마자의 재산 자격 제한 폐지 등 여섯 개 항의 인민헌장Peoples' Charter 실현을 목표로 하는 의

---

4 프랑스 7월 혁명 1830년 7월 파리에서 일어난 시민 혁명. 신흥 부자들, 기능공, 노동자, 학생 등 파리의 민중이 국왕 샤를 10세가 발표한 7월 칙령(출판 자유의 정지, 하원 해산, 선거 자격의 제한 등)에 항거해 일으켰다. 그 결과 샤를 10세는 국왕의 자리에서 내려와 망명하고, 루이 필리프 1세가 왕위에 오르면서 부유한 시민 계급이 권력을 잡는 계기가 되었다.

회 개혁 운동이었습니다. 하지만 실제로는 노동자를 대표해서 일해 줄 의원을 당선시키기 위해 선거권을 쟁취하고자 한 세계 최초의 전국적인 노동 계급 운동이었죠. 불황기에 시작되었던 차티스트 운동은 1840년대에 경기가 회복되어 대중의 지지가 줄어들면서 1848년 이후에는 시들해졌습니다. 그러나 이 운동 덕분에 10시간 노동법, 탄광법, 공장법 등이 만들어졌어요.

영국이 공업화의 선두를 달리며 눈부신 발전을 거듭하자, 숙련 노동자의 실질 임금이 상승했습니다. 그리고 1840년대 후반부터 노동자의 사고방식에 커다란 변화가 생기기 시작했어요. 숙련 노동자들은 지방 단위의 직업 그룹이나 초기의 산업별 조합이 아닌, 전국 규모의 직업별 조합을 만들었지요. 1851년에 만들어진 통합금속기계제조공협회가 이런 '새로운 형태의 노동조합New Model Union'의 시초입니다. 이런 조합은 노동자들이 집단적으로 한꺼번에 작업을 중단하는 파업 같은 노동 쟁의를 벌이지 않고, 특정 직종의 노동력 공급을 제한하는 방법으로 임금 및 근로 조건의 개선을 꾀하려 노력했습니다.

자본주의를 타도하려는 수단으로 폭력을 내세운 마르크스와 엥겔스

공업화는 물질문명을 발달시키고 자유와 풍요를 가져다주었지만, 그 혜택을 모든 사람이 골고루 누린 건 아니었습니다. 19세기 중반 영국 노동자들은 열악한 환경 때문에 병을 얻기 일쑤여서 평균 수명이 채 30세가 되지 않았습니다. 어쨌든 계몽과 설득을 통해 생산 수단을 공동으로 소유하고 관리하는 사회주의를 이루어 자유와 평등 같은 사회 정의를 실현하고자 했던 오언의 실험은 실패로 끝났습니다. 그 결과 자본주의를 무너뜨리려면 보다 적극적인 수단이 필요하다는 주장이 제기되었어요. 독일인이지만 영국에서 살았던 카를 마르크스Karl Heinrich Marx(1818~1883)와 프리드리히 엥겔스Friedrich Engels(1820~1895)는 오언 등의 '공상적 사회주의'는 위대한 사상이지만, 도덕에 호소해 평화적으로 사회주의 사회를 건설하려는 방안은 비현실적이라고 말했습니다.

이들은 공동으로 써서 1948년 2월에 발표한 공산주의 운동에 관한 최초의 유권적 선언문인 〈공산당 선언 The Communist Manifesto〉에서 "지금까지의 모든 사회의 역사는 계급투쟁의 역사다."라고 외치며, "공산주의 혁명으로 프롤레타리아가 잃을 것은 쇠사슬뿐이요, 얻을 것은 세계다. 전 세계의 노동자여, 단결하라."라고 선동했습니다. 이들은 노동자가 단결해 자본주의에 저항하면 결국 자본주의는 몰락하고 노동자 사회가 될 것이라고 믿었어요.

마르크스와 엥겔스는 로마 시대에는 노예를 소유한 자들과 노예, 중세 봉건 시대에는 영주와 농노, 자본주의 시대에는 공장과 땅을 소유한 자본가와 노동자 등 생산 수단을 소유하고 통제하는 '지배 계급'과 그들을 위해 일하는 '피지배 계급'이 항상 존재한다고 말했습니다. 그리고 이런 계급 사이에는 끊임없이 갈등이 일어났다고 분석했지요. 또 이상적인 사회란 소유를 둘러싼 계급 간의 갈등이 없는 사회, 즉 계급이 없는 사회이며, 그런 사회의 주인공은 바로 노동자여야 한다고 주장했어요.

이들은 자본주의는 발달할수록 소수의 대자본가가 모든 이익을 독점해 빈부 격차가 심해지고, 노동자 계급의 소비력이 악화되어 필연적으로 붕괴할 수밖에 없다고 판단했습니다. 또한 자본주의를 몰락시키고, 서로 다른 계급 간의 대립과 갈등을 만드는 근본 원인인 사유 재산을 없애는 과정에서 사회적·경제적 피해를 최소화하는 방법은 '프롤레타리아[5] 혁명'이라고 말했습니다. 즉 변화의 수단으로 폭력이 필요하다고 본 거죠. 엥겔스는 프롤레타리아 혁명은 자신들이 현실을 과학적으로 분석해서 찾아낸 이론이며, 사회주의 사회를 건설하기 위한 실제적인 방법이라고 생각했어요. 그리고 자신들의 이론이야말로 '과학적 사회주의'라며 스스로 치켜세웠습니다. 그런데 엉뚱하게도 이들의 사상은 영국이나 독일이 아닌 러시아에서 현실화되었습니다. 서유럽의 나라들보다 늦게 산업화가 시작된 러시아에서는 1870년대에 서유럽 자본주의의 문제점을 이어받지 않으려면 촌락 공동체를 만들어 평등한 사회를 건설해야 한다는 움직임이 일어났어요. 이에 따라 농민을 계몽해서 사회를 변화시키려는 인민주의 운동이 벌어졌지만 성과는 없었지요. 그래서 사람들은 사회주의 사상에 눈을 돌렸고, 이는 러시아 혁명의 불씨가 되었어요. 레닌Vladimir Il'ich Lenin(1870~1924)이 이끄는 극좌파인 볼셰비키당이 군대의 지원을 받아 1917년 10월 세계 역사상 최초로 사회주의 혁명10월 혁명을 성공시키면서, 러시아의 차르 제국은 소비에트 사회주의 공화국 연방소련으로 바뀌었습니다. 소련에서 생산 수단을 공동으로 소유하고 관리할 목적으로 실시했던 '집단 농장화 정

---

5 프롤레타리아 자본주의 사회에서, 생산 수단을 소유하지 못하고 노동력을 제공해서 생활하는 임금 노동자. '무산 계급'이라고도 한다.

책'은 성공을 거두지 못했습니다. 그러나 정부의 강력한 통제로 이루어진 산업화와 교육 정책에 힘입어 철강업을 비롯한 중공업과 군수 공업은 성장했지요. 1929년부터 1940년까지 소련의 생산성이 비약적으로 증대하자 공산주의는 다른 지역으로 퍼져 나가 그 세력이 확대되었습니다.

같은 시기 서유럽과 미국 경제는 대공황의 늪에 빠져 허우적거렸던 반면, 공산주의는 힘을 얻었습니다. 그러나 20세기 후반에 들어 사유재산제도와 인간의 자율성을 무시한 체제에 대한 불만이 커지면서 1989년 체코슬로바키아에서 공산당 정권이 무너지고 말았습니다. 연이어 소련에 속했던 15개의 공화국에서도 저마다 독립운동이 일어나, 결국 1991년 소련은 모두 독립한 15개의 나라로 분열되었고 공산주의는 급속히 약화되었죠.

이제 정치적으로 공산주의는 힘을 잃었습니다. 하지만 자본주의의 역사적 발전 단계와 현상을 과학적으로 분석한 마르크스의 저서 《자본론》은 여전히 경제학의 고전이라는 위치를 차지하고 있어요. 자본주의자가 아닌 사회주의자가 쓴 자본주의를 탁월하게 분석한 책이 높이 평가받고 있는 것입니다. 마르크스는 자본주의가 가장 발달했던 영국 사회를 연구 대상으로 삼아 자본주의 체제에서의 지나친 이윤 추구와 빈부 격차, 비인간적인 노동 착취를 과학적으로 증명하기 위해 《자본론》을 집필한 것입니다. 《자본론》이 출간된 지는 150년이나 되었지만, 그가 지적했던 자본주의의 특징과 문제점은 그대로입니다. 그래서 《자본론》은 아직도 자본주의의 모순을 비판하기 위한 열쇠 역할을 하고 있지요.

● 미국 노동 운동의 역사

　　미국에서는 노동자들이 직종별로 뭉쳐서 자신들의 이익을 위해 노동 운동을 전개했다. 18세기 말 목수, 벽돌공, 제화공 등 기술자들이 지역 단체를 만들어 노동 시간 단축과 임금 인상을 요구하며 노동 운동을 시작했는데, 정부가 노동조합과 단체 행동을 인정하지 않았으므로 활발한 활동이 이루어지지는 못했다.

그 뒤 공업화가 시작되었던 19세기 초에 숙련공을 중심으로 전국인쇄노동조합을 비롯한 직업별 조합의 전국 조직을 만들었으며, 1866년에는 최초로 전국 규모의 전국노동조합(National Labor Union)을 결성했다. 전국노동조합은 8시간 노동제와 노동조합이 중심이 되는 생산자협동조합(Producers' Cooperatives) 설립을 위해 투쟁했으며, 노동자들에게 생산자협동조합의 이윤을 분배해 줄 것을 요구했다. 또한 1863년에 제정된 국립은행법(National Bank Act)에 따라 민간은행들도 화폐를 발행하는 제도가 노동자들에게 불리하다고 판단해 이에 대한 개혁을 주장하기도 했다. 그러나 화폐발행제도 등을 포함해 투쟁의 범위를 확대해야 한다는 의견과 노동 문제에 집중해야 한다는 의견이 대립하며 결속력이 약해져 1873년에 붕괴되었다.

1886년 다시 전국 규모의 미국노동총동맹(American Federation of Labor)이 탄생했는데, 조합원은 노동자 개개인이 아니라 전국적인 직종별 노동조합이었다. 총동맹은 기업가들과 타협적이고 온건하게 교섭을 벌였으며, 직업별 또는 숙련공 및 비숙련공별로 임금 등의 차별을 강조하고, 산업별 조합주의를 배척했다.

⑦ — 원면 수출이 바꾸어 버긴 인도의 운명

● 산업혁명은 서양과 동양 국가들의 경제력을 뒤바꾸는 결정적인 계기였다. 16세기 초반 포르투갈의 항해사 바스쿠 다가마가 새 항로를 개척한 이후 150년 동안 인도는 향신료, 면직물, 염료, 초석 등을 수출해 막대한 돈을 벌어들인 수출 강국이었다. 또한 1700년대부터 1760년대까지 인도산 면직물이 전 세계를 휩쓸었다. 그러나 영국의 산업혁명이 면직물 공업에서부터 시작된 뒤 인도는 면직물 최대 수입국이 되었고, 결국 영국의 식민지로 전락하고 말았다. 이는 진정 피할 수 없는 역사였을까?

인도 항로를 개척한 바스쿠 다가마

인도는 전 세계 향신료의 80퍼센트 이상을 생산합니다. 가장 우수한 품질의 향신료가 생산되는 인도 남부 케랄라 주의 작은 항구 도시 코치또는 코친는 기원전 3세기부터 향신료 무역의 중심지였지요. 지금도 향신료 가공과 유통, 무역이 활발하게 이루어지는 코치에는 1503년에 세워진 성 프란시스 교회가 있습니다. 이 교회에는 포르투갈 국왕의 명을 받고 인도의 정책 고문으로 일하던 바스쿠 다가마Vasco da Gama(1469~1524)의 무덤이 있어요. 그의 유해는 1538년 포르투갈의 수도 리스본에 자리한 제로니무스

수도원으로 옮겨졌지만, 무덤은 여전히 교회에 남아 있습니다.

바스쿠 다가마는 1497년 리스본을 떠나 남아프리카공화국의 희망봉과 케냐의 몸바사를 돌아 1498년 5월 마침내 인도의 캘리컷지금의 코지코드 해안에 도착했습니다. 그는 당시 유럽에서 특히 영향력이 컸던 상품 가운데 하나인 후추를 비롯한 향신료 무역을 직접 하기를 원하는 포르투갈의 열망을 안고 위험을 무릅쓴 채 새 항로를 개척하기 위해 나선 것이지요. 고기를 좋아했던 유럽 사람들은 향신료로 고기의 누린내를 없앴는데, 15세기 유럽에서 최고의 인기를 누렸던 향신료는 바로 인도산 후추였어요. 그런데 향신료들이 중동 지역을 거쳐 홍해와 지중해를 통해 유럽으로 유통되자 이탈리아나 아랍의 상인들이 중간에서 심하게 횡포를 부려, 유럽에서 후춧가루의 가격은 금가루와 맞먹을 정도로 비쌌습니다. 그래서 모두가 홍해와 지중해를 통하는 교역로를 차지하려고 치열한 다툼을 벌였지만, 포르투갈은 인도와 직접 무역을 해서 큰 이익을 얻기를 원했으므로 새 항로 개척에 가장 적극적인 태도를 보였죠.

1998년은 바스쿠 다가마가 인도의 캘리컷 해안에 첫발을 디딘 지 500주년이 되는 해였습니다. 항해의 출발지와 종착지였던 포르투갈과 인도는 인도 항로 개척 500주년 행사를 함께 추진했습니다. 그런데 두 지역에서 전혀 다른 성격의 일이 벌어졌어요. 포르투갈 사람들은 국민적 영웅을 기념하는 대대적인 축하 행사를 벌인 반면, 인도 사람들은 포르투갈 무역의 근거지였던 고아의 말라바르 해안에서 바스쿠 다가마의 꼭두각시를 불태우고 검은 깃발을 올리는 등 격렬한 항의 행진을 벌였지요. 인도 사람들의 항의 행진은 서구 열강에 시달리다 결국 영국의 식민지로 전락했던 인도 역사에 대한 울분의 표현이었을 겁니다. 16세기 초반 인도 항로를 개척함으로써 인도양의 주인이 되었던 포르투갈의 입장에서 보면 바스쿠 다가마는 분명 영웅입니다. 그런데 인도는 정말 새 항로 개척의 피해자이기만 했을까요?

17세기 중반까지 수출 강국이었던 무굴 제국

새 항로를 개척했을 때 인도는 여러 나라로 분열되어 이슬람 세력이 지배하고 있었습니다. 인도 항로를 개척한 포르투갈은 1510년 대포를 앞세워 인도 서해안에 위치한 고아를 무역의 근거지로 삼고, 말레이 반도의 말라카지금의 믈라카와 페르시아 만의 호르무즈, 실론지금의 스리랑카의 콜롬보 등 아시아 여러 곳으로 상업 거점을 늘려 나갔습니다. 그러면서 후추와 향신료 무역에 열을 올렸어요. 포르투갈 상인들은 구리를 주고 후추를 샀는데, 구리 무게의 2.5~4배 정도 되는 후추를 만질 수 있었습니다. 이렇게 구한 후추를 유럽으로 가져가서 곱절의 이윤을 남겼지요.

포르투갈은 아시아 교역을 장악하기 위해 호시탐탐 인도를 식민지로 삼으려 했지만, 인도는 그리 호락호락한 상대가 아니었습니다. 인도는 10세기 말부터 수백 년 동안 이슬람 세력의 지배를 받으며 침체기를 겪었지만, 1526년 무굴 제국을 세우면서 다시 번성했기 때문입니다. 무굴 제국의 3대 황제인 아크바르는 1556년 남부를 제외한 인도 대부분과 아프가니스탄을 포함한 지역까지 영토를 넓혔고, 이로 인해 무굴 제국은 세계에서 경제력이 특히 강한 나라 가운데 하나가 되었습니다. 무굴 제국은

1575년부터 무역을 국가가 직접 경영하는 국유화 사업으로 만들어, 섬유 산업을 비롯해 중요한 수익 사업 모두를 국가가 독점하면서 황제는 엄청난 부를 축적했어요.

1580년 스페인의 펠리페 2세가 포르투갈 국왕을 겸하면서 포르투갈은 스페인에 합병되었습니다. 그러나 1581년 네덜란드가 스페인으로부터 독립하면서 스페인의 국력이 약해져, 네덜란드와 영국이 인도 무역의 새로운 강자로 등장했지요. 거래 상대만 바뀌었을 뿐 인도는 계속 수출로 엄청난 돈을 벌어들였어요. 후추와 향신료를 비롯해 면직물, 염료, 초석 등 수출 품목도 다양했습니다.

인도의 차툰 지방에서 생산된 면직물은 유명세를 떨치며 세계 시장을 점령했습니다. 1617년에는 차툰 지방에서 목화 가공에 종사하는 여성 방직공이 3만 5000여 명, 직조공이 2만 2000여 명에 달할 정도로 인도의 섬유 산업이 번성했죠. 청금석을 갈아 만든 감청색 염료도 유럽에서 금값의 두 배에 가까운 가격으로 비싸게 팔렸어요. 유럽이 1618년부터 30년 전쟁[6]을 치르는 동안에는 화약 원료인 초석을 수출해 큰돈을 벌기도 했습니다.

이슬람 건축을 대표하는 걸작이자 세계에서 가장 아름다운 건축물로 꼽히는 타지마할이 22년의 공사 기간을 거쳐 1653년에 완성될 수 있었던 것도 수출로 막대한 부를 쌓았기에 가능했습니다. 인도는 새 항로를 개척

---

6 30년 전쟁 1618년에서 1648년까지 독일을 중심으로 신교(프로테스탄트)와 구교(가톨릭) 간에 벌어진 종교 전쟁. 시작은 종교 전쟁이었으나 유럽 여러 나라가 개입한 영토 분쟁으로 확대되었다.

한 뒤 150년 동안 피해자가 아닌 수혜자였지요. 그런데 인도는 왜 영국의 식민지로 전락했을까요?

영국 동인도 회사의 주요 취급 상품이었던 인도산 면직물

수출로 막대한 돈을 벌었던 무굴 제국은 경제의 대외 의존도가 지나치게 높았습니다. 유럽 국가들이 30년 전쟁을 치르며 국가가 가진 돈을 모두 써 버려 인도에서 물건을 수입할 여력이 없어지자, 1653년 무굴 제국의 비단, 보석, 진주, 초석 수출량은 전쟁 전의 1퍼센트 수준에도 미치지 못할 정도로 줄어들었어요. 염료와 향신료 수출은 15퍼센트 수준으로 떨어졌고요. 이처럼 수출이 감소하자 무굴 제국은 심각한 경제 위기를 맞이했습니다. 다행히 영국에서 인도산 면직물을 수입하는 양이 늘어나 겨우 한숨을 돌릴 수 있었지요.

　그러나 위기를 극복하는 과정에서 다른 종교에 강경 조치를 취했던 것이 문제였습니다. 6대 황제인 아우랑제브는 경제 위기를 극복하기 위해 이슬람 중심의 국가 부흥을 꾀하며 다른 종교를 탄압했습니다. 그는 힌두교 사원을 파괴하고, 힌두교 관리들을 강제로 이슬람교로 개종시켰어요. 이에 불만을 품은 힌두교도와 시크교[7]도가 반란을 일으켰고, 이로 인해 정치적 혼란이 지속되자 무굴 제국은 서서히 힘을 잃어 갔습니다.

---

7 시크교 15세기 말 인도 서북부의 펀자브 지방에서 '나나크(Nanak)'가 힌두교의 개혁을 꾀하며 창시한 종교. 우상 숭배와 카스트제도를 반대하고 창조신을 열광적으로 숭배하는 등 이슬람교의 요소가 강해서 힌두교와 이슬람교가 융합된 종교라고 본다.

17세기 후반에 접어들면서 영국과 프랑스는 네덜란드가 가졌던 인도 무역의 주도권을 넘보며 세포이인도인 용병를 고용해 세력 다툼을 벌였습니다. 1615년 무굴 제국으로부터 허가를 받고 자체 방직 공장을 경영하던 영국 동인도 회사의 면직물 무역이 활기를 띠자, 영국은 무역에서 프랑스보다 유리한 위치를 차지했어요. 영국의 3대 무역 거점이었던 봄베이지금의 뭄바이, 마드라스지금의 첸나이, 캘커타지금의 콜카타가 모두 면화 생산지와 가까웠던 덕분이지요.

인도의 면직물 공업은 1700년대부터 1760년대까지 절정기였습니다. 유럽, 동남아시아, 미국, 아프리카, 중동에 이르기까지 전 세계 사람들은 인도산 면직물로 만든 옷을 즐겨 입었어요. 인도산 면직물 때문에 타격을 받았던 영국의 모직, 리넨, 실크 산업 종사자들이 폭동을 일으킬 정도로 인도 면직물의 위세는 대단했지요.

면직물 최대 수출국에서 최대 수입국으로 변한 인도

오르막길이 있으면 내리막길도 있는 법. 승승장구하던 인도의 면직물 공업에도 위기가 찾아왔습니다. 무굴 제국의 힘이 약해지자 벵골 지방에 나와브라고 불리는 지방 태수가 사실상 독립된 상태에서 왕처럼 군림하는 나와브 왕국이 들어섰고, 영국이 이곳에 눈독을 들이기 시작했습니다. 벵골의 태수특정 지역에서 이슬람 공동체의 통치자인 칼리프를 대리하는 모든 권한을 가졌던 아미르를 뜻함는 영국의 침략 의도를 눈치채고, 1757년 프랑스군과 연합해 동인도 회사의 밀무역을 구실로 영국과 싸움플라시 전투을 벌였어요. 이때 전투에서 이길 자신이 없었던 영국은 비열한 수를 생각해 냈습니다. 나와브 군대의 참모 총장 미르자파르에게 주력 부대가 전투에 나서지 않게 해 주면 나중에 벵골 태수 자리를 주겠다는 약속을 한 것이지요. 그 결과 영국은 이 전투에서 승리를 거두어 벵골을 지배하게 되었습니다.

그런데 인도에 가뭄이 들어 곡물 가격이 올라가면서 문제가 생겼습니다. 임금을 곡물 가격을 기준으로 정했으니 곡물 가격이 오르면서 임금도 오른 셈이 된 기죠. 따라서 면직물 생산 비용이 올라갔으므로 면직물을 수출하는 것보다 원면을 수출하는 것이 더 유리하게 상황이 바뀌었습니다. 이에 영국 동인도 회사는 전쟁 당시 영국 편에 섰던 새로운 벵골 태수로부터 원면 수출 허가를 따냈어요. 이미 직조 기계를 발명했던 영국의 입장에서는 면직물보다는 원면을 수입해서 직물을 짜는 것이 훨씬 이득이었거든요. 인도산 원면을 수입할 수 있게 되자 영국의 면직물 공업은 눈부신 속도로 발전했습니다. 연이어 철강, 석탄 화학, 기계 공업도 발전해 영국은 세계 제일의 공업국이 되었어요.

면직물 공업이 급성장함에 따라 인도산 원면만으로는 수요를 충당할 수 없게 된 영국은 1790년대부터 이집트에서 원면을 생산해 들여왔습니다. 그리고 19세기에는 미국 남부 지역에 자본을 투자해 대규모 면화 농장을 만들었어요. 기계를 이용해서 생산한 영국산 면직물이 가격 경쟁력을 바탕으로 세계 시장을 장악하자 인도의 면직물 공업은 완전히 붕괴되어 버렸지요. 그 뒤 영국은 면직물의 원료 조달뿐만 아니라 완제품 시장을 확보하기 위해 식민지를 건설하는 데 열을 올립니다. 19세기 전반까지 대서양 시장에 만족했던 영국은 면직물 생산량이 더 늘어나자 19세기 후

"영국 면직물을 수입하지 않는 것이 식민 지배를
극복하는 첫걸음입니다."

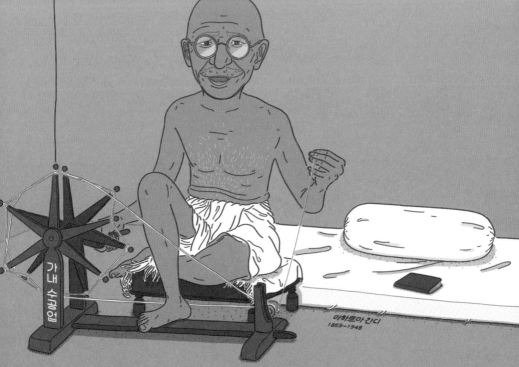

가내 수공업

마하트마 간디
1869~1948

반부터 인도에도 면직물을 팔기 시작했지요. 세계 최대의 면직물 수출국이었던 인도는 결국 최대의 면직물 수입국이 되어 버렸습니다.

마침내 1857년, 영국 동인도 회사에 고용된 세포이들이 이러한 영국의 지배에 저항하며 항쟁을 일으켰습니다. 그러자 영국은 이를 진압하고 항쟁에 가담했다는 이유로 무굴 제국의 마지막 황제 바하두르 샤 2세를 버마 지금의 미얀마로 추방시켰죠. 그러고는 1858년 동인도 회사를 폐쇄하고 영국 정부가 인도를 직접 통치하는 체제로 바꾸어 버렸어요. 그 뒤 1877년부터 영국 빅토리아 여왕이 인도 황제를 겸하면서 인도는 완전히 영국의 식민지로 전락했습니다. 즉 인도가 면직물 대신 원면을 수출하면서 면직물 공업의 주도권이 영국으로 넘어갔고, 이는 뒷날 정치적 주권까지 내주는 결과로 이어졌습니다. 반면에 면직물 공업에서 시작된 산업혁명으로 영국은 세계 최강의 나라로 군림했지요. 만일 인도가 원면을 수출하지 않고 계속 이를 가공한 면직물을 수출했다면 세계 역사는 어떻게 바뀌었을까요?

인도의 독립운동을 이끌었던 간디는 영국 공장에서 대량 생산되는 물건이 비싸게 팔리는 것을 문제 삼으며, 수많은 인도 국민과 함께 영국 제품 불매 운동을 벌였습니다. 그는 스스로 물레를 돌려 옷을 만들어 입었는데, 이는 인도의 가내 수공업을 부활시켜 자급자족을 꾀하는 것이 식민 지배를 극복하는 길이라는 것을 보여 주기 위함이었죠.

인도의 운명이 바뀌는 과정은 경제 주권을 빼앗기면 정치 주권을 유지하더라도 진정한 독립 국가가 아니라는 교훈을 줍니다. 인도 사람들이 불태워야 했던 것은 바스쿠 다가마의 꼭두각시가 아니라, 원면 수출을 허가했던 벵골 태수 미르자파르의 꼭두각시가 아닐까요? 그리고 아무런 저항 없이 영국산 면직물로 옷을 만들어 입었던 조상들을 부끄러워해야 하는 게 아닌가 싶습니다.

● 후진국에 불리한 쪽으로 변동했던 교역 조건

아르헨티나의 경제학자이며 유엔 무역개발회의(UNCTAD) 초대 사무국장을 지낸 라울 프레비시(Raul Prebisch, 1901~1986)는 1950년 UN에 제출한 보고서에서 농수산물 같은 1차 산업 생산품 가격이 공산품 가격에 비해 장기적으로 하락한 통계를 제시했다. 그는 일정한 1차 산업 생산품의 양으로 구입할 수 있는 공산품의 양이 1876~1880년에는 1.00이었는데, 1931~1935년에는 0.62 수준으로 하락했다고 주장했다.

영국의 경제학자 한스 싱거(Hans W. Singer, 1910~2006)도 1950년에 발표한 논문에서 1870년대 이후 식량과 천연자원의 가격이 공산품 가격에 비해 불리하게 변동했으며, 이런 추세로 선진국과 후진국의 소득 격차가 커졌다고 분석했다.

이처럼 1차 산업 생산품 가격이 공산품 가격에 비해 장기적으로 하락해서 교역 조건이 추세적으로 악화되었다는 이론을 '싱거-프레비시 가설'이라고 한다. 이를 통해 선진국이 공산품을 비싼 가격으로 수출하고, 후진국의 농산품이나 천연자원을 싼값으로 수입함으로써 선진국의 생활 수준이 후진국에 비해 월등히 높아졌다는 사실을 알 수 있다.

⑧ ── 아편에 무릎 꿇은 청나라

● 산업화에 따라 막대한 자본이 필요했던 영국은 중국과의 무역 적자를 메꾸기 위해 식민지 인도에서 재배한 아편을 동인도 회사를 통해 청나라로 밀수출하는 삼각 무역을 고안해 냈다. 이후 아편이 중국인들의 몸과 정신을 병들게 하고 밀무역이 성행하면서 은이 대량으로 유출되어 국가 경제를 위협하자, 중국 정부는 아편 밀수업자들을 사형에 처하고 아편을 강제로 빼앗아 불태웠다. 이런 문제를 둘러싸고 벌어졌던 아편 전쟁에서 패배한 뒤 청나라는 어떤 변화를 겪었을까?

중국인들이 굴욕을 씹으며 만들어 낸 탕수육

예로부터 중국인들은 자기 나라가 '세계 제일의 문화를 지닌 중심 국가'라고 생각했습니다. 그러고는 우리나라를 '동쪽의 오랑캐'라는 뜻의 동이東夷라고 부르는 등 다른 민족을 모두 미개인처럼 취급했어요. 이러한 중화사상中華思想은 서양 문명이 물밀 듯 몰려오던 근현대 시기까지 이어졌습니다. 영국과 벌인 아편 전쟁에서 패한 뒤 1842년 굴욕적인 난징 조약을 맺으면서도 관련 문서에 영국을 오랑캐라고 적을 정도였지요. 그래서 영국과 프랑스, 미국, 러시아 등은 애로호 사건[8]에 대한 강화 조약텐진 조약을 맺으면서 '공문서에 더는 오랑캐라는 말을 쓰지 않겠다.'는 조항을 넣으라고 요구했습니다.

이렇게 자긍심이 강했던 중국인들이 영국인들을 위해 굴욕을 씹으며 만들어 낸 요리가 있으니 바로 '탕수육'입니다. 난징 조약을 체결한 뒤 중국에 거주하게 된 영국인들은 중국 요리가 입맛에 맞지 않는 건 물론이고, 젓가락 사용이 익숙지 않아서 식사 때마다 짜증이 났어요. 결국 영국인들은 청淸나라 관리를 찾아가 중국인들이 일부러 먹기 힘든 음식만 준다고 항의했지요. 힘이 없었던 중국인들은 영국인들의 입맛에 맞고, 젓가락으로 집기도 쉬운 음식을 개발해야만 했습니다.

먼저 중국인들은 육식을 좋아하는 영국인들의 특성을 고려해 주재료로 돼지고기를 택한 뒤, 이를 적당한 크기로 썰어 기름에 튀겼습니다. 그런 다음 물에 푼 녹말가루에 설탕, 식초, 간장, 소금 등을 섞어 소스를 만들어 그 위에 뿌렸어요. '단맛과 신맛을 지닌 고기'라는 뜻의 당초육糖醋肉, 즉 탕수육은 이렇게 탄생했습니다. 그런데 한때 천하를 호령하던 청나라가 어쩌다 영국인을 위해 새로운 음식을 개발해야 할 정도로 몰렸을까요?

---

8 애로호 사건 1856년 청나라와 영국·프랑스 연합군 사이에 일어난 전쟁. 2차 아편 전쟁의 빌미가 된 이 사건은 광저우(廣東) 항에 머물던 영국 국적의 선박 애로호를 청나라 관리가 임시 검문하던 중 영국 국기를 강제로 내리면서 발생했다. 청나라가 1858년에 맺은 톈진 조약을 무효화하고, 톈진의 개항 및 영국에 주룽(九龍) 지구를 할양한다(떼어서 넘겨줌)는 내용 등을 추가해 1860년에 베이징 조약을 맺음으로써 끝이 났다.

"영국인들을 위해 개발한
'탕수육'이라고 합니다~."

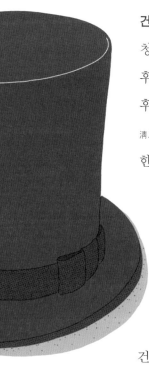

건륭제의 교역 허가를 얻는 데 실패한 영국 사절단

청나라 1대 황제인 누르하치는 1616년 여진족을 통합해서 후금_{後金}을 세웠습니다. 그로부터 20년이 지난 1636년에는 후계자로 2대 황제의 자리에 오른 홍타이지가 국호를 대청_{大淸}으로 바꾸었지요. 청은 명_明이 망한 틈을 타서 중국을 지배한 마지막 통일 왕조였습니다.

중국 역사상 가장 오랫동안 황제 자리를 지켰던 6대 황제 건륭제의 통치기는 청나라의 국력이 극에 달했던 때입니다. 하지만 여러 번에 걸친 군사 원정과 사치스러운 궁중 생활, 곳곳에서 발생한 부정부패 등으로 국운은 기울어 가고 있었어요. 이런 청나라에 눈독을 들인 영국은 문호 개방을 권유하기 위해 1792년, 건륭제의 83세 생일 축하연에 조지 매카트니_{George Macartney} (1737~1806)가 이끄는 사절단을 파견하기로 했습니다. 그 당시 영국과 청나라의 무역은 남쪽에 있는 항구 도시 광저우에서 공행_{公行}이라 불리는 상인 조합을 통해서만 할 수 있도록 제한했어요.

매카트니가 오랜 여정 끝에 마침내 청나라에 도착하자 청나라 관리들은 그들의 예에 따라 '삼궤구고두'[9]를 올리라고 요구했어요. 그러나 매카트니는 삼궤구고두가 대영 제국의 존엄에 손상을 입힌다며 거부했고, 우

---

9 삼궤구고두(三跪九叩頭) 무릎을 꿇고 머리가 땅에 닿을 정도로 세 번 절하고 아홉 번 조아리는 일. 만주족이 임금을 대할 때 취하는 예절이며, 조선에서는 병자호란 때 인조가 청나라 태종에게 삼궤구고두를 올린 바 있다.

여곡설 끝에 축하연이 벌어지는 자리에서만 조금 더 허리를 숙이는 형식으로 예를 갖추기로 했죠. 황제를 접한 매카트니는 영국 과학 기술의 대표작이었던 허셸 망원경과 시계, 기압계, 공기총, 직포기피륙을 짜는 기계, 진동 방지 장치가 부착된 마차 등 19종 590점에 달하는 선물을 전달했습니다. 이에 건륭제는 박래후왕[10]의 원칙에 따라 영국 국왕 앞으로 비단, 자기, 옥기와 기타 공예품 3000여 점을 선물로 보내라고 명령했고요.

그런데 화기애애한 분위기는 얼마 가지 못했습니다. 매카트니가 전달한 조지 3세의 편지를 본 건륭제는 화가 머리끝까지 치밀어 올랐어요. 영국이 무역 확대를 요청하면서 포르투갈에 마카오Macao를 빌려 준 것처럼 자기 나라에도 항저우 만 바깥쪽 저우산舟山 군도의 섬 하나를 빌려 달라고 했기 때문이지요. 이러한 요구가 청나라의 영토를 넘보는 것이라고 판단한 건륭제는 "우리는 너희가 보낸 발명품의 가치를 느끼지 못하며, 너희가 만든 제품이 필요하지도 않다."는 답신을 보냈습니다.

매카트니의 사절단은 비록 목적을 달성하지는 못했지만, 오랜 시간 체류하며 청나라의 실체에 대해 알게 되었습니다. 그들은 청나라의 문물 수준은 겁낼 정도가 아니며, 건륭제와 청나라의 관리들은 무례하고 고집이 센 데다 세상 물정을 살필 만한 안목을 갖추지 못했다고 판단했지요. 이는 훗날 영국이 아편 전쟁을 감행하는 결정적인 계기로 작용했습니다.

---

10 박래후왕(薄來厚往) '오는 것은 적게, 보내는 것은 후하게'라는 뜻으로, 큰 나라 중국이 작은 나라의 조공을 받았을 때 그 양에 상관없이 후하게 답하는 행위를 일컫는다.

무역 적자를 줄이기 위한 영국의 꼼수

17세기 말, 영국과 청나라 사이에 차茶 무역이 시작된 뒤부터 차는 중국의 최대 수출품이었습니다. 중국에서 건너온 차 문화는 귀족층을 거쳐 영국 국민 전체로 퍼져 나갔고, 18세기 말에는 중국으로부터 들여오는 차 수입액이 영국의 모직물과 면화, 금속 수출액을 합친 금액과 맞먹을 정도로 늘어났어요. 영국 정부는 차 수입량을 줄이기 위해 관세를 높였지만, 오히려 밀무역법을 어기고 몰래 하는 무역만 늘어나서 다시 내릴 수밖에 없었지요.

1820년대에는 중국 내 차 생산량의 70~80퍼센트가 영국으로 수출되었습니다. 그러나 영국의 모직물 수출은 여전히 고전을 면치 못했어요. 인도에서 재배한 면화를 중국에 수출하려 했지만 별 효과를 보지 못했죠. 영국은 중국과의 무역에서 항상 적자를 기록해 결제 수단이었던 은이 대량으로 중국에 흘러 들어갔습니다. 이때 산업화를 위해 막대한 자본이 필요했던 영국은 무역 적자를 메꿀 수 있는 새로운 수출품을 찾아냈습니다. 바로 아편이었지요.

하지만 명예를 중요시했던 영국은 마약인 아편을 드러내 놓고 판매할 수가 없었습니다. 그래서 식민지 인도에서 재배한 아편을 영국 동인도 회사를 통해 청나라로 밀수출하는 삼각 무역[11]을 고안해 냈어요. 인도는 아편을 팔아서 번 돈으로 영국의 공산품을 구입했으니, 결과적으로 영국이 차를 수입하며 청나라에 지불했던 돈은 다시 영국으로 돌아간 셈입니다.

---

11 삼각 무역 세 나라 사이에 이루어지는 무역. 주로 두 나라 사이의 무역수지가 균형을 잃을 때, 제3국을 끌어들여 불균형을 해결하기 위해 행한다.

1816년 5000상자에 불과했던 동인도 회사의 아편 판매량은 1838년에 4만 상자까지 늘어났습니다. 이로써 영국의 무역 적자는 완전히 해결되었지요.

아편 전쟁의 패배와 난징 조약 체결

아편은 중국인들의 몸과 정신을 병들게 만들었고, 무역 적자로 다른 나라에 지불하는 은의 양이 많아지는 일은 국가 경제를 위협했습니다. 은을 주요 화폐로 쓰는 은본위제도를 시행하던 청나라에서 해외로 빠져나가는 은이 늘어나면 은의 가격이 높아지고, 이에 따라 은으로 세금을 내는 국민의 부담은 늘어나지요. 이를 두고 볼 수 없었던 청나라 정부는 본보기로 아편 밀수업자들을 사형에 처하고, 2만 상자에 이르는 아편을 강제로 빼앗아 불태웠습니다.

1839년 10월, 영국 내각은 아편을 빼앗아 불태운 사건을 응징하겠다며 군대를 파견하기로 했습니다. 그러자 파병을 반대하는 목소리가 여기저기서 튀어나왔어요. 전쟁의 빌미가 인간의 이성을 마비시키는 아편 밀수출이었기 때문이지요. 다른 유럽 국가에서도 영국의 파렴치함을 비난하는 목소리가 쏟아졌습니다.

그 뒤 1840년 3월, 영국 의회에서는 영국 군대의 청나라 파병을 놓고 심각한 토론이 벌어졌습니다. 조국에 불명예인 부당한 전쟁을 벌이지 말자는 반대파와 대영 제국의 시민과 재산권이 위협을 당했으니 가만히 있을 수 없다는 찬성파가 서로의 주장을 굽히지 않았죠. 결국 청나라와의 전쟁은 4월 10일에 실시된 표결에서 찬성 271표, 반대 262표의 근소한 차이로 통과되었습니다. 영국은 인구 4억에 이르는 중국 시장을 얻기 위해 노예 무역보다 더 비도덕적인 전쟁을 벌였다는 비난을 감수하기로 한 거예요. 1840년 6월, 영국은 군함 15척과 4000명의 병력을 실은 수송선 25척, 무장선 4척을 출발시켰습니다.

자기 민족이 세상의 중심이라 외치는 청나라와 해가 지지 않는 나라 영국의 전쟁은 생각보다 시시하게 끝났습니다. 영국은 앞선 기술력으로 청나라 군대를 제압했고, 이미 아편에 중독되어 무기력해진 청나라 병사들은 맞서 싸울 생각조차 못했지요. 결국 두 나라는 1842년에 홍콩을 영국에 할양하고, 광저우廣州와 푸저우福州, 샤먼廈門, 닝보寧波, 상하이上海의 다섯 항구를 개방해 자유무역을 한다는 내용의 난징 조약을 체결했어요. 또한 청나라는 영국에 전쟁 배상금을 지급하고, 수출입품의 관세율은 서로 협의해서 결정하되 영국이 통상 조약을 맺은 나라들 가운데 가장 유리한 대우를 받는 나라인 최혜국이라는 데도 합의했습니다.

난징 조약의 내용은 1843년에 구체화되어 청나라는 영국에서 수입하는 상품에 대해 평균 4~13퍼센트의 관세를, 수출품에 대해서는 1.5~10.75퍼센트의 관세를 매기기로 약속했어요. 이때 청나라 관리들은 영국 사람들의 어리석음을 비웃었습니다. 이전까지 평균 3퍼센트가 되지 않던 수입 관세를 평균 5퍼센트까지 올리면 청나라 정부의 수입이 오히려 늘어나지요. 게다가 일부 품목은 전보다 수출 관세가 낮아져 중국 상품이 영국에서 더 잘 팔리는 효과를 얻을 수 있었어요.

그런데 이는 영국 상인들의 치밀한 계산 끝에 정해진 것이었습니다. 이전의 관세가 더 낮기는 했지만 공행의 횡포와 관리의 부패로 영국 상인들이 치르던 비용은 훨씬 높았거든요. 그러니 영국 상인들의 입장에서는 청나라가 받아들일 만한 관세를 정하고 그 원칙을 지키는 편이 더 효율적이었던 거죠. 또한 관세를 예측하면 정확한 예산을 세울 수 있어서 무역의 효율성을 높일 수도 있었습니다.

청나라 상품의 수입 관세를 낮추어 영국 내 중국 상품의 경쟁력을 높인 이유는 청나라가 가진 은의 양이 급격히 감소해 국가 경제가 붕괴되는 것을 막기 위함이었습니다. 파병이 이루어지기 전 영국 무역상들은 '청나라를 지나치게 압박해 파멸시키지 말라'는 시위를 벌일 정도로 중국 시장이 무너지는 걸 원치 않았습니다. 영국은 엄청난 잠재력을 가진 중국 시장을 선점하고 최혜국 대우를 보장받으면 그걸로 족하다고 보았던 거지요.

청나라는 영토의 아주 작은 부분인 홍콩을 내준 것 외에는 잃은 게 없다고 판단했으나, 이는 큰 오산이었습니다. 난징 조약은 중국 시장을 탐내던 서구 열강들에 새로운 기회를 제공했어요. 1844년 청나라는 미국과 최악의 불평등 조약이라 불리는 망하 조약을, 프랑스와는 황푸 조약을 차례로 맺었습니다. 그 뒤에도 영국과 같은 대우를 요구하는 다른 나라들과 조약을 맺었으며, 시간이 지날수록 외국 공산품이 시장으로 파고들어 국내 수공업 기반이 무너지고 말았지요. 결과적으로 청나라는 서구 열강들의 원료 공급지와 상품 시장으로 전락하고 말았습니다.

영국의 경제학자 애덤 스미스는 국제 무역은 수출하는 나라에만 유리한 것이 아니라 수입하는 나라에도 혜택이 돌아간다고 보았습니다. 수입국 입장에서도 상대적으로 생산 비용이 낮은 나라의 상품을 수입하면, 이를 직접 생산하는 것보다 적은 비용이 들어서 이득이라는 거지요.

하지만 무역이 두 나라 모두에 유리하다고 하더라도 상대방이 관심을 보이지 않으면 거래가 이루어질 수 없습니다. 만일 건륭제가 영국의 발명품을 높이 평가하고 자유로운 무역을 할 수 있도록 승낙했다면 어떤 일이 벌어졌을까요? 영국의 일방적인 무역 적자가 원만하게 해소되었다면 영국 정부는 아편 밀수출 같은 꼼수를 부리지 않았을 것이고, 아편 전쟁도 일어나지 않았을지 모릅니다. 물론 그래도 탕수육은 발명했을 거예요. 자유무역이 이루어져 중국에 거주하는 영국 상인이 늘어나면, 그들이 좋아할 만한 음식을 만들어 돈을 벌어 보려는 중국인들이 분명 있었을 테니까요.

아는 사람만 아는 **경제 이야기**

● 일본을 깨어 있게 만든 네덜란드 상인의 보고서

일본은 16세기에 서양과 교역을 시작했지만, 1639년 다른 나라의 영향력이 커지는 걸 막기 위해 서양과의 교역을 금지했다. 하지만 네덜란드 상인들에게는 교역 독점권을 주는 대신 선박이 나가사키 항구에 들어올 때마다 해외 정보에 관한 보고서를 제출하라고 요구했다. 일본은 이 같은 상인들의 보고서를 통해 세계정세의 변화를 지속적으로 관찰할 수 있었으므로 시대의 흐름을 놓치지 않았다.

1853년 미국이 일본에 개국을 요구했을 때, 처음에는 요구를 받아들이지 않았지만 청나라처럼 전쟁에 져서 무너지기보다는 실리를 취하는 것이 유리하다고 판단하고 조약을 맺은 뒤 혼슈의 시모다와 홋카이도의 하코다테 2개 항구의 사용을 허가했다. 1867년 천황 정치가 부활된 뒤 메이지 천황은 힘없는 국가는 모두 식민지가 되는 현실을 직시하고, 서구 열강과 겨룰 수 있는 국가를 만들기 위해 정치 변혁과 함께 산업화를 추진하는 데 박차를 가했다.

금본위제를 채택해 기축통화가 된 파운드화

● 한 나라가 가진 통화의 힘은 화폐 발행 국가의 경제력에 비례한다. 따라서 산업혁명으로 세계 최고의 경제력을 지녔던 영국 화폐인 파운드가 19세기 중반부터 세계 무역 시장과 자본 시장을 주도하는 기축통화가 된 것은 당연한 일이라고 볼 수 있다. 그러나 영국이 금을 가치 척도의 기준으로 삼아 통화의 가치를 일정한 양의 금에 고정하는 금본위제도를 채택하지 않았다고 해도, 과연 파운드화가 기축통화로 자리매김할 수 있었을까?

통화 가치를 보장하는 금본위제도

손대는 일마다 큰 성공을 거두어 많은 돈을 벌어들이는 사람을 가리켜 '미다스의 손'이라고 합니다. 그리스 신화에 나오는 술의 신 디오니소스는 스승인 실레노스를 보살펴 준 답례로 미다스 왕에게 한 가지 소망을 말하면 무엇이든 들어주겠다고 하죠. 왕은 자기의 손이 닿는 모든 것을 황금으로 변하게 해 달라고 청합니다. 그래서 그런 힘을 얻었으나, 손이 닿으면 먹으려는 음식과 사랑하는 딸마저 황금으로 변해 곤혹스럽자 비로소 자신의 어리석음을 깨달아요.

신화에서 엿볼 수 있듯이 금은 예로부터 물질의 가치를 대표하는 물품입니다. 금은 빛깔이 변하지 않고 녹슬지 않아요. 쉽게 녹아 얇게 펴서 늘릴 수 있으며, 밀도가 높아 위조나 변조 자체가 불가능해 화폐로 사용하기에 가장 적합한 금속입니다. 그래서 금은 수백 년에 걸쳐 화폐의 가치 척도 역할을 수행했어요.

금본위제도는 금을 가치 척도의 기준으로 삼아 통화의 가치를 일정한 양의 금에 고정하는 제도입니다. 즉 통화의 표준 단위가 일정한 무게의 금으로 정해져 있거나 일정량의 금의 가치에 연계되어 있는 화폐 제도입니다. 금본위제도에서는 실제 거래를 할 때 금화 자체가 화폐로 통용되거나, 은행이 보유하고 있는 금의 가치에 맞추어 발행된 화폐가 통용되지요. 또한 화폐를 은행에 가져가면 언제든 그 가치에 해당하는 금으로 바꿀 수 있어요. 이렇게 화폐를 금으로 바꾸어 주는 일을 '금 태환'이라고 합니다. 1차 세계대전이 일어나기 전까지 대부분의 나라는 금본위제도를 채택했습니다. 이는 통화에 대한 신뢰성을 확보하고 중앙은행이 함부로 돈을 찍어 내어 경제를 어지럽히는 일을 방지하기 위해서였지요.

금본위제 아래서는 재정이나 무역 적자를 기록하는 국가는 대규모로 화폐를 발행할 수 없어요. 무역 적자로 국가가 보유한 금이 해외로 유출되면 국내에 있는 금의 양이 줄어들므로 화폐 발행도 줄여야 해요. 이로 인해 시중에 유통되는 돈이 줄어들면, 즉 통화량이 줄어들면 경제 활동이 원활하게 이루어지지 않아 경제는 침체됩니다. 국가를 운영하기 위해 사용하는 지출이 거두어들이는 예산보다 많아서 재정 적자가 발생해도 정부가 보유하는 금의 양이 줄어들어 무역 적자가 생겼을 때와 같은 현상이 벌어지지요. 그래서 금본위제도를 시행하는 국가들은 재정과 무역의 균형을 중요시했습니다.

금본위제를 채택한 파운드화

금이 화폐로 사용된 역사는 1252년 이탈리아 피렌체에서 주조되어 한때 유럽의 기축통화 역할을 했던 금화 플로린Florin에서 시작되었습니다. 그러나 고전적인 금본위제도는 19세기 영국에서 자리를 잡았어요. '기축통화'란 국제 금융 거래나 교역 대금을 결제할 때 주로 쓰이는 통화를 말하는데, 1960년 미국 예일대학의 로베르 트리핀Robert Triffin(1911~1993) 교수가 이런 통화를 '키 커런시key currency'라고 부르면서 생겨난 말이에요. 그는 기축통화의 예로 미국의 달러화와 영국의 파운드화를 꼽았습니다.

16세기 영국의 금융가 토마스 그레셤Thomas Gresham이 엘리자베스 여왕에게 보낸 편지에는 이런 말이 쓰여 있었습니다.

"악화惡貨가 양화良貨를 몰아낸다Bad money drives out good money."

이를 '그레셤의 법칙'이라고 하지요. 여기서 악화란 액면 가치가 실질 가치보다 높은 화폐를 말하고, 양화란 반대로 실질 가치가 높은 화폐를 말해요. 실질 가치가 높은 화폐와 낮은 화폐가 동시에 유통되면, 실질 가치가 높은 화폐는 시장에서 사라지고 실질 가치가 낮은 화폐만 계속 유통되는 현상이 생깁니다.

2006년 이전에 발행되었던 10원짜리 동전을 녹여 구리를 추출한 뒤 되팔아서 이익을 챙긴 일이 문제가 되었던 적이 있었어요. 이는 10원짜리 동전의 실질 가치, 즉 10원짜리 동전을 녹여서 얻는 구리의 가치가 10원보다 훨씬 크기 때문에 일어난 사건입니다. 이처럼 금이나 은의 가격이 올라가 금화나 은화의 실질 가치가 액면 가치보다 높아진다면 사람들은 이를 화폐로 사용하는 대신 녹여서 다른 용도로 사용하지요. 그래서 이런 화폐들은 시장에서 사라져 버려요.

금화나 은화를 주조하면서 순도를 속이거나 무게를 조금 줄이는 식으로 실질 가치를 낮추어 화폐 질서를 어지럽히는 일이 생기자 그레셤이 여왕에게 실질 가치 유지의 중요성을 강조하며 이런 말을 했던 겁니다. 그런데 1790년대 영국에서 원인은 다르지만 결과는 그레셤의 말처럼 실제로 시장에서 화폐가 사라져 버리는 현상이 나타났어요. 당시 영국의 화폐 제도는 금화와 은화를 모두 사용하는 복본위제였습니다. 그런데 영국이 중국으로부터 차를 수입하기 시작하면서 심한 무역 적자가 발생했어요. 차를 마시는 일이 귀족 문화의 하나로 자리 잡으면서 국내 소비량이 늘었고, 차를 가공해 유럽의 다른 나라에 수출도 했으므로 차의 수입량이 자꾸 늘어났기 때문이지요. 은본위제를 채택하고 있던 중국은 모든 무역 결제를 은으로 하도록 요구했고, 이에 따라 엄청난 양의 은이 영국에서 중국으로 유출되었습니다. 은의 양이 줄어들어 가치가 상승하자 시중에서 은화는 사라져 버리고, 사실상 통화 체계는 금화 위주로 움직였어요. 그레셤의 법칙이 현실화되면서 영국의 화폐 제도는 자연스럽게 금본위제가 되어 버린 거죠.

그렇지만 금본위제가 정식으로 채택된 것은 약간의 우여곡절을 겪고 난 뒤였습니다. 1793년부터 시작되었던 프랑스와의 전쟁으로 많은 양의

금이 외국으로 유출되자 영국은 1797년 일시적으로 금 태환을 정지시키며 금본위제를 포기했어요. 그 후유증으로 통화가 지나치게 많이 공급되어 파운드화의 가치가 하락하며 인플레이션[12]이 발생했지요. 1815년 나폴레옹의 패전으로 전쟁에서 이긴 영국에서는 화폐 제도의 안정성을 위해 금본위제를 부활해야 한다는 주장이 힘을 얻었습니다. 이에 따라 1816년 화폐법이 제정되었고, 1파운드짜리 금화인 '소브린 금화'가 통용되었으며, 1821년에는 세계 최초로 금본위제를 공식적으로 채택했어요. 금 1온스는 3파운드 17실링의 가치로 고정되었죠.

---

12 인플레이션 통화량이 늘어나 화폐 가치가 떨어지고 물가가 지속적으로 꾸준히 올라가는 현상

영국은 1844년 지방은행의 화폐 발행을 금지시키고 중앙은행인 잉글랜드은행Bank of England만이 화폐를 발행할 수 있도록 했으며, 1400만 파운드를 초과해서 화폐를 발행하려면 먼저 금을 준비해야 한다는 은행특허조례를 제정합니다. 그러자 파운드화는 금을 대체할 유일한 수단으로 받아들여지면서 세계 무역 시장과 자본 시장을 주도하는 통화로 자리매김했어요. 당시 세계 무역의 60퍼센트는 영국 파운드화로 이루어졌고, 전세계 투자의 절반이 런던 금융시장을 통해 거래되었답니다. 금본위제를 채택함으로써 영국 파운드화가 기축통화가 된 거죠.

금본위제도의 확산과 몰락

영국에 이어 다른 나라들이 금본위제를 채택하기까지는 조금 시간이 걸렸어요. 이미 무역 거래의 상당 부분을 영국 파운드화로 했던 독일은 영국의 뒤를 이어 1871년에 금본위제를 채택했습니다. 이어서 프랑스, 덴마크, 네덜란드 등 유럽 대부분의 국가가 금본위제를 채택했고, 마침내 미국이 1900년에 금본위제법Gold Standard Act을 제정하며 이에 합류함으로써 세계 주요국에서 모두 금본위제가 자리를 잡았습니다.

영국과 독일에서는 1파운드와 1마르크에 해당하는 금의 가치, 즉 표준을 정해 놓았어요. 금값이 오르거나 내리면 두 나라 중앙은행은 보유한 금을 팔거나 사들여 금값이 다시 정해진 표준에 이르도록 만들었지요. 금본위제를 채택한 다른 나라들도 모두 이런 규칙을 지켰습니다.

금본위제가 확산되자 국제 거래를 할 때 서로 다른 나라의 통화를 바꾸는 데 따르는 위험이 줄어들었어요. 독일 수입상이 영국의 상품을 수입하면서 마르크화로 대금을 준다고 했다고 합시다. 두 나라 모두 금본위제를 채택하기 전에는 수출상은 마르크화로 돈을 받은 뒤 이를 다시 파운드화로 바꾸면 손해를 볼까 봐 불안했어요. 그러나 금본위제를 채택한 후에는 영국 수출상도 이미 1파운드와 1마르크에 해당하는 금의 가치를 알고 있으므로 파운드화와 마르크화의 교환 비율, 즉 환율을 금방 계산할 수 있었습니다. 이를 기준으로 상품 가격을 마르크로 환산해서 받으면 환율 변동에 따르는 불안감을 느낄 필요가 없었어요. 이렇게 금본위제가 자리를 잡자 세계의 무역 규모는 엄청나게 커졌습니다. 1800년 1400만 달러였던 세계 무역 규모는 1913년에는 3억 8100만 달러로 늘어났지요.

그러나 1차 세계대전이 일어나면서 금본위제는 위기를 맞았습니다. 전쟁 비용을 마련하느라 다급해진 나라들이 보유하고 있는 금의 양보다 훨씬 많은 액수의 돈을 찍었거든요. 그래서 화폐에 대한 금 태환이 불가능해지자 영국은 1914년에 금 태환을 잠시 중단한다고 선언했습니다. 유럽의 다른 나라들도 같은 선언을 했지요. 전쟁이 끝난 뒤인 1922년 유럽 국가들은 환율 불안과 치솟는 물가로 인한 경제 혼란을 잠재우고자 제네바에 모여 금본위제의 부활을 논의했습니다. 그러나 나라마다 의견이 달라서 이를 현실화하지 못한 채 시간만 흘러갔어요. 설상가상으로 1929년 미국 뉴욕의 주식시장이 붕괴하면서 불어닥친 대공황으로 인한 경제 위기가 유럽으로 확산되면서 달리 방도가 없었던 영국은 1931년 파운드화에 대한 금 태환 포기 선언을 하고 맙니다.

결국 영국의 파운드화를 대신할 세계 통화의 지존 자리는 금본위제를 포기하지 않았던 미국의 달러화로 넘어갑니다. 이에 대해서는 '16절 파운드화의 추락과 달러화의 비상'에서 자세히 알아보기로 해요.

● 미국의 화폐 제도 논쟁을 담은 오즈의 마법사

1896년 미국 중서부 지역의 한 신문기자였던 라이먼 프랭크 바움(Lyman Frank Baum, 1856~1919)은 미국을 달구었던 화폐 제도 논쟁을 토대로 '오즈의 마법사'를 집필했다. 당시 미국의 실질적인 화폐 제도는 금본위제도였는데, 중앙은행의 금 보유량이 부족해 화폐 발행량이 충분치 않자 1880년부터 1896년까지 물가가 23퍼센트나 하락하는 디플레이션이 발생했다. 《오즈의 마법사》의 주인공 도로시와 동료들이 마법사를 찾아가며 노란 길(금본위제 상징)에서 겪는 고난은 심각한 디플레이션 때문에 겪는 고생을 표현한 것이었다. 도로시의 은 구두에는 금과 은을 기초로 화폐를 발행하는 복본위제(금은본위제)를 실시하면 디플레이션을 벗어날 수 있다는 민주당의 메시지가 담겨 있다. 실제로 1896년에 실시한 선거에서 부자들이 지지하는 공화당은 금본위제를, 가난한 사람들이 지지하는 민주당은 복본위제를 내세웠다. 선거 결과 공화당이 승리하자, 미국은 1900년에 정식으로 금본위제를 채택했다. 복본위제는 채택되지 않았지만 예상치 못했던 일이 일어나 디플레이션은 막을 내렸다. 알래스카와 오스트레일리아, 남아프리카공화국에서 새로운 금광이 발견되었고, 원석에서 더 많은 금을 유출해 낼 수 있는 기술이 발명되었다. 자연히 미국으로 들어오는 금의 양은 많아졌고, 중앙은행은 원하는 만큼 돈을 찍어 낼 수 있었기 때문이다.

기술 혁신이
일상생활을 변화시키다

3장

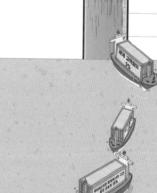

영국에서 시작된 산업혁명은 프랑스,
독일, 미국 등으로 확산되었습니다. 산업화의 중심이 된 도시에는 거
대한 공장들이 들어섰고, 공장에서 만든 새로운 상품이 쏟아져 나오
고 철도가 개통되어 사람과 상품, 원자재 수송이 훨씬 원활해지자 교
역량은 폭발적으로 늘어났어요. 19세기 후반에 이르러서는 산업화가
사람들의 일상생활에도 큰 변화를 일으켰습니다. 특히 전기, 전화, 기
차, 자동차 등의 발명이 잇따라 이루어져 사람들의 생활 방식을 완전
히 바꾸어 놓았어요. 그래서 19세기 후반을 제2의 산업혁명기라고도
합니다. 산업화가 이루어진 나라들에서는 이 같은 현상이 공통적으로
나타났지만, 산업화 과정과 산업화를 이룬 뒤의 양상은 나름대로의
특색이 있습니다. 3장에서는 미국과 프랑스를 중심으로 한 이야기를
통해 19세기 중반부터 1929년 세계 대공황이 발생하기 전까지의 세
계 경제 상황을 알아볼까 합니다.

　　19세기 중반 대서양에서 태평양까지 영토를 넓힌 미국에 가장 필
요했던 건 혁신적인 운송 수단이었어요. 마침내 대륙을 가로지르는
철도가 완성되자 미국의 산업화에는 가속도가 붙었습니다. 광대한 영
토와 풍부한 자원을 가졌던 미국은 아메리칸드림을 안고 건너온 이주
민들의 노동력을 이용해 빠른 속도로 산업화를 이루었지요.

　　프랑스에서는 사람들의 다양한 취향에 따라 소량의 상품을 생산하
는 공업이 주로 발달했습니다. 영화처럼 기술을 예술에도 접목시켜
새로운 형태의 산업을 찾아내기도 했지요. 파리가 재개발을 통해 세

계에서 가장 아름다운 도시가 된 것도 이런 토양이었기 때문이에요. 19세기에 세계의 수도가 된 파리에 등장한 백화점은 산업화가 일으킨 생산 혁명을 유통과 소비 혁명으로 이어 주는 근원지였습니다.

엄청난 변화로 인한 피로 때문인지, 아니면 계급 간의 소득 차이가 커지면서 느끼는 절망 때문인지, 프랑스를 시작으로 1890년대 유럽 여러 나라에서는 '세기말 현상'이 나타났습니다. 예술이나 철학에 회의주의와 염세주의 기류가 강해지면서 퇴폐적인 문화가 유행한 것이지요. 그러나 미국에서는 이런 현상이 별로 나타나지 않았어요. 진취적인 정신이 살아 있던 미국은 영국이나 프랑스, 독일에 비해 산업화는 늦게 시작되었지만 속도는 훨씬 빨라서 19세기 말 영국을 뛰어넘는 세계 최대의 생산력을 자랑했습니다. 자신감이 넘쳤던 미국은 1904년 프랑스가 포기했던 파나마 운하 건설에도 도전했어요. 남아메리카를 돌아서 가지 않고 대서양에서 태평양으로 바로 군함을 이동시키려는 군사적 목적 때문이었지요. 그런데 1914년에 개통된 운하는 오히려 경제적인 면에서 더 큰 가치를 발휘했습니다.

자연환경에 도전해 성공을 거둔 미국은 20세기 초반 생산성을 획기적으로 향상시켜 생산 비용을 절감하려는 시도에서도 성과를 거두었어요. 헨리 포드는 포드 시스템을 통한 대량 생산으로 원가를 절감해 자동차 판매 가격을 꾸준히 인하했고, 노동자들의 임금은 파격적으로 올려 주어 보통 사람들도 자동차를 살 수 있게 만들었지요. 이로 인해 세상은 어떻게 바뀌었을까요?

⑩ — 미국 산업화의 일등 공신, 대륙횡단철도

● 영국에 이어 프랑스와 독일에서도 산업화가 진전을 보였던 19세기 중반, 미국의
영토는 태평양까지 도달할 정도로 광대해졌다. 1848년 캘리포니아에서 금광이 발
견되면서 많은 사람이 새로운 금 산지로 몰려드는 현상인 '골드러시'가 시작되어
서부 개척 시대가 열렸다. 이때 동부에서 황무지와 다름없는 광대한 땅을 가로질
러 서부로 가려면 마차만으로는 역부족이었으므로 혁신적인 교통수단이 필요했
다. 그 당시 유일한 대안은 철도였고, 마침내 1862년 링컨 대통령이 역사적인 대
륙횡단철도 건설 사업에 서명했다. 이 철도가 미국의 운명을 어떻게 바꾸었는지
살펴보자.

Nothing Like It in the World

2000년 9월 17일 《뉴욕타임스》에 발표된 주간 논픽션 부문 베스트셀
러 1위는 역사학 교수이자 저명한 저술가인 스티븐 엠브로스 Stephen E.
Ambrose (1936~2002) 의 《Nothing Like It in the World》라는 책이었습니다.
432쪽의 방대한 분량으로 읽기에 만만치 않은 책이지만, 그해 8월에 출
간된 뒤 바로 시장의 주목을 받았죠. 도대체 어떤 내용이기에 저자가 '세
상에 이와 같은 일은 없다'는 대담한 제목을 붙였을까요?
이 책은 1863년부터 1869년까지 미국의 대륙횡단철도를 건설한 사람

들의 이야기를 다루었습니다. 철도 노선이 결정되는 과정과 건설 회사 선정 과정, 여기에 필요한 자금이 어떻게 조성되었는지 등이 큰 줄기로 제시되어 있죠. 나아가 철도를 건설하기 위해 목숨을 걸었던 기관사와 측량 기술자들, 자연과 싸우며 일했던 현장 노동자들의 이야기가 영화의 한 장면을 보듯 생생하게 묘사되어 있어요.

대륙횡단철도가 건설되기 전, 마차를 타고 미국 대륙을 횡단하려면 무려 6개월이라는 시간이 소요되었습니다. 반드시 봄에 출발해 눈이 내리기 전까지 도착하도록 일정을 짜야 했죠. 하지만 철도가 완성되자 일주일이면 대륙을 가로지를 수 있었습니다. 철도는 시간과 공간을 정복하게 해주었고, 이에 미국은 대변혁의 시기에 접어들 수 있었어요. 철도와 함께 많은 도시가 생겨나고 큰 기업들이 출현하면서, 거대한 영토는 점차 하나가 되어 말 그대로 미합중국이 탄생했습니다.

남북 전쟁 중에 결정된 대륙횡단철도 노선

그레이스 켈리가 영화 〈상류 사회〉에 함께 출연했던 배우 프랭크 시나트라로부터 2달러짜리 지폐를 선물 받은 뒤 모로코 왕비가 되자, 2달러 지폐는 행운의 돈으로 여겨졌습니다. 그런데 2달러 지폐에 그려진 미국의 3대 대통령 토머스 제퍼슨이야말로 미국에 행운을 선사한 인물이라는 사실을 알고 있나요? 그가 1803년 프랑스의 나폴레옹으로부터 매입했던 루이지애나 덕분에 미국이 서부 개척의 활로를 얻었기 때문입니다.

사실 루이지애나는 1682년 프랑스 탐험대가 미시시피 강 삼각 지대까지 남하해 그 주변 지역을 자기들의 영토라고 주장하면서부터 프랑스가 지배하기 시작했습니다. 그들은 그곳을 루이 14세를 기리는 뜻에서 '루이지애나'라고 불렀죠. 그러나 프랑스는 프렌치 인디언 전쟁[1]에서 영국에 패하고 루이지애나를 스페인에 넘겨주었습니다. 그 후 1799년에 나폴레옹이 쿠데타를 일으켜 프랑스 혁명 주도 세력을 타도하고 국가 권력을 장악한 뒤, 미시시피 강 유역의 루이지애나와 뉴올리언스 지역에 대한 권리를 회복했습니다. 하지만 프랑스가 지배하던 아이티가 독립운동을 벌여 이를 제압하는 데 병력이 동원되는 바람에 루이지애나에 '제2의 프랑스'를 건설하겠다는 나폴레옹의 야망은 물거품이 되고 말았어요. 설상가상으로 영국과의 전쟁 준비로 돈이 궁해지자 나폴레옹은 루이지애나 매입 협정[2]을 맺고 루이지애나[3]와 뉴올리언스 땅을 미국에 1500만 달러에 팔아넘겼지요.

루이지애나를 사들여 영토를 두 배로 늘린 미국은 1848년 멕시코와 맺

---

1 프렌치 인디언 전쟁 1754년부터 1763년까지 북아메리카 대륙의 인디언 영토를 둘러싸고 영국과 프랑스가 벌인 식민지 쟁탈 전쟁. 프랑스가 인디언과 동맹을 맺고 영국의 식민지를 공격했기 때문에 '프렌치 인디언 전쟁'이라고 한다.

2 루이지애나 매입 협정 루이지애나 남쪽 미시시피 강 어귀에 있는 도시 뉴올리언스가 적의 수중으로 들어가면 미국은 국내 물류의 대동맥인 미시시피 수로를 차단당할 수 있었다. 미국은 이런 위험을 막고자 뉴올리언스만 900만 달러에 사려고 했으나 나폴레옹은 루이지애나를 황무지라고 판단하고 이를 끼워서 1500만 달러에 판다고 제의했다. 결국 미국은 1803년에 나폴레옹의 제안을 받아들였고, 미국과 프랑스는 루이지애나 매입 협정을 체결했다.

3 루이지애나 1803년에 미국이 매입했던 루이지애나는 현재 미주리·아칸소·아이오와·네브래스카·오클라호마·사우스다코타 주 전체와 몬태나·캔자스·아이오밍 주의 대부분, 루이지애나·미네소타·콜로라도·노스다코타 주의 거의 절반, 뉴맥시코·텍사스 주의 일부 등 15개 주에 걸쳐 있는 지역이다. 당시 미국 영토의 약 50퍼센트였고, 지금은 23퍼센트에 해당하는 넓은 땅이다.

은 과달루페 이달고 조약[4]에 따라 오늘날의 텍사스 주, 캘리포니아 주, 네바다 주, 유타 주, 애리조나 주, 뉴멕시코 주 등의 광활한 서부 지역을 차지했습니다. 미국의 영토가 엄청나게 넓어지자 지역의 상황과 주민들의 이해관계에 따라 지역 간의 갈등이 커졌습니다. 북부와 남부의 주들은 경제적 이익을 두고 두 요소에서 치열한 대립을 벌였지요. 바로 '노예제 폐지'와 '대륙횡단철도 건설 노선' 문제였어요. 상공업을 중심으로 발전했던 북부는 노예제 폐지를 주장했고, 흑인 노예의 노동력에 의존해 플랜테이션재식(栽植) 농업 위주로 성장했던 남부는 노예제 폐지를 반대했습니다. 대륙횡단철도 건설의 필요성에는 모두 공감했지만, 노선을 어떻게 놓을지에 대한 의견은 엇갈렸고요. 남부는 텍사스 주와 애리조나 주 남부를 거치는 노선을 주장했고, 북부는 북쪽의 유타 주를 경유하는 노선을 주장했습니다.

북부와 남부의 대립은 1860년 대통령 선거에서 노예제 폐지를 선거 공약으로 내건 에이브러햄 링컨이 당선되자 극에 달했습니다. 결국 남부의 11개 주가 연방을 탈퇴하고 결성한 남부 연합군과 북부군이 4년에 걸쳐 남북 전쟁을 벌였어요.

대륙횡단철도 노선이 북쪽의 네브래스카 주 오마하에서 캘리포니아 주 새크라멘토까지 정해진 이유는 철도 건설을 위해 제정된 태평양 철도법

---

4 과달루페 이달고 조약 멕시코의 영토였던 텍사스는 독립 전쟁을 벌여 1836년 텍사스공화국을 세운 뒤, 1845년에 미국의 28번째 주로 합병되었다. 그러자 텍사스의 소유권 둘러싸고 1846년부터 멕시코와 미국이 전쟁을 벌였고, 미국이 승리하면서 1848년 멕시코의 과달루페 이달고에서 이 조약을 맺었다.

Pacific Railroad Act [5] 때문입니다. 이 법은 남북 전쟁 중이던 1862년 6월에 의회를 통과해, 7월 1일 링컨 대통령이 서명했어요. 연방을 탈퇴한 남부의 의원들이 의회를 떠난 상태에서 이루어진 결정이라 철도 노선은 당연히 북쪽으로 정해질 수밖에 없었습니다.

사람의 손으로 만들어진 마지막 대역사大役事

미국에서 철도 운송은 1828년 볼티모어와 오하이오 간의 철도가 착공된 뒤, 1830년 볼티모어에서 엘리코트 밀스지금의 엘리코트 시티에 이르는 21킬로미터 구간이 완성되며 시작되었습니다. 심한 경사와 굴곡이 진 철도에서도 기관차를 운행할 수 있다는 사실이 증명되자 철도는 빠르게 늘어났고, 1836년 무렵 11개 주에 걸쳐 세워진 철도의 길이는 무려 1600킬로미터가 넘었죠.

이때 정치에 입문하기 전이었던 링컨은 최고의 철도 전문 변호사였습니다. 그는 연방 정부가 기업들에 철도 건설에 필요한 토지를 넘겨주고 세금을 감면해 주도록 하는 데 앞장섰어요. 그는 철도 건설이 분명히 나라의 이익에 도움이 된다는 신념으로 일했지만, 적지 않은 변호사 수입도 올릴 수 있었죠.

---

5 태평양 철도법의 정식 명칭은 'An Act to aid in the construction of a railroad and telegraph line from the Missouri river to the Pacific ocean and to secure to the government the use of the same for postal, military and other purposes'로, 뜻은 '미주리 강에서 태평양 연안까지의 철도와 전선 건설을 지원하고, 이를 우편, 군사 및 기타 목적으로 정부가 사용함을 보장하기 위한 법안'이다.

링컨은 이처럼 철도 전문 변호사로 일했던 경험을 살려 대륙횡단철도 건설을 위한 현실적인 방안을 끌어냈습니다. 사실 그 시절은 변변한 장비가 없어 오로지 인력에 의존해서 토목 공사를 해야 했던 시기였습니다. 막대한 자금과 엄청난 위험을 감수해야 하는 철도 건설은 쉽게 뛰어들 사업이 아니었죠. 그러자 연방 정부는 민간 기업을 끌어들이기 위해 당근을 준비했어요. 그 당근은 바로 건설 회사가 토지나 채권을 팔아서 건설 자금을 마련할 수 있도록 정부가 회사에 철도 양쪽으로 각각 16킬로미터씩 32킬로미터 폭의 토지를 무상으로 주고, 공사 실적에 따라 채권을 발행해 주는 조건이었습니다.

의회는 공사를 진행하기 위해 '센트럴퍼시픽 Central Pacific Railroad of California'과 '유니온퍼시픽 Union Pacific Railroad'이라는 새로운 주식회사의 설립을 인가했어요. 센트럴퍼시픽은 캘리포니아 주 새크라멘토에서 시작해 동쪽으로 시에라네바다 산맥을 통과하고 네바다 주를 경유해서 유타 주로 이어지는 철도 공사를 맡았습니다. 그리고 유니온퍼시픽은 네브래스카 주 오마하에서 서쪽으로 와이오밍 주를 지나 유타 주로 이어지는 공사를 하게 되었어요. 오마하에서 시카고를 거쳐 뉴욕까지는 이미 철도가 놓여 있었으므로, 이 구간에 철도가 건설되면 대륙횡단철도가 완성될 수 있었죠. 태평양 철도법의 정식 명칭을 보면 짐작할 수 있듯, 철도와 함께 전선 공사도 진행되었습니다.

센트럴퍼시픽의 인부 가운데 90퍼센트는 중국인 노동자들이었습니다. 이들은 낮은 임금을 받으면서도 매우 성실하게 일했어요. 흑색 화약을 다루던 중국인들의 오랜 경험은 특히 시에라네바다 산맥을 통과하는 터널

"대륙횡단철도가 완성되었으니 미국의 산업은
눈부시게 발전할 겁니다!"

굴착 공사를 할 때 진가를 발휘했죠.

유니온퍼시픽의 인부들은 주로 아일랜드계 이민자와 남북 전쟁의 퇴역 군인들이었습니다. 이들이 영양을 보충하기 위해 들소를 잡아들이자 인디언들은 자기들의 영역을 침범해서 사냥하는 것을 경고하려고 숙소를 습격했고, 이때 사망자가 생기는 일도 벌어졌어요. 그러자 인디언에게 살해당한 동료의 원수를 갚는다며 인부들이 총으로 대항하기도 했죠. 이 때문에 공사장 분위기는 센트럴퍼시픽이 맡았던 구간에 비해 훨씬 험악했습니다.

두 회사가 건설한 철도가 만나는 지점은 서로의 공사 진행 상황에 따라 정해지도록 했습니다. 두 회사는 건설한 철도의 길이에 비례해서 토지와 채권을 받을 수 있었으므로 목숨을 걸고 공사에 박차를 가했습니다. 덕분에 10년이 넘게 걸릴 거라고 예상했던 공사 기간이 7년도 채 걸리지 않았어요.

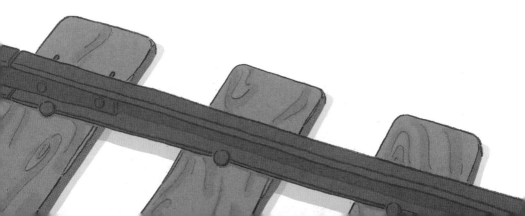

1869년 5월 10일, 유타 주의 프로몬토리 포인트Promontory Point에서 두 철도가 이어지는 지점에 순금으로 만든 마지막 못골든 스파이크(Golden Spike)[6]을 박음으로써 대륙횡단철도 공사가 드디어 끝났습니다. 유니온퍼시픽이 1087마일약 1750킬로미터, 센트럴퍼시픽은 690마일약 1110킬로미터의 공사를 수행해서 이루어 낸 쾌거였습니다.

이 소식은 철도를 따라 설치되었던 전선을 통해 한 단어로 미국 전체에 알려졌어요. 그 단어는 바로 'Done.' 이전에는 대통령이 연설한 내용이 워싱턴 DC에서 캘리포니아 주까지 알려지려면 열흘 정도 걸렸는데, 대륙 횡단 전신 라인이 설치되자 같은 뉴스가 미국 전역에 동시에 전달되는 세상이 되었습니다.

철도 산업의 발달로 속도가 붙은 미국의 산업화

대륙횡단철도가 완성된 뒤에도 미국의 철도망은 전국적으로 거미줄같이 퍼져 나갔습니다. 그 결과 1900년에는 총길이가 19만 3000마일약 31만 킬로미터에 이르렀어요. 이는 당시 유럽 전체의 철도 길이보다 길었고, 세계 철도의 40퍼센트를 차지하는 수준이었습니다. 연방 정부, 주 정부, 지방 정부가 철도 건설 사업에 지속적인 지원을 아끼지 않자, 모험심이 강한 기업가들이 너도나도 철도 사업에 뛰어들었기 때문입니다. 연방 정부와 지

---

6 '황금 못'을 박는 행사가 끝난 뒤 황금 못을 제거하고 보통 못을 박았으며, 센트럴퍼시픽의 투자가 릴랜드 스탠포드(Leland Standford)가 보관했던 황금 못은 1898년 그가 설립했던 스탠포드대학에 기증되어 현재 대학 내 칸터아트센터에 전시되어 있다.

방 정부는 기업에 엄청난 보조금과 융자금 금융 기관에서 융통하는 돈 을 제공하거나, 무상으로 토지를 양도하기도 했어요. 이런 특혜를 얻기 위해 철도 회사들은 뇌물을 주고 로비를 하는 경우도 많았습니다. 하지만 결과적으로 지나치게 많은 기업이 뛰어들어 경쟁이 치열해지면서, 철도 산업은 레드오션[7]으로 전락하고 말았죠.

운임을 파격적으로 낮추며 가격 경쟁을 벌이다 이윤을 낼 수 없게 된 수많은 철도 회사가 결국 버티지 못하고 다른 기업에 먹히는 신세가 되었습니다. 기업가들은 경쟁에서 이기기 위해 온갖 권모술수를 서슴지 않고 저질렀어요. 철도왕으로 불리는 코넬리어스 밴더빌트 Cornelius Vanderbilt (1794~1877)는 이렇게 외쳤습니다.

"법이 무어란 말인가? 나에게는 힘이 있지 않은가?"

그와 같은 생각을 가진 기업가들은 거대한 철도 기업 연합을 만들었고, 이로 인해 철도 기업가들의 사회적 평판은 아주 나빠졌습니다.

이처럼 비록 철도 기업가들은 악덕 기업인으로 비난받았지만, 철도가 미국 산업화에 결정적인 역할을 한 것은 틀림없는 사실입니다. 철도를 건설하면서 철 생산량이 급증해 철강업이 발전했고, 에너지 자원에 대한 수요가 늘어나면서 석유 산업도 급속하게 발달했죠. 기업가들이 자본을 모으기 위해 시도했던 주식회사 제도의 성공은 산업 자본을 형성하는 데 크게 기여했습니다.

---

7 레드오션(red ocean) 이미 잘 알려져 있어 많은 기업이 비슷한 전략과 상품으로 치열한 경쟁을 벌이는 시장이다.

철도의 발전으로 상품 수송 능력이 향상되면서 농업과 축산업 부문에서도 산업화가 이루어졌습니다. 마침내 미국은 기계화된 농업으로 세계에서 가장 많은 식량을 생산했습니다. 중서부 대평원의 목장에서 키운 소들은 오마하와 캔자스시티, 시카고의 도살장을 거쳐 냉동 시설을 갖춘 철도 편으로 동북부 시장으로 보내졌고요. 증기 선박과 냉동 기술의 발전으로 곡식은 물론 쇠고기처럼 상하기 쉬운 물품도 유럽으로 수출할 수 있었죠. 19세기 말의 급속한 산업 발전으로 경제가 팽창하면서 국민의 평균 소득 수준도 높아져, 미국은 20세기 최강의 나라로 발돋움했습니다.

---

8 GDP(**국내 총생산**) 일정 기간 동안 한 나라 안에서 생산되는 모든 재화와 용역의 가치의 합이다. GNP(국민 총생산)는 일정 기간 동안 한 나라 국민이 국내외에서 새롭게 생산한 재화와 용역의 부가 가치의 합, 즉 국민이 기준인 데 비해 GDP는 나라, 즉 영토와 국경을 기준으로 한 지표다. 국제화에 따라 경제 활동 정도를 측정하는 데 GNP보다 GDP가 더 유효해지면서 이를 중심 지표로 이용하는 나라들이 늘어났고, 우리나라도 1995년부터 GNP에서 GDP로 통계 기준을 바꾸었다. 미국 역대 부자들이 몰려 있던 시대에는 이런 경제 지표가 사용되지 않았으므로 기준을 미국 경제라는 말로 표현했다.

● 미국 역사상 최고의 부자들

2007년 3월 미국의 경제 주간지 《포춘》은 미국의 역대 부자 순위를 발표했다. 《포춘》은 부는 상대적이고 달러 가치도 변동되므로 부자 순위는 사망 당시 개인 자산이 총 경제 규모에서 차지하는 비율을 기준으로 삼았다고 했다.

역대 최고의 부자는 1870년 스탠더드 석유 회사(Standard Oil Co., Inc.)를 설립한 후 급속히 사업을 키워 미국 석유 시장의 약 90퍼센트를 독점했던 석유왕 존 록펠러다. 1937년 당시 그의 재산은 약 14억 달러(2006년 기준 가치 2000억 달러)로 미국 경제의 1.54퍼센트를 차지했다.

2위는 선박왕이며 철도왕이었던 코넬리우스 밴더빌트였는데, 1877년 그의 재산은 1억 500만 달러로 미국 경제의 1.15퍼센트에 달했다.

3위는 부동산 재벌 퍼리어 존 제이콥으로, 1848년 그의 재산은 2000만 달러에 달해 미국 경제의 0.93퍼센트를 차지했다.

4위는 해운업을 하다가 퍼스트 뱅크의 최대 주주가 된 금융업자 스티븐 지라드로, 1831년 750만 달러의 재산을 보유해 미국 경제의 0.67퍼센트에 달했다.

역대 부자 5위는 살아 있는 마이크로소프트 창업자 빌 게이츠인데, 2006년 기준 그의 재산은 820억 달러로 미국 GDP(국내 총생산)[8]의 0.66퍼센트를 차지한다.

역대 6위의 부자는 철도 교량 사업을 하다 철강업에 투자해 큰돈을 번 강철왕 앤드루 카네기로, 1919년 그의 재산은 3억 5000만 달러를 기록해 미국 경제의 0.60퍼센트를 차지했다.

미국 역대 부자 순위에 1900년 전후의 기업인들이 많은 것은 기업 독점으로 이윤을 극대화해 엄청난 부를 축척할 수 있었기 때문이다.

⑪ ── 19세기 세계의 수도였던 파리

● 프랑스 산업화의 특징은 기술 발전을 예술에 접목하는 일이 활발했다는 점이다. 이런 일은 1853년부터 1865년에 걸쳐 이루어졌던 파리 재개발 '오스만 프로젝트'에서도 마찬가지였다. 파리 재개발 프로젝트는 도시 기능을 충족시키는 데만 초점을 맞추지 않고 아름다움을 살리는 데도 심혈을 기울여 수행되었다. 덕분에 파리는 19세기 세계의 수도라고 불릴 만한 하드웨어를 갖추었다. 파리는 오늘날에도 세계 최고의 관광 도시로 각광받는데, 그 이유가 단순히 이런 아름다움 때문일까?

예술과 문화의 도시, 파리

여러분 혹시 〈미드나잇 인 파리Midnight in Paris〉(2011)라는 영화를 본 적이 있나요? 파리로 여행을 온 미국의 소설가 '길'오웬 윌슨 분은 파리의 낭만 대신 화려함을 즐기려는 약혼녀에게 실망하고 홀로 밤거리를 산책하다가 길을 잃어버리고 맙니다. 그때 밤 12시를 알리는 종이 울리고, 순간 그의 앞에 '클래식 푸조'가 홀연히 등장하죠. 길이 클래식 푸조를 타고 도착한 곳은 평소에 동경해 오던 1920년대의 파리. 그곳에서 길은 스콧 피츠제럴드F. Scott Fitzgerald 부부와 어니스트 헤밍웨이Ernest M. Hemingway, 거트루드 스타인Gertrude Stein 등 시대를 대표하는 예술가들을 만납니다.

영화 속 내용은 사실을 바탕으로 합니다. 20세기를 대표하는 소설가 헤밍웨이는 실제로 1921년부터 7년간 파리에서 캐나다 일간지《토론토 스타》의 유럽 특파원으로 일했어요. 헤밍웨이가 세상을 떠난 뒤에 출간된 《파리는 날마다 축제A Moveable Feast》에는 파리에서의 생활과 거트루드 스타인, 스콧 피츠제럴드, 에즈라 파운드Ezra Pound 등 유럽에서 활동했던 미국의 저명한 작가들과 교류한 내용이 적혀 있습니다.

〈미드나잇 인 파리〉에서 시간 여행을 여러 번 하게 된 길은 거트루드 스타인의 집에서 미술가 파블로 피카소Pablo Picasso 와 그의 연인 아드리아나 마리옹 꼬띠아르 분**9**까지 만납니다. 아드리아나에게 호감을 느낀 길은 그녀가 동경하는 1890년대 파리로 함께 여행을 떠나죠. 그들은 여기서 툴루즈 로트렉Toulouse Lautrec, 에드가 드가Edga Degas, 폴 고갱Paul Gauguin 등 한 시대를 풍미했던 예술가들을 만나고, 이들이 르네상스 시대를 그리워하는 모습을 목격합니다.

〈미드나잇 인 파리〉는 사람들은 과거를 아름답다고 여기며 그리워하지만, 결국 자신의 황금시대는 지금이라는 사실을 깨우쳐 주는 영화입니다. 에펠 탑, 센 강변, 베르사유 궁전, 노트르담 대성당, 루브르 박물관, 로댕 미술관, 생에티엔 뒤 몽 교회, 모네의 지베르니 정원, 유서 깊은 레스토랑 르 그랑 베푸르, 오랑주리 미술관, 오페라 하우스, 방돔 광장 등 스크린

---

9 〈미드나잇 인 파리〉의 시간 여행 장면에 등장하는 대부분의 사람은 실존 인물이지만, 아드리아나는 실제로 존재하는 인물이 아니다.

에 펼쳐지는 파리의 관광 명소와 풍광을 볼 수 있는 것은 영화가 선사하는 덤이죠. 파리는 이렇게 스크린으로 보기만 해도 우리를 즐겁게 만드는 곳입니다. 그렇다면 예술과 문화의 도시 파리는 어떤 과정을 통해 만들어진 걸까요?

세계에서 가장 아름다운 도시를 건설하다

프랑스 역사를 통틀어 가장 유명한 인물은 나폴레옹 1세일 겁니다. 코르시카 섬 출신의 평민이었던 그는 원정군 사령관으로 영국을 제외한 유럽 대부분을 장악하며 권력의 핵심으로 떠올랐고, 1804년 마침내 황제의 자리에 올랐어요. 프랑스의 위용을 떨치며 전쟁터를 누빈 나폴레옹 1세는 파리를 세계에서 가장 아름다운 도시로 만들겠다는 포부를 품고 도시 미화에 힘을 쏟았습니다. 먼저 그는 파리의 중심인 리볼리 거리와 생 마르탱 운하를 건설하라고 지시했습니다. 또한 아우스터리츠 전투[10]에서 승리한 것을 경축하기 위해 개선문을 세웠으며, 프랑스군의 업적을 기리기 위해 마들렌 사원의 공사를 다시 시작했죠. 그가 전쟁 중에 약탈한 문화재 덕분에 루브르 박물관의 소장품도 더욱 풍성해졌습니다.

그러나 나폴레옹 1세는 1805년 트라팔가르 해전에서 영국군에 패하고, 1812년 러시아 원정에 실패하면서 몰락해 1814년 엘바 섬으로 유배되고

---

10 아우스터리츠 전투 1805년 12월 2일, 나폴레옹 1세의 프랑스군이 러시아-오스트리아 연합군을 체코 동부 모라비아의 아우스터리츠에서 격파한 싸움.

말았습니다. 다음 해 섬에서 탈출해 다시 황제 자리에 올랐지만, 1816년 워털루 전투에서 영국-프로이센 연합군에 패배해 또다시 세인트헬레나 섬에 갇히는 신세가 되었어요. 이로써 파리를 세계에서 가장 아름다운 도시로 만들겠다는 그의 꿈도 함께 갇혔습니다.

파리 개조론을 다시 들고 나온 사람은 나폴레옹 3세로 불리는 루이 나폴레옹이었어요. 그는 나폴레옹 1세의 조카라는 후광을 등에 업고 1848년 2월 혁명[11] 이후에 수립된 새 공화국의 대통령으로 선출되었죠. 1852년에는 정치 체제를 제2제정[12]으로 바꾸고 스스로 황제가 되었습니다. 새 황제는 국민이 자신에게 기대하는 '프랑스의 영광'을 실현하기 위해 화려한 정책들을 펼쳤습니다. 그 당시 파리는 지저분한 집들과 복잡한 골목길이 뒤엉켜 있었어요. 루브르 궁전 같은 명소들도 무질서하게 자리 잡은 허름한 건물들에 포위되어 그 위용이 잘 드러나지 않았죠. 그는 프랑스의 영화榮華를 만천하에 보여 주기 위해 1853년 센Seine 지역의 도지사로 오스만 남

---

11 2월 혁명 1830년에 일어난 7월 혁명에서 루이 필리프가 샤를 10세를 몰아내고 왕위에 올라 스스로를 '시민의 왕'이라고 불렸으나 7월 왕정은 소수 부유층에게만 선거권을 주었다. 이에 상공 시민층과 노동자들이 반발하며 선거권 확대를 요구했지만 받아들여지지 않자, 1848년 2월에 일으킨 혁명이다. 이 혁명으로 7월 왕정이 붕괴되고 새 헌법에 따라 루이 나폴레옹이 공화국의 대통령이 되어 제2공화정 시대가 열렸으며, 유럽에 자유주의 혁명 운동이 퍼지는 계기가 되었다.

12 제2제정(1852~1870) 2월 혁명 후에 수립된 제2공화정의 대통령 루이 나폴레옹이 1852년 국민 투표로 황제의 지위에 오름으로써 성립되었다. 나폴레옹 3세는 상공업을 장려해 경제적 번영을 꾀하는 한편, 파리를 개조하고 만국 박람회를 개최하는 등 대사업을 일으켰다. 또한 크림 전쟁과 이탈리아 통일 전쟁 등 적극적인 대외 팽창 정책을 폈다. 그러나 부자들에게만 유리한 정책으로 빈부 격차가 심해져 대중의 불만이 날로 높아지자 나폴레옹 1세처럼 찬란한 군사적 업적을 거두어 불만을 잠재우고자 했다. 결국 그는 스페인 국왕 선출 문제를 놓고 1870년 프로이센과 전쟁을 벌였지만 크게 패해 포로가 되었으며, 1872년 의회가 황제를 버리고 '임시 국방 정부'를 만들면서 제2제정 시대는 막을 내렸다.

작Baron Haussmann을 임명하고, 그에게 파리 재개발 프로젝트를 추진하라고 명령했습니다.

파리의 하드웨어를 바꾼 오스만 프로젝트

파리 재개발 '오스만 프로젝트'는 1853년부터 1865년에 걸쳐 이루어졌습니다. 예전의 도시 건설은 군주의 영광을 드러내는 데 치중했지만, 오스만은 도시 기반 시설부터 도로 체계, 녹지 조성, 미관 관리, 도시 행정에 이르는 모든 요소를 감안해서 근대화된 파리를 창조했죠. 도시 계획에는 오페라 하우스, 국립 도서관, 루브르 궁전의 부설 건물 등 명품 건물뿐만 아니라 중앙 시장인 레 알, 파리 외곽의 뱅센 숲과 불로뉴 숲 등도 포함되었어요. 노트르담 대성당 같은 역사적인 건물의 수리와 보수도 이루어졌고, 시민의 청결한 생활을 위해 상수도망과 하수도망의 대대적인 개조 작업도 진행되었습니다.

파리에는 기차역과 주요 광장들을 직선으로 연결하는 대로큰길가 만들어졌고, 개선문을 중심으로는 방사선 도로가 뚫렸습니다. 도로 주위에는 새로운 형식의 건물들이 세워졌으며, 크고 작은 녹지와 함께 각종 공공시설과 문화 시설이 들어섰죠. 시각적인 효과가 극대화되도록 주요 기념물들은 대로가 끝나는 부분에 위치시켰습니다. 이뿐만 아니라 파리를 철도망의 중심지로 만들어 국가 경제의 중심부로 거듭나도록 했어요. 철도는 국내 시장을 통합하고 국가 경제에 새로운 동력을 제공하는 역할을 톡톡히 했습니다. 좁고 구불구불한 도로를 들어내고 새로 뚫은 넓고 곧은 대로들은 도시 경제를 활성화하는 데 한몫했지요.

하지만 오스만 프로젝트는 계층 간의 주거 지역을 분리시키는 결과를 낳았습니다. 예전에는 신흥 부자들이 건물의 1·2층에 살고, 빈민층은 맨 위층과 다락방에 살았어요. 그런데 재개발이 이루어지자 중산층은 도시 안쪽으로 모여들었고, 가난한 사람들은 도시 외곽으로 밀려났습니다.

나폴레옹 3세가 통치했던 제2제정 기간 동안 프랑스는 기술 개발에 관심을 갖고 발명가들을 지원하기도 했습니다. 이에 농업과 공업 분야에서 괄목할 만한 발전을 이루었어요. 파리 만국 박람회는 프랑스의 발전상을 눈으로 직접 확인할 수 있는 기회였습니다. 1855년 박람회에서 선보인 전차, 세탁기, 재봉틀, 커피 머신과 1867년 박람회를 장식한 센 강의 유람선 바토무슈, 자전거, 열기구는 사람들의 일상생활과 여가 생활을 변화시켰죠.

파리에 빛과 색을 입힌 예술

오스만 프로젝트는 예술이 발달하는 데도 큰 도움을 주었습니다. 새로 들어선 정원, 광장, 교차로와 고쳐 지은 공공건물 등 대규모 건축 사업이 벌어지면서 엄청난 조각상이 필요했기 때문이에요. 많은 예술가가 파리로 모여들었고, 이들 가운데 실험 정신을 지닌 일부 화가들이 교류하면서 인상주의 미술이 탄생했습니다. 카미유 피사로Camille Pissarro, 폴 세잔Paul Cézanne, 아르망 기요맹Armand Guillaumin, 프레데리크 바지유Frédéric Bazille, 클로드 모네Claude Monet, 오귀스트 르누아르Auguste Renoir, 알프레드 시슬레 Alfred Sisley 등 프랑스의 화가들은 1857년 무렵부터 돈독한 우정을 나누었조. 이들은 낙선전[13]에 전시된 〈풀밭 위의 식사〉와 1865년 살롱 입선작인 〈올랭피아〉로 유명세를 탄 에두아르 마네Édouard Manet의 표현 기법을 열렬하게 지지했습니다. 그들은 마네를 본받아 빛에 따라 시시각각 변화하는 순간을 포착한 살아 있는 그림을 그리기 위해 노력했어요. 인상주의 화가들은 실내에서 벗어나 야외로 나가서 그림을 그렸습니다. 오스만 프로젝트로 인해 화려해진 파리의 거리 풍경, 카페, 광장, 공원, 정원, 시민들의 물놀이, 쇼와 음악회 모습 등이 이들의 그림에 담겨 널리 알려졌습니다.

1870년대 후반 인상파 화가들은 싼 임대료를 주고 높은 천장과 널찍한 공간을 갖춘 작업장을 얻기 위해 '몽마르트르'로 본거지를 옮겼습니다. 인상파 화가의 그림이 전 세계로 퍼져 나가면서 세계의 화가들이 이곳으로 몰려들었어요. 선술집, 레스토랑, 카바레, 싸구려 여관들이 들어서면서 몽마르트르는 퇴폐와 유흥, 욕망의 거리가 되었지요. 툴루즈 로트렉의 그림에 자주 등장하는 카바레 '물랭루주Moulin Rouge'는 1899년에 문을 열었는데, 캉캉 춤을 공연해 세계적으로 유행시켰습니다.

프랑스에서는 1890~1914년을 '벨 에포크La Belle Epoque'라고 합니다. '좋은 시대'라는 뜻이지요. 과거에는 볼 수 없었던 풍요와 평화가 넘쳐흘렀고, 예술과 문화가 번창했으며, 우아한 옷을 차려입은 사람들이 살롱에 모여 이야기꽃을 피우던 시절이었습니다. 즉 〈미드나잇 인 파리〉에서 길

---

13 낙선전(落選展) 프랑스의 관전(官展) 심사가 편파적이라는 여론에 따라, 1863년 나폴레옹 3세의 허락을 얻어 살롱 옆에 낙선한 미술 작품을 모아 전시하는 전람회가 열렸다. 그런데 여기에 출품되었던 마네의 〈풀밭 위의 식사〉가 대담한 표현 방법으로 엄청난 비난을 받자, 황제는 더는 전시회를 허락하지 않아 단 1회로 끝나고 말았다. 그러나 무명의 젊은 화가들은 마네의 그림에 매료되어 그를 중심으로 모여들었고, 이는 인상주의 미술이 탄생하는 계기가 되었다.

과 아드리아나가 시간 여행을 갔던 1890년은 프랑스 사람들에게는 꿈의 시절이었어요.

'벨 에포크'의 파리를 본 독일의 철학자 발터 벤야민Walter Benjamin은 파리를 '19세기 세계의 수도'라고 칭했습니다. 이 영광스러운 타이틀의 경제적 효과는 어느 정도일까요? 프랑스는 화려함과 낭만을 함께 갖춘 파리를 수도로 둔 덕분에 세계에서 가장 많은 외국인 관광객이 찾아오는 나라가 되었어요. 관광 산업이 프랑스의 GDP에서 차지하는 비율은 10퍼센트, 고용 시장에서의 비율은 11퍼센트라고 하니 정말 대단하죠. 어떤가요? 여러분도 배낭 하나 메고 파리로 훌쩍 여행을 떠나고 싶지 않나요?

● 과학과 기술의 발달을 예술에 접목한 프랑스

다른 나라의 공업화는 대량 생산을 위주로 발달했지만 프랑스 사람들은 취향이 다양해서 대량 생산보다는 사치품을 겨냥한 소량 생산 위주의 공업이 발달했다. 그리고 과학과 기술의 발달을 공업뿐만 아니라 예술에도 접목하는 시도가 이루어졌다. 1839년 루이 다게르는 사진을 발명했고, 1882년에 에티엔 마레는 1분에 12장의 사진을 연속으로 찍는 사진기를 발명했다. 뤼미에르 형제는 영상 관련 기술을 모두 모아 카메라인 동시에 램프를 달면 영사기도 되는 기계 '시네마토그라프'를 발명했으며, 1895년에는 오페라 거리에 있는 그랑 카페에서 세계 최초로 영화를 상영했다. 1889년 프랑스 혁명 100주년 기념 파리 국제 박람회 때 세워진 약 300미터 높이의 철제 구조물인 에펠탑도 프랑스 철강업의 발전뿐만 아니라 예술적 소양을 세계에 알려 준 건축 작품이다.

⑫ — 유통과 소비 혁명을 일으킨 백화점

● 공업화는 소비재의 대량 생산을 가능하게 했고, 임금 노동자들이 삶의 터전을 도시로 옮기면서 교통 시설이 발달했다. 또한 신문 및 잡지가 발행되어 동시에 다수의 고객을 상대로 한 광고를 할 수 있게 되었다. 그러자 한 건물 안에 여러 종류의 상품을 부문별로 진열하고 판매하는 대규모 소매상인 백화점이 등장했다. 백화점은 최상위 계층이 아니라 중산층과 소득 수준이 높은 임금 노동자들을 겨냥해 판매 전략을 세웠다. 이런 전략은 어떤 변화를 일으켰을까?

소설 속 19세기 소비문화의 변화

프랑스의 소설가 에밀 졸라Émile François Zola(1840~1902)는 프랑스 제2제정 시대를 배경으로 한 20권짜리 소설 《루공 마카르 총서》를 펴냈습니다. 1871년에 집필을 시작해서 1893년에 완간한 총서는 '제2제정 시대 한 가족의 자연적·사회적 역사'란 부제에서 짐작할 수 있듯, 19세기 후반 프랑스 사회의 모습을 담고 있어요.

총서의 11번째 작품으로 1883년에 출간된 《여인들의 행복Au Bonheur des Dames》[14]은 19세기 유럽 사회와 풍속을 다룬 책에서 '백화점'이 언급될 때

마다 인용되는 소설입니다. 시골 출신의 스무 살 처녀 '드니즈'는 고아가
된 뒤 큰아버지에게 도움을 청하기 위해 두 남동생과 함께 무작정 파리로
옵니다. 그러나 직물 전문점 주인인 큰아버지는 가게 맞은편에 백화점이
생긴 이후 장사가 잘 되지 않아 조카들을 돌봐 줄 형편이 아니었어요. 드
니즈는 생계를 위해 백화점의 여성 기성복 매장에 취직해서 시골뜨기라
는 놀림을 당하며 힘겹게 일합니다.

야망이 넘치는 백화점 사장 '옥타브 무레'는 그녀에게 호의를 보였지만,
드니즈는 무책임한 동료의 모함으로 해고를 당하고 말아요. 작은 상점에
서 일하며 더욱 힘들게 살아가던 그녀는 무레의 지시로 다시 백화점으로
돌아와 중간 관리자로 일하게 됩니다. 그 뒤 무레는 허영을 좇지 않고 자
신을 지키면서 살아가는 그녀에게 점점 더 끌려 청혼을 하죠. 서로의 환
경이 너무나 다르다는 이유로 완강하게 거절하던 드니즈도 결국 그의 사
랑을 받아들이면서 소설은 해피엔딩으로 끝납니다.

사실 소설의 스토리는 특별할 것이 없습니다. 그런데 이 작품이 주목받
은 것은 작가가 직접 한 달 동안 매일 5~6시간씩 쇼핑을 하는 여성들의
행동과 백화점 풍경을 관찰한 뒤, 이를 생생하게 묘사했기 때문입니다. 소
설 속에는 미끼 상품, 바겐세일 할인 판매, 고객들의 동선 관리, 카탈로그 통
신 판매, 비수기 전략인 전시회, 경품 증정 등 다양한 마케팅 전략이 등장
하죠. 우리에게는 익숙한 풍경이지만, 그 당시 사람들에게는 아주 신기한
모습이었어요. 작품에는 계절에 따라 달라지는 백화점 안팎의 풍경, 화려

---

14 한국어 번역본은 '여인들의 행복 백화점'이라는 제목으로 출판되었다.

한 외관과 실내 장식, 고객과 판매원들의 관계 등 백화점의 모든 것이 자세히 묘사되어 있습니다. 대형 백화점의 등장으로 몰락해 가는 소규모 상점들의 모습과 상인들의 심리도 잘 드러나고요. 필요한 물건을 소비하는 단계에서, 다른 사람에게 과시하기 위한 욕망으로 변화된 소비문화도 섬세하게 표현되어 있습니다.

소설에는 이런 구절이 있어요.

"백화점은 흔들리는 믿음으로 인해 신도들이 점차 빠져나간 교회 대신, 비어 있는 그들의 영혼 속으로 파고들었다."

에밀 졸라는 물질문명이 발달하면서 신에 대한 믿음이 흔들린 사람들이 소비를 통해 공허함을 채우려는 마음을 꿰뚫어 보았던 것이지요.

세계 최초의 백화점 봉마르셰

소설 속의 무대는 1852년에 세워진 세계 최초의 백화점 '봉마르셰Bon Marché'이며, 옥타브 무레의 모델은 백화점 창업자 아리스티드 부시코Aristide Boucicaut(1810~1877)입니다. 19세기 들어 기계를 이용한 대량 생산의 시대가 열리면서 상공업 종사자들의 소득 수준이 높아졌어요. 그러자 이들도 상류 계층이 구매했던 사치품들을 살 수 있게 되었지요. 또한 통신 시설이 발달해 광고를 할 수 있었으며, 마차가 등장하면서 사람들의 왕래가 수월해졌습니다. 숄, 양탄자, 우산 등을 파는 상점에서 일했던 부시코는 이러한 시대의 변화가 소비문화에 영향을 미칠 거라고 예견했죠. 그래서 그는 한 건물 안에 여러 소매상점을 부문별department로 배치하고 다양한 상품을 파는 봉마르셰 백화점을 만들었습니다.

봉마르셰 백화점은 여러 면에서 획기적이었습니다. 첫째, 고객이 요구하면 판매를 취소하고 돈을 돌려주는 '환불 제도'와 정해진 가격에 물건을 파는 '정찰가격제도'를 도입했어요. 또 상품을 꼼꼼히 포장해서 배달했죠. 이곳을 찾은 고객들은 시장에서 이루어지는 흥정이나 실랑이를 할 필요가 없어서 대접받으며 쇼핑한다는 느낌이 들었습니다. 둘째, 고객들에게 상품과 함께 백화점이 주는 이미지를 팔았습니다. 화려하게 장식된 외관과 엘리베이터, 전기 조명 등 획기적인 첨단 시설을 갖춘 내부는 쇼핑을 하지 않더라도 사람들이 백화점을 찾아오고 싶게 만들었지요. 셋째, 백화점 내부에 판매 시설뿐만 아니라 도서실, 휴게실, 미술관 등을 설치했습니다. 그 당시 귀족이나 신흥 부자들 사이에서 유행한 살롱[15] 문화를 끌어들여, 백화점을 사교의 장소로 거듭나게 하기 위함이었어요.

20세기 중반에 대형 할인점이 생기면서 백화점들은 고급 상품을 판매하는 쪽으로 전략을 바꾸었습니다. 하지만 처음 백화점이 생겼을 때는 판매 가격이 일반 소매상점보다 15~20퍼센트 저렴했어요. 대량으로 상품을 들여오고 판매하는 '박리다매'로 이윤을 남긴다는 전략을 세웠던 거죠. 그래서 미끼 상품이나 바겐세일 등을 통한 적극적이고 과감한 판매가 이루어졌습니다. 이런 전략들이 힘을 발휘해 1852년 50만 프랑이던 봉마르셰 백화점의 매출은 1860년에 500만 프랑, 1870년에는 2000만 프랑으로 껑충 뛰었습니다.

---

15 살롱(salon) 서양 상류 가정의 응접실에서 열리는 사교적인 모임. 특히 프랑스에서 유행했다.

19세기 후반은 백화점의 전성시대

유럽과 미국 곳곳에서 봉마르셰의 혁신적인 경영을 본받은 백화점들이 잇따라 등장했습니다. 19세기 후반 프랑스에서 진행되었던 파리 개조 프로젝트에 대해 알고 있죠? 파리의 기차역과 주요 광장들을 직선으로 연결하는 대로가 만들어졌고, 도로 주위에는 오스만 양식이라 불리는 새로운 형식의 건물들이 들어섰어요. 노트르담 성당 같은 역사적 가치가 있는 건물에 대한 대대적인 수리와 보수가 이루어졌고, 오페라 극장인 팔레 가르니에 등 호화로운 건물들도 세워졌습니다. 이처럼 세계에서 가장 아름다운 도시로 거듭난 파리의 분위기에 잘 어울리는 쇼핑 공간은 바로 백화점이었습니다. 1865년에는 쁘렝땅Au Printemps 백화점, 1869년에는 사마리텐Au Samaritaine 백화점, 1899년에는 라파예트Galeries Lafayette 백화점이 차례로 문을 열었지요. 이들의 특징은 옷감이나 장식품을 팔던 상점이 한 단계 발전해서 백화점이 되었다는 거예요. 파리의 백화점에서 주문 생산이 아닌 이미 만들어진 기성복을 판매하자, 기존 수공예 제작 방식의 옷 대신 기성복을 입는 시대가 활짝 열렸습니다. 이렇게 백화점은 파리에서 발표한 패션이 대량으로 복제되어 전 세계로 퍼지는 데 큰 역할을 했어요. 그 결과 백화점이 출현한 19세기 중·후반부터 파리는 패션의 중심지로 떠올랐습니다.

영국에서는 1863년에 윌리엄 휘틀리William Whiteley(1831~1907)가 만든 휘틀리회사Whiteleys를 백화점의 시초로 봅니다. 그는 1851년에 열린 런던 만국 박람회 때 크리스탈 궁전의 전시 방식을 보고 아이디어를 얻어 백화점을 만들었어요. 파리와 달리 영국에서는 주로 식료품점들이 발전해서 백화점이 되었습니다. 홍차를 주로 취급하는 식료품점을 경영했던 찰스 헨리 해러즈 Charles Henry Harrod(1799~1885)가 점포를 확장해서 세운 해러즈 Harrods 백화점이 가장 유명하지요. 미국에서는 1870년에 워너메이커 Wanamaker, 메이시 Macy's와 마셜 필드 Marshall Field가 등장하며 백화점의 번성기를 맞이합니다. 1880년대에는 이탈리아와 독일, 1890년대에는 덴마크, 벨기에, 네덜란드, 스위스에도 백화점이 생겨났어요.

그렇다면 19세기 중반 이후 유럽과 미국에서 백화점이 속속 등장한 이유는 무엇일까요? 산업혁명이 일어난 뒤 공업화가 급격히 이루어지면서 의류나 장식품 등 소비재의 대량 생산이 가능해졌습니다. 또한 인구의 도시 집중 현상으로 노동력이 끊임없이 공급되었고, 도시와 외곽을 연결하기 위한 교통 시설도 발달했죠. 그리고 주식회사 제도가 뿌리를 내렸으며, 은행 같은 금융 기관들이 설립되어 대규모 경영에 필요한 자금을 조달하기가 쉬워졌습니다. 무엇보다 쇼윈도용 대형 유리와 엘리베이터가 개발되고, 철강업이 발달해 대형 건물을 건설하기가 수월해지면서 거대한 백화점들이 들어설 수 있었어요. 그뿐만 아니라 신문 및 잡지가 발행되어 다수의 고객에게 동시에 광고를 할 수 있게 된 점도 백화점 설립을 부추기는 데 한몫했습니다.

사실 그 당시 최상위 계층 사람들은 고객을 특별 관리하는 전문 상점에서 옷을 맞춰 입는 경우가 많았습니다. 그래서 백화점은 최상위 계층이 아니라 중산층과 소득 수준이 높은 임금 노동자들을 겨냥해 판매 전략을 세웠지요.

"다른 세계로 들어오십시오 Enter a different World."

바로 해러즈 백화점의 광고 문구입니다. 백화점은 최고급품은 아니지만 유행에 민감한 신상품을 계속 소개하면서, 사람들에게 시대에 뒤처지지 말라고 부추기며 의도적으로 그들이 상류층을 모방하도록 했어요. 중절모를 쓰고 비단 속옷을 입으면 사회적 지위가 올라간다는 착각에 빠지게 만든 거죠. 나아가 백화점은 자녀들이 자신보다 나은 삶을 살기를 원하는 부모들의 심리를 이용해, 그들이 자녀들을 위한 물건을 구매하도록 자극했습니다.

산업혁명이 일으킨 생산 혁명은 백화점이 일으킨 유통 혁명을 통해 소비 혁명으로 이어졌어요. 백화점에 의해 생산, 유통, 소비의 대량화 시대가 열린 것입니다. 대량 소비 시대가 되자 사람들의 소비 행태도 바뀌었습니다. 무엇을 소유했는지에 따라 사람을 판단하면서, 사람들은 주위를 의식하며 자기를 나타내기 위한 상품을 골랐지요. 소비를 결정하는 요인이 '필요'가 아니라 '자기 과시'로 옮겨 간 거예요. 여러분의 소비 행태는 어떤가요? 필요가 아닌, 과시를 위해 물건을 사지는 않는지 곰곰이 생각해 보기 바랍니다.

● 과시적 소비와 베블런 효과

미국의 사회학자이며 경제학자였던 베블런(Thorstein Bunde Veblen, 1857~1929)은 연구실에서 수학 곡선에 집착해 이루어진 기존의 경제 이론은 현실을 제대로 파악하지 못한 다고 했다. 그리고 신고전학파가 내세운 '가격이 하락하면 수요가 증가한다는 수요 법칙'과 '노동자는 임금을 받기 때문에 노동을 제공한다'는 가정은 현실성이 떨어진다고 비판했다. 그는 유럽과 미국에서 백화점이 자리 잡던 시기인 1899년에 펴낸 책《유한계급론(The Theory of Leisure Class)》을 통해 개별 소비자의 소비 행태는 독립적으로 이루어지지 않고 다른 소비자 의 영향을 받는다고 주장했다. 대부분의 사람이 주위의 소비 행태를 살피거나 염두에 두고 자신의 소비를 비슷하게 맞추어 간다는 것이다.

또한 보통 사람들과 신분이 다르다는 점을 과시하려는 부유층이나 이를 모방하려는 계층은 주위를 의식하면서 자기를 돋보이려는 과시적 소비를 한다고 보았다. 과시적 소비가 일어나 면 저렴한 상품 대신 고가의 상품에 대한 수요가 증가해 가격이 오르는데도 수요가 줄어들 지 않고 오히려 증가하는 현상이 일어난다. 이처럼 과시적 소비 때문에 가격이 오르는데도 수요가 늘어나는 것을 '베블런 효과'라고 한다.

⑬ ─ 태평양과 대서양을 연결한 파나마 운하

● 20세기 들어 세계 최고의 경제력을 가졌던 미국은 군함의 이동 거리를 줄이기 위해 태평양과 대서양을 이어 주는 파나마 운하를 건설했다. 파나마 운하는 1903년 파나마의 독립과 함께 공사 준비를 시작해 1914년에 완공되었다. 세계 최대의 토양 댐과 인공 호수, 콘크리트 구조물로 이루어진 운하의 건설은 군사적인 목적이 우선이었지만 결과적으로는 국제 무역을 증대하는 데 더 크게 기여했다. 파나마 운하의 경제적 효과는 어느 정도인지 살펴보자.

3차 산업 비중이 월등하게 높은 파나마공화국

콜린 클라크Colin Grant Clark(1905~1989)는 국가 경제 연구에 처음으로 국민 총생산GNP(Gross National Product)이란 개념을 이용한 경제학자입니다. 그는 1940년에 《경제 진보의 여러 조건The Conditions of Economic Progress》을 출간하면서 학자로서의 명성을 얻었지요. 클라크는 산업을 1차·2차·3차로 나누고, 각국의 경제와 관련한 통계를 비교·분석하면서 국가 경제의 발전 과정을 설명했어요. 국가 경제는 부가가치의 생산성이 낮은 1차 산업에서 상대적으로 높은 2차 산업으로 옮겨 가는 산업화를 필수적으로 거친 뒤, 가장 부가가치가 높은 3차 산업으로 발전한다고 했습니다. 그의 연구 결과에 따르면 3차 산업의 비중이 높은 나라는 경제 발전을 이룬 선진국 이라고 할 수 있어요.

그러나 클라크의 이론은 파나마공화국Republic of Panama에는 해당되지 않습니다. 파나마공화국의 2015년 1인당 국민 소득은 1만 1880달러 세계은행 발표 기준로 선진국이라고 할 수 없지만, 해운 항만과 교통, 금융 및 관광 등 3차 산업의 비중이 국내 총생산GDP(Gross Domestic Product)의 약 74퍼센트 를 차지하는 산업 구조를 가지고 있어요. 1965년 46퍼센트에 달했던 파 나마공화국의 농업 인구는 1995년에는 20.8퍼센트, 2006년에는 15퍼센 트에 불과할 정도로 감소했습니다. 1차 산업의 비중이 줄어들면서 2차 산 업을 거치지 않고 바로 3차 산업으로 옮겨 갔기 때문에, 일반적인 경제 발 전 순서를 밟지 않았다고 볼 수 있어요. 파나마공화국의 경제 구조와 발 전 과정이 특이한 점은 국가 경제에서 파나마 운하가 차지하는 비중이 지 나치게 높기 때문입니다. 사실 파나마공화국은 파나마 운하를 건설하기 위해 세워진 나라입니다. 파나마공화국의 알파와 오메가인 파나마 운하 가 어떤 과정을 거쳐 건설되었는지 알아볼까요?

파나마 운하 건설의 역사

1534년 스페인 국왕 카를로스 1세는 남아메리카 식민지에서 캐낸 금과 은을 스페인으로 신속하게 운송하려면 태평양과 대서양을 연결할 운하가 필요하다고 생각했습니다. 그래서 파나마 지협두 육지를 연결하는 좁고 잘록한 땅을

측량하라고 지시했지만, 은의 생산량이 급격히 줄어들어 운하 건설 계획
은 흐지부지되었어요.

　그 뒤 1848년 캘리포니아에서 금광이 발견되자 운하 건설이 다시 수면
위로 떠올랐습니다. 그런데 운하가 가장 필요한 미국을 제치고 실제로 건
설에 뛰어든 사람은 지중해와 홍해, 인도양을 잇는 수에즈 운하를 완공
해 프랑스의 영웅이 된 페르디낭 마리 드 레셉스Ferdinand Marie de Lesseps
(1805~1894)였습니다. 그는 세2의 거대 운하 건설에 대한 투지를 불태우
며 '대양연결운하회사'를 설립했고, 1880년 파나마 운하 굴착 공사를 시
작했지요. 그러나 그가 수평식 운하인 수에즈 운하를 건설했던 경험은 오
히려 독이 되고 말았습니다. 파나마 운하의 길이는 수에즈 운하의 절반이
었지만, 파나마 지협의 환경은 축축한 정글과 깊이를 알 수 없는 늪, 장벽
을 이룬 산맥 등 장애물이 많았어요. 그래서 공학자들은 지형과 수면의 높
낮이를 고려해 수평식 운하가 아닌 갑문식 운하를 건설해야 한다고 판단
했습니다. 갑문식 운하는 운하에 갑문閘門(물 높이가 일정하도록 물의 양을 조절하는 데 쓰는
문)을 설치해 여러 개의 갑실閘室(물 높이를 맞추어 배들이 갑문을 지나거나 또는 배들이 들어가
있을 수 있게 만든 칸)로 구분하고, 이웃한 갑실을 같은 물 높이로 조절해서 선박
을 통과시키는 방식입니다. 그러나 레셉스는 공학자들의 조언을 듣지 않
고 수평식 운하를 고집하며 밀고 나갔어요. 갑문식 운하를 만들려면 땅을
파기만 하면 되는 수평식 운하에 비해 비용이 훨씬 많이 들어가기 때문이
지요.

　결국 환경을 크게 고려하지 않았던 레셉스의 판단은 어긋나 버렸습
니다. 폭우가 쏟아지면 진흙 더미가 공사장을 덮쳐서 힘들게 완료한 굴

착 작업이 헛수고가 되고 말았어요. 토목 기사 필리프 뷔노 바리야Philippe Bunau Varilla(1859~1940)가 레셉스에게 갑문식 운하로 계획을 수정하자고 건의했지만, 그는 고집을 꺾지 않았어요. 마침내 인간의 한계를 시험하는 공사에 지친 많은 인부들이 의욕을 잃고 그곳을 떠나 버렸습니다. 파나마 공사 현장에 일하러 온 화가 폴 고갱도 더위 속에서 고생하다가 열악한 환경에 질겁해 두 달 만에 떠났다고 해요. 그가 아내에게 띄운 편지에는 이런 구절이 있었어요.

"아침 5시 30분부터 저녁 6시까지 열대의 태양 아래, 또는 빗속에서 땅을 파야 했소. 밤이면 모기들한테 뜯겨 먹혔지."

공사는 악조건 속에서 더디게 진행되었고, 설상가상으로 황열[16]로 수많은 사람이 세상을 떠났습니다. 공사 도중 2만여 명이 목숨을 잃자 언론은 레셉스는 운하가 아니라 무덤을 파고 있다고 비난했어요. 공사가 늦어져 필요한 자금은 엄청나게 늘어났지만, 운하에 대한 회의적인 사회 분위기 때문에 자금을 끌어들이는 일도 여의치 않았죠. 결국 1889년 회사는 파산하고 말았습니다. 레셉스와 아들 샤를은 사기와 배임 혐의로 고소를 당했고요. 좌절한 레셉스는 세상을 떠났고, 샤를은 다른 나라로 피신했습니다. 그 뒤 운하 건설을 포기할 수 없었던 토목 기사 바리야는 새로운 파나마운하회사를 설립했습니다.

---

16 황열 아프리카 서부와 남아메리카에서 볼 수 있는 악성 전염병. 모기를 통해 전파된다. 황열 바이러스는 주로 간과 콩팥을 침범하는데, 고열이 나고 피가 섞인 검은색의 구토와 황달을 일으키며 사망률이 높다. 황달로 얼굴이 누렇게 변하면서 열이 나는 질병이라는 뜻에서 '황열(yellow fever)'이라고 부르게 되었다.

다시 파나마 운하 건설에 뛰어든 나라는 미국이었어요. 미국은 1898년 스페인과 전쟁이 벌어졌을 때[17] 태평양에 떠 있던 전함을 남아메리카 끝을 돌아서 68일 만에 쿠바 근처로 이동시켰습니다. 미국 입장에서는 이런 일을 되풀이하지 않으려면 운하가 필요했어요. 후보지로는 중앙아메리카 중앙부의 니카라과와 파나마가 거론되었지요. 이때 바리야는 파나마의 유리한 점과 니카라과의 불리한 점을 부각시키며 홍보전을 벌였습니다. 결국 미국은 운하 건설 지역을 파니마로 결정했고, 파나마운하회사가 가진 운하 굴착권과 설비 일체를 4000만 달러에 사들였어요.

그러나 당시 파나마 지역을 지배한 콜롬비아는 운하를 위한 땅을 할양해 달라는 미국의 제안을 보상금이 부족하다는 이유로 거절했습니다. 이에 미국은 콜롬비아와 협상하는 대신 파나마를 아예 독립시키기로 했어요. 바리야는 파나마의 저항 세력에게 미국의 자금과 군사 지원을 약속하고, 혁명이 성공하면 자신이 파나마 대표가 되어 미국과 파나마 운하의 건설 협상을 마무리하겠다고 제안했습니다. 그 후 1903년 파나마공화국이 독립하자마자 그는 파나마 대표 자격으로 미 국무장관 존 헤이와 '헤이-뷔노 바리야 조약'을 맺었어요. 이 조약으로 미국은 파나마 운하 지대[18]

---

17 미국-스페인 전쟁 쿠바의 독립 문제를 놓고 미국과 스페인이 쿠바와 필리핀에서 벌인 전쟁. 미국 정부는 쿠바 내 미국인을 보호한다는 이유로 1898년 1월 전함 메인(Maine)호를 아바나(Havana)에 파견했는데, 배는 폭발하고 미군 266명이 사망했다. 스페인이 배를 폭발시켰다는 소문이 돌자 미국이 스페인에 선전포고를 하면서 전쟁이 시작되었다. 아직 폭발 원인은 정확히 밝혀지지 않았지만, 스페인의 소행이 아니라는 의견이 지배적이다.

18 헤이-뷔노 바리야 조약에 의해 미국이 파나마 운하 통제권을 가졌던 곳은 운하 양쪽 각 8킬로미터의 지역이다.

에서의 특별 권한과 운하에 대한 영구 독점권을 보장받았습니다.

1904년 5월 드디어 공사 시작을 알리는 기공식이 열렸습니다. 온갖 난관을 헤치며 이루어진 공사가 진행되면서 카리브 해로 흘러드는 차그레스 강을 막아 세계 최대의 인공 호수인 가툰 호(湖)가 만들어졌고, 반대편 파나마 만(灣) 쪽에도 미라플로레스 호수가 생겼습니다. 그런 다음 수로를 뚫어 두 호수를 연결하는 방식으로 갑문식 운하를 건설했어요. 거대한 갑문을 만드는 데 사용된 콘크리트의 양은 그 당시 단일 공사로는 세계 최대였습니다.

1914년 8월 15일, 드디어 파나마 지협을 가로질러 태평양과 대서양을 연결하는 약 80킬로미터 길이의 운하가 개통되었어요. 3억 7500만 달러 2016년 현재 가치 약 90억 달러 의 공사비가 들어갔고, 5600여 명[19]이 희생된 10년이 넘는 기간에 걸친 대공사가 이루어 낸 결실이었습니다. 개통식이 열리기 며칠 전 레셉스의 아들 샤를과 바리야는 작업용 배의 갑판 위에서 운하의 물결을 바라보았습니다. 그들은 한 차례 실패했던 운하가 완성된 모습을 바라보며 무슨 생각을 했을까요?

세계 무역 증대에 일조한 파나마 운하

파나마 운하의 개통으로 군함이 태평양과 대서양을 자유롭게 이동할 수

---

19 프랑스가 시도했던 공사 가운데 사망자 2만 2000여 명은 제외된, 미국이 진행한 공사 중에 사망한 사람의 숫자다.

있게 되자 미국의 군사력은 더욱 강화되었습니다. 나아가 파나마 운하는 선박을 이용한 상품의 운송 시간과 비용을 절감시켜 세계 무역 활성화에 기여했어요. 뉴욕에서 남아메리카 남단의 마젤란 해협을 거쳐 샌프란시스코까지 배의 운항 거리는 2만 4100킬로미터지만, 파나마 운하 덕분에 이 거리는 9820킬로미터로 줄어들었습니다.

파나마 운하의 통과 여부는 선박을 분류하는 기준이 되기도 합니다. 파나마 운하는 100년 전에 만들어졌기 때문에, 최근에 등장한 초대형 선박은 통행하기가 어려워요. 길이 294미터, 폭 32미터, 수면에서 배 하단까지의 길이가 12미터 이내인 규모, 5000TEU Twenty Foot Equivalent Units 급[20]의 선박만 통행할 수 있죠. 파나마 운하를 통행할 수 있는 최대 크기의 선박을 '파나막스 Panamax 급'이라 부르고, 배의 폭이 더 넓어 통행이 어려운 선박은 '포스트 파나막스 Post-panamax 급'이라고 부릅니다. 이런 용어가 사용되는 것을 보면 파나마 운하가 운송에서 얼마나 큰 영향력을 발휘하는지 알 수 있지요.

파나마 운하가 개통되고 채 10년이 지나지 않았을 때부터 해마다 약 5000척의 배가 운하를 이용했고, 1970년 무렵부터는 통행 선박이 매년 약 1만 5000대로 증가했습니다. 2010년 9월에는 100만 번째 선박이 파나마 운하를 통과했어요. 그 영광의 주인공은 한국 기업인 STX팬오션지

---

20 TEU 20피트 컨테이너(길이 6096밀리미터, 폭 2438밀리미터, 높이 2591밀리미터, 총 무게 3만 480킬로그램 컨테이너)를 선박에 실을 수 있는 공간의 기준이다. 100TEU급 선박이라면 20피트 컨테이너를 100개 실을 수 있다는 뜻이다.

북아메리카와 동북아시아 구간 물류 운송의 38%

금의 팬오션의 벌크선 포장하지 않은 화물을 그대로 싣고 수송하는 배 '포춘 플럼Fortune Plum 호'였습니다. 대두와 수수 등 곡물을 싣고 9월 7일 미국 미시시피 강의 한 항구를 출발해 12일 파나마 운하로 들어온 포춘 플럼호는 이름이 행운을 가져다주었는지 파나마 운하 역사에 기록을 남기는 영광을 얻었답니다.

세계 교역량의 5퍼센트, 매년 약 3억 톤의 물자 교역이 파나마 운하를 거쳐서 이루어집니다. 파나마 운하는 미국, 중국, 일본, 칠레, 한국 순으로 많이 이용하며, 북아메리카와 동북아시아 구간 물류 운송의 38퍼센트가 이 운하를 경유하죠.

그러나 파나마공화국 사람들은 오랫동안 운하의 덕을 별로 보지 못했습니다. 운하의 수입 대부분이 파나마 운하 소유권을 가진 미국으로 돌아갔으니까요. 이에 파나마공화국은 미국에 지속적으로 저항했고, 1977년 운하 반환 조약을 맺기에 이르렀습니다. 마침내 2000년 1월 1일, 운하 소유권을 파나마공화국으로 되돌려 주었어요. 운하 소유권을 돌려받은 뒤 파나마운하관리청은 연간 25억 달러의 사용료 수입을 거두어들였는데, 이는 파나마공화국 GDP의 6퍼센트를 차지하는 수준입니다. 운하를 직접 운영하기 시작한 8년 동안 파나마운하관리청이 국고에 공헌한 금액은 총 20억 달러로, 미국이 85년 동안 파나마에 지불한 전체 금액과 맞먹는 액수예요.

파나마운하관리청은 변화된 해운 환경에 맞추어 통행할 수 있는 선박을 늘리기 위해 2007년 9월부터 2016년 6월까지 52억 5000달러의 비용을 들여 확장 공사를 진행했습니다. 그 결과 길이 366미터, 폭 49미터, 수면에서 배 하단까지의 길이가 15미터인 선박도 파나마 운하를 통과할 수 있게 되었어요. 이 같은 크기의 선박은 뉴 파나막스New Panamax 급[21]이라 부르죠. 확장 공사로 통행할 수 있는 선박의 수가 세 배가량 늘어나, 10년 안에 사용료 수입도 세 배로 늘어날 걸로 전망하고 있습니다.

나라마다 기술력이나 임금 수준이 다르기 때문에 경쟁력을 갖는 상품을 집중적으로 생산하는 국제 분업이 활발해지면 무역은 늘어납니다. 각국이 상대적인 경쟁력을 가진 상품 생산에 주력해서 서로 교환하면 더 큰이득을 얻을 수 있기 때문이지요. 또한 무역으로 생산량이 늘어나면 제품의 개당 생산 비용이 절감되어 상품 가격이 더욱 저렴해지고, 소비자들이 기호에 맞는 상품을 선택할 기회가 늘어나는 효과도 생겨요. 그런데 무역은 상품 가격뿐만 아니라 보관과 운송 비용까지 고려해서 이윤이 생겨야 이루어집니다. 파나마 운하로 인해 상품의 운송 시간과 비용이 줄어들었으니 당연히 무역을 증대시키는 데 긍정적인 영향을 주었죠.

파나마 운하의 확장 공사로 더 많은 선박이 통행할 수 있게 되었으니 우리에게 아메리카 대륙에서 생산된 상품들을 더욱 싼 가격에 살 수 있는 여건이 주어질까요?

---

21 뉴 파나막스급 선박은 1만 2000TEU급이나 실제로는 1만 3000TEU급 선박도 파나마 운하를 통과할 수 있다.

● 파나마 운하에 도전장을 내민 니카라과 운하

태평양과 대서양을 연결하는 운하의 독점 시대는 막을 내릴 수도 있다. 중국이 니카라과를 가로지르는 운하 건설을 추진하고 있기 때문이다. 2013년 니카라과 의회는 중국계 기업 홍콩니카라과운하개발(HKND) 회사의 운하 건설 계획을 승인했다. 50년 동안 니카라과 운하 지대를 할양받는 HKND은 2017년 운하 공사를 시작해 2022년까지 카리브 해 연안의 푼타 고르다에서 태평양 연안의 브리토까지 278킬로미터에 이르는 운하를 완공할 예정이다.

니카라과 운하가 완공되어 파나마 운하와 경쟁을 벌이면 아메리카 대륙에서 중국의 위상은 한 단계 높아질 것이다. 그리고 독점 체제가 무너지면 통행료 부담이 줄어들어 운하를 이용하는 선박들에는 오히려 이익일 수 있다. 과연 HKND은 파나마 운하보다 세 배 이상 길고 엄청난 공사비가 필요한 니카라과 운하 공사를 성공시킬 수 있을까?

14 — 대량 생산·대량 소비 시대를 연
포드 시스템

● 똑같은 모양을 찍어 내는 기계와 쉼 없이 돌아가는 컨베이어 벨트, 같은 행동을 기계적으로 반복하는 노동자들. 어디서나 흔히 볼 수 있는 공장 내부의 모습이지만, 공장이 처음부터 이런 모습이었던 것은 아니다. 이런 모습은 미국의 기업가 헨리 포드가 대중이 탈 수 있는 저렴한 자동차를 생산하기 위해 생산성을 최대한 끌어 올리려고 시도하는 과정에는 탄생했다. 이런 생산 방식의 변화를 일으킨 헨리 포드를 '현대를 발명한 사람'이라고 부르는 이유는 무엇일까?

포드, 자동차의 미래를 확신하다

1936년 2월 5일, 찰리 채플린이 주연과 감독을 맡은 영화 〈모던 타임스〉가 개봉되었습니다. 채플린의 마지막 무성 영화였던 〈모던 타임스〉는 컨베이어 벨트가 돌아가는 공장에서 기계적으로 일하는 노동자를 주인공으로 내세워, 기계화된 현대 문명과 소외당하는 인간의 모습을 날카롭게 그려 냈어요. 영화를 본 사람은 대부분 영화가 전하는 메시지에 공감하며 고개를 끄덕였습니다. 그러나 사람들의 반응과 달리 〈모던 타임스〉에 등장하는 모습의 공장은 점점 더 늘어만 갔어요. 대체 이유가 무엇일까요?

1차 세계대전 이후의 현대 사회를 대량 생산·소비 시대라고 합니다. 그리고 이런 시대의 문을 연 사람이 바로 '현대를 발명한 사람'이라고 불리는 미국의 공학기술자 헨리 포드Henry Ford(1863~1947)예요. 포드는 열두 살 때 석탄 에너지로 움직이는 증기기관을 본 뒤, 말이 없어도 스스로 달리는 운송 수단을 만들겠다고 다짐했습니다. 열일곱 살 때는 자동차 제작에 필요한 지식을 익히기 위해 학업을 그만두고 '웨스팅하우스'라는 증기기관 제작 회사에 취직했지요. 직장을 옮겨 세계적인 발명가 에디슨이 세운 회사에서 기술 책임자로 일하면서도 그는 자동차 발명에 대한 꿈을 접지 않았습니다. 일을 마치고 돌아온 뒤에는 낡은 창고를 개조한 연구실에서 밤을 새워 가며 자동차 연구에 몰두했어요.

1896년 초여름, 드디어 그가 만든 최초의 자동차 '포드 1호'가 완성되었습니다. 자전거 바퀴에 마차의 차대를 얹고, 직접 만든 2기통[22] 가솔린 엔진[23]을 장착한 어설픈 모습이었지요. 그래도 그는 기쁨에 겨워했고, 모두가 잠든 새벽에 시험 운전을 하면서 결심했어요.

"보통 사람도 자동차를 살 수 있는 세상을 만들겠다!"

3년 뒤 회사를 그만둔 포드는 '디트로이트 자동차 회사'를 설립하고 오로지 자동차 연구에만 몰두하기 시작했습니다. 하지만 제대로 된 자동차를

---

22 기통 자동차 엔진 내부가 몇 개의 실린더로 이루어져 있는지를 말하는 것으로 하나의 실린더는 피스톤 운동을 통해 공기를 빨아들여 압축해서 폭발한 후 내보내는데, 이를 몇 개의 실린더가 크랭크 축으로 연결되어 번갈아 가며 일을 한다. 국내 2000CC 차량은 대부분 1실린더당 500CC를 담당하며 4기통으로 이루어져 있는데, 기통이 많을수록 자동차의 힘이 세고 소음이 적다.

23 가솔린 엔진 휘발유를 넣는 자동차의 엔진을 뜻한다.

생산하지 못한 채 1년 6개월 만에 문을 닫고 말았어요. 그래도 그는 꿈을 포기하지 않았습니다. 연구에 연구를 거듭한 끝에 마침내 1901년 10월, 바퀴가 네 개 달린 자동차를 개발했어요. 1903년에는 동업자들과 함께 자본금 10만 달러를 모아 '포드 자동차 회사'를 다시 설립했습니다.

그 당시 디트로이트에는 이미 50개가 넘는 자동차 회사가 있었는데, 다른 자동차 회사 경영자들은 부자들만 자동차를 살 수 있다고 생각했어요. 하지만 포드는 자동차가 마차를 대신할 미래의 운송 수단이 될 거라고 믿었고, 실제로 그렇게 되도록 끊임없이 노력했습니다.

보통 사람들의 자동차가 된 모델 T

1900년대 초반 미국인의 연평균 소득은 600달러 정도였습니다. 그에 비해 자동차 한 대의 가격은 2000달러에 달했으니 보통 사람들에게 자동차는 그림의 떡이었어요. 포드는 보통 사람도 탈 수 있는 저렴하고 실용적인 차를 생산하겠다고 생각했습니다. 그 뒤 이러한 소망의 결실로 탄생한 자동차가 바로 '모델 T'입니다.

1908년 시장에 나온 모델 T는 직렬 4기통에 배기량[24] 2890cc의 가솔린 엔진을 얹고, 2단 기어를 이용해 최대 시속 68km/h로 달릴 수 있었어요. 소모품을 교환할 수 있도록 부품을 표준화한 최초의 조립식 자동차였

---

24 배기량 엔진, 펌프, 압축기 등에서 실린더 안의 피스톤이 한 번의 운동으로 밀어내는 기체의 부피. 단위는 Cubic Centimeter(세제곱센티미터)의 약자인 CC를 쓰며, 보통 숫자가 높을수록 더 많은 힘이 발생한다.

지요. 게다가 모델 T의 초기 판매 가격은 단돈 825달러[25]로 다른 회사의 자동차보다 절반 이상 저렴했습니다. 포드는 모델 T를 사람들에게 공개하며 이렇게 말했어요.

"앞으로도 현대 공학의 힘을 총동원해서 최고의 소재로 차를 만들겠습니다. 하지만 가격은 아주 저렴하게 책정해 괜찮은 보수를 받는 사람이면 누구나 살 수 있게 할 것입니다."

포드는 1927년까지 오로지 모델 T만 생산했습니다. 최저 비용으로 대량 생산을 할 수 있도록 제품을 구성하는 5000여 개의 부품과 생산 공정을 모두 표준화시켰어요. 초기의 모델 T는 모두 검은색이었는데, 이 또한 생산비 절감을 위한 선택이었습니다. 이렇게 생산 비용을 지속적으로 감소시키자 모델 T의 가격은 1916년에 360달러,[26] 1925년에는 250달러까지 떨어졌어요.

테일러 시스템을 발전시킨 포드 시스템

모델 T의 판매 가격을 획기적으로 내릴 수 있었던 데는 '포드 시스템'이라고 불리는 생산 관리 방식의 공이 컸습니다. 포드 시스템은 생산 방식을 표준화하고, 컨베이어 벨트를 이용한 이동 조립 방법을 적극 활용함으로써 생산 비용 절감과 대량 생산이라는 두 마리 토끼를 모두 잡을 수 있었어요. 이처럼 포드 시스템은 대량 생산을 할 수 있는 획기적인 계기가 되었다고 해서 '대량 생산 시스템'이라고 불리기도 합니다. 그런데 이 시스템은 20세기 초반에 소개되었던 '테일러 시스템'을 한 단계 발전시킨 방식이라고 해요.

1869년, 미국 동부와 서부를 잇는 철도가 완성되면서 미국의 제조업은 빠른 속도로 발전하기 시작했습니다. 제조업이 활발해지자 철광업과 해

---

25 2016년 현재 가치로 2만 2000달러 정도. 우리 돈으로는 약 2500만 원이다.
26 2016년 현재 가치로 8000달러 정도. 우리 돈으로 약 900만 원이다.

운업 등 다른 분야에서도 획기적인 발전이 뒤따랐고, 그 결과 19세기 후반 미국은 영국을 제치고 세계 제1의 공업국이 될 수 있었어요. 대규모 공장이 급격히 늘어나자 기업들의 경쟁 또한 치열해졌습니다. 이 과정에서 약한 기업이 강한 기업에 합병되는 경우가 많았는데, 살아남은 회사들은 그 독점적인 지위를 이용해 번창을 거듭했어요. 하지만 독점적인 지위를 가진 기업도 생존하기 위해선 반드시 풀어야 할 과제가 있었으니, 바로 '생산성 향상' 문제였습니다. 이에 따라 20세기에 들어서면서 작업량과 작업 동작, 작업 방법 등을 과학적으로 분석해 생산성을 향상시키려는 경제학자들의 연구가 활발히 이루어졌죠.

이 가운데 가장 인기를 끌었던 방식이 1911년에 발표된 프레더릭 테일러Frederick W. Taylor(1856~1915)의 테일러 시스템이에요. 테일러는 먼저 각각의 노동자가 작업에 들이는 시간을 연구한 뒤, 이를 바탕으로 노동자의 태만을 방지하기 위해 공정한 하루 작업 표준량, 즉 과업을 제시하고 작업 성과에 따라 차별 수당을 지급하면 최대의 능률을 발휘할 수 있다고 주장했습니다. 실제로 그의 이론은 노동자들을 통제해 노동 생산성을 향상시키는 데 효과가 있었어요. 하지만 인간의 감성을 무시하고 인간을 교체 가능한 하나의 기계 부품처럼 다루었다는 비판도 받았습니다. 영화 〈모던 타임스〉의 첫 장면에 등장하는 시계는 이처럼 시간을 화폐 가치로 환산하는 현상을 조롱하기 위한 표현이었지요.

테일러 시스템을 한 단계 더 발전시킨 포드 시스템은 '생산 방식 표준화'와 '이동식 조립 라인 도입'으로 설명할 수 있습니다. 생산 방식 표준화는 '부품과 작업의 표준화standardization', '제품과 작업의 단순화simplification',

'기계와 공구의 전문화specialization'로 나누어지는데, 오늘날 대량 생산의 일반 원칙으로 거론되는 '3S 원칙'이 여기서 탄생했어요.

이동식 조립 라인은 '1초 이상 걷지 않는다.'와 '결코 몸을 구부리지 않는다.'라는 원칙을 적용한 시스템입니다. 포드 시스템에서는 노동자들이 공구를 들고 작업대를 찾아가는 대신 컨베이어 벨트가 끊임없이 조립품을 실어 나르고, 노동자들은 제자리에서 주어진 작업 동작만을 반복합니다. 물론 컨베이어 벨트는 포드의 발명품이 아니었지만, 이를 공장 안으로 끌어들인 것은 그의 획기적인 발상이었어요. 포드 시스템은 작업 시간을 획기적으로 줄여 주었습니다. 1913년 4월 1일 포드 시스템으로 생산된 1호 자동차가 세상에 나왔는데, 자동차 한 대를 만드는 데 630분 걸리던 기존의 작업 시간이 93분으로 줄어 무려 9시간 정도 단축되었습니다.

대량 소비 시대의 원동력이 된 임금 인상

대량 생산으로 생산 비용을 낮춘 포드는 상식과 달리 노동자들의 임금을 오히려 높여 주었습니다. 1914년 1월 그는 노동자들의 이직률이 높아지자 노동 시간을 하루 9시간에서 8시간으로 줄이고, 최저 임금을 하루 5달러[27]까지 인상한다고 발표했어요. 그 당시 하루 최저 임금이 2.34달러였으니 파격적인 인상이 아닐 수 없었죠. 임금 인상을 발표한 날, 포드 공장의 문 앞에는 1만여 명의 노동자가 환호성을 지르며 몰려들었습니다. 반

---

27 2016년 현재 가치로 120달러 정도. 우리 돈으로 약 14만 원이다.

면에 다른 기업가들은 경악을 금치 못했어요. 경제지《월스트리트저널》이 포드의 임금 인상안을 '경제적 범죄'라고 비난할 정도로 보수주의자들의 저항이 심했습니다. 하지만 포드는 이에 아랑곳하지 않고 1919년에는 6달러, 1929년에는 9달러로 임금을 올려 주었어요. 포드 공장은 임금 수준뿐만 아니라 고용 방식도 파격적이었습니다. 1919년 포드 공장의 노동자 4만 5000여 명 가운데 20퍼센트 이상은 장애인이었고, 400명 이상이 전과자였습니다.

포드 공장의 임금 인상은 노동자를 생산뿐만 아니라 소비의 주체로 자리 잡게 만들었습니다. 3년 동안 월급을 모아도 사지 못했던 자동차를 단 4개월만 모으면 살 수 있게 되자 자동차는 날개 돋친 듯 팔렸어요. 임금 인상 덕분에 자동차 판매량이 늘어나자 그 영향으로 기업에서는 생산량을 늘릴 수 있었으니, 누이 좋고 매부 좋은 결과가 나타난 거죠. '모델 T'는 1927년 생산이 중단될 때까지 1500만 대라는 경이로운 판매 기록을 세웠는데, 이는 당시 미국의 마차 대수와 거의 맞먹는 숫자였습니다.

그 뒤 생산의 효율성을 극대화시키고 표준화된 제품을 대량 생산해서 비용을 낮추는 기업 정책이 다른 산업 분야로 퍼져 나갔습니다. 저렴한 가격으로 대량 소비를 유도하는 현상 또한 보편적인 판매 전략으로 자리 잡았지요. 〈모던 타임스〉가 개봉되었던 1936년은 이미 보통 사람들이 자동차와 라디오, 재봉틀, 전기 조명 기기 등을 사들이며 대량 생산과 대량 소비의 즐거움을 알게 되었던 시기입니다. 영화는 호평을 받았지만 문명의 흐름을 바꾸어 놓기에는 역부족이었던 거죠.

● 일상생활을 바꾼 19세기 후반의 발명품들

19세기 후반에는 일상생활을 바꾸게 만드는 기술의 발전이 줄지어 이루어졌다. 토머스 에디슨은 1877년에 소리를 녹음하는 축음기를 발명했고, 1879년에는 40시간 동안 빛을 내는 전구를 발명했다. 또한 1880년에는 런던과 뉴욕에 최초의 발전소를 세워 전기 조명의 시대를 열었다.

독일의 카를 벤츠는 1885년 가솔린 기관으로 움직이는 삼륜차를 발명한 뒤 1893년에 이를 개량해 네 번째 바퀴를 덧붙여서 자동차 시대의 막을 열었다.

미국의 오티스는 1854년 뉴욕 박람회장에서 엘리베이터를 안전하게 타고 내려오는 시범을 선보여 승객용 안전 엘리베이터 설치를 현실화했다. 또한 기계 장치 발명에도 관심이 많아 1857년에 증기 쟁기, 1858년에는 빵 굽는 오븐의 특허를 받기도 했다.

미국의 아이작 메릿 싱어는 1851년 발판을 밟아 작동시키는 가정용 재봉틀을 발명해 생산했으며, 숄스는 1868년에 그동안 발명되었던 타자기를 개량해 손으로 쓰는 것보다 훨씬 빠른 속도의 타자기를 발명했다. 이 타자기는 1874년 미국의 레밍턴사가 특허를 사들여 생산되기 시작했으며, 필기의 기계화가 이루어지자 많은 여성이 타이피스트나 비서로 일하게 되어 여성의 사회 진출이 늘어났다.

미국의 찰스 굿이어는 1839년에 어떤 온도에도 견딜 수 있는 새로운 고무를 탄생시켰고, 영국의 존 보이드 던롭은 이를 이용해 1888년에 최초의 자전거 고무바퀴를 만들었다. 1891년에는 프랑스의 앙드레와 에두아르 미슐랭 형제가 자동차용 고무바퀴인 타이어를 개발했다.

세계 경제,
불황과 호황을 **넘나들다**

19세기 후반의 기술 혁신은 사람들의 일상생활을 변화시켰고, 20세기 초반에 등장한 대량 생산 시스템은 대량 생산·소비 시대를 열었습니다. 생산을 위한 존재로만 여겼던 노동자들이 소비를 위해서도 중요하다는 인식이 생겨서 노동자들의 임금도 조금씩 올라 미래는 현재보다 나을 거라고 생각하는 사람이 많았지요. 그러나 세계 경제는 뜻밖의 암초를 만나 곤두박질쳤습니다.

1929년 미국의 주식시장이 폭락하는 일이 발생했고, 이는 곧바로 유럽으로 확산되어 역사상 최악의 세계 경제 공황으로 이어졌어요. 도대체 무엇이 잘못되었던 걸까요? 이를 탈출하는 과정에서는 어떤 변화가 나타났을까요?

경제 대공황이 몰고 온 불황 속에서 10년이나 시달렸던 세계는 2차 세계대전이라는 또 다른 비극을 겪어야 했습니다. 전쟁의 막바지에 세계 각국 대표자들은 세계 경제의 안정을 위해 모든 나라가 경제 정책을 수행함에 있어 협의가 필요하다는 데 의견을 모았지요. 그 뒤 브레턴우즈 협정에서 정한 새로운 경제 질서가 자리 잡았는데, 그 과정에서 미국 달러화는 파운드화를 제치고 새로운 기축통화가 되었어요. 두 통화의 위상은 왜 바뀌었을까요?

패전국 독일은 에르하르트의 지휘 아래 신속하게 경제를 부흥하는 데 성공했습니다. 다른 사람들은 이를 '라인 강의 기적'이라고 했지만, 에르하르트는 기적이 아닌 인간이 만든 작품이라고 말했어요. 독일의 경제 부흥은 사회적 시장경제 질서를 중시한 그의 경제 정책이 성공한 결과라는 자부심의 표현이었죠. 이렇게 대단한 위력을 발휘했던 '사회적 시장경제'에 대해 살펴보기로 합시다.

브레턴우즈에서 약속한 대로 각국이 협력을 강화하면서 세계 경제는 안정을 찾고, 호황을 즐겼습니다. 그러나 1970년대 두 차례의 석유 파동으로 많은 사람이 경기 침체와 물가 상승이라는 이중고를 겪어야 했어요. 이를 극복하는 과정에서 레이거노믹스와 대처리즘 등 시장경제를 중요시하는 신자유주의 경제 정책이 힘을 얻었지요.

2차 세계대전 이후 세계는 미국 중심의 자본주의 국가와 소련 중심의 공산주의 국가로 나뉘었습니다. 1970년대는 불황기였음에도 자본주의 국가들의 경제 수준은 공산주의 국가들과는 비교가 안 될 정도로 앞서 있었지요. 1978년 중국의 최고 지도자 자리에 오른 덩샤오핑은 경제 체제가 무엇이든 중국 인민을 잘살게 만드는 정책이 최고라고 판단하고 정치와 경제를 분리하는 정책을 택함으로써 중국식 사회주의가 탄생했습니다. 그 내용은 무엇이며, 결과는 어땠을까요?

경기는 일정한 주기를 가지고 호황과 불황을 반복하는 경기 순환을 합니다. 그런데 일본은 1985년 G5가 합의한 엔화 가치 상승이 원인이 되어 20년이 넘는 긴 세월 동안 불황을 탈출하지 못했어요. 왜 이런 일이 벌어진 걸까요?

4장에서는 역사상 최악의 대공황이 일어났던 1929년부터 불황을 딛고 자본주의의 황금기를 맞이했다가 다시 불황을 겪고 이를 극복한 1980년대까지의 변화무쌍했던 시절로 여행을 떠나 봅시다.

● 19세기 후반부터 무서운 기세로 성장했던 미국 경제는 1929년 주가 폭락이라는
예상치 못한 암초를 만났고, 이는 세계 경제 대공황으로 이어졌다. 심각한 불황은
전 세계를 공포에 떨게 만들었으며, '보이지 않는 손'이 시장의 조화로운 흐름을
이끌어 낸다는 자유주의 경제 이론으로는 도저히 돌파구를 찾을 수 없었다. 그렇
다면 불황을 극복하기 위해 취한 조치는 무엇이었을까?

대공황의 시작, 검은 목요일

1929년 1월 1일 자 《뉴욕 타임스》에는 "미국은 지난 12개월 동안 유사
이래 최고의 번영을 구가했다. 과거에 근거해 미래를 예측한다면 새해는
축복과 희망의 해가 될 것"이라는 내용의 사설이 실렸습니다. 미국의 주
식 투자가들에게 그해 봄과 여름은 정말 축복과 희망의 시간이었어요.
1929년 9월 3일 다우 지수[1]는 381.17로 역사상 최고의 기록을 세웠습니
다. 지난 5년 동안 무려 다섯 배나 오른 다우 지수로 주머니가 두둑해진
주식 투자가들은 또다시 최고 지수가 갱신될 것을 기대하며 아침마다 뉴

욕 증권거래소에 모여들었어요.

그런데 10월 24일 주식시장이 열린 뒤 얼마 지나지 않아 갑자기 주식을 판다는 매도 주문이 늘어났습니다. 가격이 떨어지기 시작하자 사람들은 당황해서 덩달아 매도 주문을 냈어요. 이날 하루 동안 이전 최고 거래량이었던 400만 주의 무려 세 배가 넘는 1290만 주의 거래가 이루어지며 다우 지수는 299.47로 주저앉았지요. 사람들은 이날을 '검은 목요일'이라고 합니다. 하지만 이는 폭락의 시작이었습니다. 며칠 뒤인 10월 29일에는 1640만 주가 거래되며 다우 지수는 230.07을 기록하고 말았어요.

순식간에 자산의 40퍼센트를 날린 사람들은 공포에 질려 지갑을 닫아 버렸습니다. 그러자 물건이 팔리지 않아 경영이 힘들어진 기업들이 문을 닫기 시작했어요. 일자리를 잃어 소득이 끊긴 사람들은 더욱 소비를 줄였지요. 악순환이 이어지면서 1930년에 400만 명이었던 실업자 수가 2년 뒤에는 1300만 명으로 늘어났습니다. 거리는 일자리를 잃고 헤매는 사람들로 넘쳐 났고, 실업자와 가난한 사람들이 식료품 무료 배급소 앞에 줄지어 선 모습을 어느 도시에서나 흔히 볼 수 있었어요. 1932년 미국의 산업 생산은 1929년의 56퍼센트 수준까지 떨어졌고, 1932년 7월 8일의 다우 지수는 1896년 신문을 통해 발표되기 시작한 지수 이래 가장 낮은 41.22를 기록했습니다.

한편 미국의 경제 혼란은 곧 유럽 경제에도 영향을 미쳐, 독일과 영국을

---

1 다우 지수 1884년 미국 《월스트리트저널》의 편집장이었던 찰스 다우(Charles H. Dow)가 처음 발표한 주가 지수. 미국의 다우존스사가 뉴욕 증권시장에 상장되어 있는 주식 가운데 가장 신용 있고 안정된 30개 종목을 표본으로 시장 가격을 평균해서 산출한다.

비롯한 여러 나라에서 수백만 명이 일자리를 잃었습니다. 실업이 늘고 소비가 줄면서 경제가 불안정해지자 사람들은 금융 기관도 안전하지 못하다고 느끼기 시작했어요. 사람들이 금융 기관을 믿지 못하면 화폐를 보유하려는 경향이 강해집니다. 이로 인해 예금 인출이 급격히 늘어나면 이에 대비해 마련된 지급 준비금이 부족해서 은행이 예금 지불 정지를 선언하는 상황이 발생하지요. 심한 경우 금융 기관이 파산하기도 합니다. 이런 사태가 한 금융 기관이 아닌 금융시장 전체로 번지면, 심각한 지불 불능 사태가 연쇄적으로 일어나 금융시장이 마비되는 '금융 공황' 상태에 이릅니다.

그런데 유럽에서 금융 공황이 현실로 나타났습니다. 예금한 돈을 찾으려는 사람들이 한꺼번에 몰리면서 1931년 5월 오스트리아 최대 은행인 크레디트안슈탈트Creditanstalt 가 파산했어요. 그러자 헝가리, 체코슬로바키아, 루마니아, 폴란드에서도 사람들이 앞다투어 예금한 돈을 찾았지요. 그 여파는 독일, 영국 등 다른 나라로도 퍼져 나가 세계의 신용 제도 전체에 일대 혼란이 일어나면서 금융시장이 마비되었습니다. 금융시장이 마비되자 금을 가장 안전하다고 여겨 금 태환에 대한 요구가 빗발쳤어요. 이에 따라 엄청난 금 유출을 견디지 못한 영국은 금본위제도를 포기했습니다.

또한 나라마다 외국 상품의 수입을 억제하는 정책을 세워, 1932년의 세계 무역량은 공황이 일어나기 전보다 반 넘게 줄어들었어요. 대공황으로 인한 세계의 경제 불황은 1939년 2차 세계대전이 일어나기 전까지 지속되었습니다.

자유주의 경제 이론으로는 찾을 수 없었던 불황 해결책

10년 동안 세계를 공포에 떨게 만들며 대공황의 시발점이 되었던 검은 목요일의 주식 대폭락은 왜 일어났을까요? 1914년부터 4년 동안 계속되었던 1차 세계대전은 세계 경제의 주도권이 유럽에서 미국으로 넘어가는 계기가 되었어요. 전쟁으로 유럽은 잿더미가 되었는데 미국은 전쟁 물자를 팔아 큰돈을 벌었죠. 미국은 세계의 은행이 되었고, 미국 사람들은 새 기술로 만든 각종 생활용품과 라디오, 자동차를 사들이며 부자가 된 기쁨을 누렸습니다. 기업은 소비가 계속 늘어날 것으로 보고 생산량을 늘렸어요.

지금도 그렇지만, 경기가 호황이면 주식시장은 장밋빛 전망만 쏟아 냅니다. 게다가 자고 나면 주가가 오르니, 돈을 벌고 싶은 사람들은 주식 투자에 열을 올릴 수밖에 없었어요. 대공황 당시의 상황도 다르지 않았습니다. 가격이 계속 오르면서 주식시장의 거품은 점점 커졌지만 사람들은 이를 대수롭지 않게 여겼어요. 검은 목요일의 주식 대폭락은 이처럼 주식시장에 생긴 거품이 갑자기 터져 버린 것을 의미합니다.

대공황이 일어나기 전까지는 대부분의 사람이 애덤 스미스의 자유주의 경제 이론이 옳다고 믿었습니다. 경제는 '보이지 않는 손'이 조화를 이끌어 내는 시장의 흐름에 맡겨 두어야 한다고 여겼지요. 한편 19세기 초반 프랑스의 경제학자인 장 바티스트 세Jean Baptiste Say(1767~1832)는 '공급이 수요를 창출한다.'는 '세의 법칙'을 발표했습니다. 그는 수요와 공급이 일치하지 않은 불균형 상태는 일시적인 현상에 불과하며, 장기적으로는 수요가 공급 수준에 맞추어 자율적으로 조정되므로 경제는 항시 균형을 유지한다고 이야기했어요. 그래서 사람들은 공장에서 물건을 많이 만들어 공급을 늘리면 자연스럽게 수요가 생겨 경제가 잘 돌아갈 거라고 생각했죠. 하지만 검은 목요일 이후에 발생했던 경제 불황과 이로 인해 미국과 유럽에서 나타난 심각한 실업 문제는 이런 이론들로는 도저히 해결책을 찾을 수 없었습니다.

뉴딜 정책의 이론적 바탕이 된 케인스 이론

대공황으로 미국이 역사상 최악의 불황을 겪고 있던 1933년 3월 4일, 프랭클린 루스벨트가 대통령으로 취임했습니다. 그에게 주어진 과제는 미국 경제를 다시 살려 놓는 일이었어요. 루스벨트 대통령은 1300만 명이나 되는 실업자를 구제하고, 경제가 제대로 작동하도록 경기를 부양하며, 자유로운 경제 활동을 보장하는 대신 정부가 경제에 적극적으로 개입하는 정책을 실시할 예정이었습니다. 하지만 그가 구상하는 경제 정책은 일정 부분 사회주의적인 성격을 띠고 있어서 자유주의 경제 체제에 물들어 있던 미국 사람들이 납득하지 못하면 국론국민의 공통된 의견 분열로 정치적 혼란까지 몰고 올 가능성이 있었습니다.

대통령의 측근들이 미국 경제를 살릴 정책을 구상할 때 가장 염두에 둔 것은 영국의 경제학자 존 메이너드 케인스John Maynard Keynes(1883~1946)의 경제 이론이었습니다. 케인스는 저축이 항상 투자로 이어지는 것은 아니며, 임금과 물가도 언제나 유연하게 움직이는 것은 아니므로 자유주의 경제 이론은 문제가 있다고 지적했어요. 그에 따르면 생산을 위한 고용은 구매력에 관계없이 물건을 사고자 하는 절대적 수요가 아니라, 실제로 돈을 갖고 물건을 사려는 '유효 수요'에 의해 결정됩니다. 따라서 대공황 이후의 실업은 유효 수요의 부족으로 소비가 이루어지지 않아서 발생했다고 분석했어요. 예를 들어 새로이 출시된 모델의 핸드폰을 사고 싶은 사람이 많다면 이에 대한 절대적 수요는 큽니다. 그러나 가격이 엄청나게 비싸 실제로 사는 사람이 많지 않다면 유효 수요는 적은 거죠.

상품은 절대적 수요가 아닌 유효 수요에 의해 팔리므로 생산 활동이 활발해지고 일자리가 늘어나려면 유효 수요가 늘어나야 합니다. 그러니까 대공황 이후 공장들이 생산을 줄이거나 문을 닫아서 실업자가 엄청나게 늘어난 원인은 유효 수요가 줄었기 때문이라는 거죠. 사람들은 쓸 돈이 없어서 소비를 줄였고, 기업은 물건이 팔리지 않으니까 생산을 줄였습니다. 이로 인해 일자리마저 줄어들었다는 거예요.

케인스는 이런 악순환에서 벗어나려면 먼저 소비를 살려야 한다고 주장했습니다. 소비가 살아나려면 가계 소득이 늘어나야 하므로, 정부가 먼저 돈을 쓰거나 세금을 줄여서 소비를 위한 돈이 늘어나도록 해야 한다고 했어요. 그는 정부가 돈 항아리를 땅속에 묻은 뒤 소문을 내어 기업들이 그 돈을 마음대로 찾아가도록 하는 것만으로도, 굴착 장비의 생산과 소비를 발생시켜 실업 문제를 해결하는 데 도움이 될 거라는 농담을 할 정도로 정부의 지출을 강조했어요. 케인스는 자신의 이론을 정리해서 1936년에 《고용, 이자 및 화폐의 일반이론The General Theory of Employment, Interest and Money》이라는 책을 펴냈습니다.

루스벨트 대통령은 국민에게 정책을 이해시키고 호응을 얻어 내기 위해 취임 8일째 되는 날 라디오 연설을 했습니다. "Good evening,

"정부는 돈의 양을 늘려서
'유효 수요'를 창출해야 합니다."

존 메이너드 케인스
1883~1946

friends."라는 인사로 연설을 시작한 그는 마주 앉은 친구와 이야기하듯 친근한 어조로 그가 실시할 예정이었던 뉴딜New Deal 정책을 설명한 뒤, 믿음과 용기를 가지고 이를 실행하면 경제 시스템을 회복할 수 있다고 호소했어요. 라디오 연설을 통해 전해진 대통령의 진심은 국민의 호응을 끌어냈고, 다음과 같은 내용의 뉴딜 정책이 실시되었습니다.

첫째, 긴급은행법을 만들어 소생 가능한 은행에는 국가가 대폭적으로 돈을 빌려 줌으로써 은행 업무의 정상화를 꾀한다.

둘째, 금본위제를 중지하고 정부는 더 이상 달러를 금으로 바꾸어 주지 않는다. 재무성 허가 없이 금을 해외로 유출할 수 없고, 금화는 달러화로 교환하도록 요구하는 등 통화에 대한 정부의 규제력을 강화한다.

셋째, 농업조정법을 만들어 과잉 생산으로 농산물 가격이 하락하는 것을 방지하고, 가격 수준을 회복하기 위해 주요 농산물의 생산을 제한한다.

넷째, 전국산업부흥법을 만들어 산업 부문의 지나친 경쟁을 억제하고 생산 제한과 가격 협정을 인정해 적정한 이윤을 확보할 수 있게 한다. 전국노동관계법와그너법과 공정노동기준법을 만들어 노동자의 단결권, 단체 교섭권을 인정하고 최저 임금과 최고 노동 시간을 정해서 고용 안정과 임금 확보도 보장한다.

다섯째, 테네시 강 유역 개발 공사TVA를 설립해 다목적 댐을 건설함으로써 종합적인 지역 개발과 일자리를 늘리는 정책을 시행한다.

여섯째, 자원보존봉사단과 연방임시구제국을 설립해 연방 정부가 지방 자치 단체의 실업자 구제 활동을 국가 차원에서 지원한다.

시간이 흐르면서 미국 경제는 회복되기 시작했고, 사람들은 이를 뉴딜 정책 덕분이라고 생각했어요. 따라서 정책을 만드는 데 바탕이 되는 이론을 제공했던 케인스는 20세기의 가장 위대한 경제학자로 존경을 받았습니다.

그런데 세월이 지나면서 케인스 이론도 도전을 받았어요. 케인스 이론대로라면 경기가 호황일 때는 물가가 오르지만 불황일 때는 물가가 하락해야 합니다. 하지만 1970년대 석유 파동으로 인한 경제 불황기에는 물가가 오르는 스태그플레이션stagflation이 발생했어요. 케인스 이론으로는 설명할 수 없는 현상이 나타나자 학자들은 그의 이론에 반론을 제기하기 시작했습니다. 대공황 이후에 경제가 회복된 것도 뉴딜 정책의 효과가 아니라 2차 세계대전으로 전쟁 물자의 수요가 증가했기 때문이라는 분석도 나왔어요.

시시각각 변하는 경제 상황을 분석하고 이에 대한 이론을 정립하는 경제학은 '1+1'의 답이 '2'밖에 없는 수학처럼 단 하나의 진리만 있는 게 아니에요. 예상치 못했던 작은 요인 탓에 전혀 다른 결과가 나올 수도 있지요. 그래서 경제학자들은 정책에 대한 조언을 할 때면 언제나 "한편으론 이런 효과가 있지만, 다른 한편on the other hand으론 이런 효과가 있다."라고 말합니다. 사실 아무리 뛰어난 경제학자라도 경제 문제에 정확한 해법을 내놓을 수는 없습니다. 당연한 경제 문제를 해결하는 데 보통 사람들보다 합당한 방법을 제시할 가능성이 높다는 정도지요.

● 경기 순환

경기는 '경제의 활동 기운'을 줄인 말로 생산, 소비, 투자와 같은 전체적인 경제 활동 상태를 나타내는 말이다. 경기가 좋으면 일자리가 많아지고 사람들의 소득도 늘어나서 생활이 윤택해진다. 그러나 이런

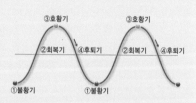

상태가 항상 계속될 수는 없다. 경기가 좋으면 소비가 늘어나서 물가가 오르고 일할 사람을 찾는 기업이 늘어나면서 인건비도 올라간다. 물가가 올라가는 인플레이션 현상이 지속되면 결국 사람들은 소비를 줄이고, 소비가 줄면 생산이 줄고 실업자가 늘어난다. 실업이 늘면 사람들의 소득이 줄어들어 소비는 더욱 줄어들며 경기는 나빠진다.

경기는 일정한 주기를 가지고 호황과 불황을 반복하는 경기 순환을 한다. 즉 투자와 생산, 그리고 고용 등이 활발해지다가 최고점을 지나면서 투자와 생산, 고용이 위축되어 모든 경제 활동이 침체된다. 그리고 다시 서서히 활기를 되찾는 상태를 되풀이한다.

경제 순환을 이야기할 때 경착륙이나 연착륙 같은 비행기 착륙과 관련된 말을 사용하는 경우가 있다. 연착륙(soft landing)은 비행기에 무리가 가지 않도록 활주로를 따라 부드럽고 안전하게 내려앉는 것으로, 경제에서도 높은 성장 후 급격한 경기 침체나 실업이 일어나지 않고 서서히 안정기에 접어드는 현상을 일컫는다.

⑯ ── 파운드화의 추락과 달러화의 비상

● 산업혁명으로 세계 경제의 선두에 섰던 영국의 경제력은 19세기 후반부터 무서운 속도로 발전한 미국의 경제력에 뒤처져 20세기는 미국의 시대가 되었다. 국제 무역 거래나 금융 거래에서 결제의 중심이 되는 기축 통화는 화폐 발행국의 경제적 위상에 따라 바뀔 수 있다. 1944년 미국이 달러화에 대한 금 태환을 보장하자 달러화를 기준으로 한 국제 거래가 늘어나 달러화가 파운드화를 제치고 새로운 기축통화로 등장했다. 기축통화를 중심으로 한 20세기 금융시장의 주도권 변화가 어떻게 진행되었는지 살펴보기로 하자.

기축 통화를 꿈꾸는 위안화

중국은 지속적으로 무역 및 투자 결제를 할 때 위안화를 사용해 국제 금융시장에서 위안화의 비중을 늘리며 위안화가 국제통화기금IMF에서 발행한 특별인출권SDR[2] 통화바스켓[3]에 포함되기를 추진했습니다.

이런 노력이 결실을 맺어 2015년 11월 30일 IMF는 2016년 10월 1일부터 기존 SDR 통화바스켓에 들어 있는 달러화, 유로화, 파운드화, 엔화에 이어 위안화를 SDR 통화바스켓에 포함시킨다는 결정을 내렸어요. 위안화의 위상을 공식적으로 인정받은 SDR 통화바스켓 편입을 계기로 국제 거래에서 위안화가 사용되는 일은 더욱 늘어날 전망이에요.

위안화의 SDR 통화바스켓 편입 비율은 10.92퍼센트로 달러화41.73퍼센트, 유로화30.93퍼센트에 이어 세 번째로 높고, 엔화8.33퍼센트와 파운드화8.09퍼센트의 비율은 위안화보다 낮아졌습니다. 이로써 위안화는 세계 3대 통화로 급부상하면서 전 세계 중앙은행들이 관리하는 기축통화로 도약할 발판을 마련한 셈이지요.

기축통화가 되려면 안정된 통화 가치로 국제적인 신뢰를 얻어야 하며, 전 세계에서 자유롭게 교환할 수 있어야 합니다. 또한 국내 금융시장, 특히 외환 시장의 발달과 개방이 이루어져야 하며, 국제 외환 시장에서 수요와 공급이 충분해야 하지요.

국제 거래는 엔화와 달러화 거래, 원화와 위안화 거래 등 한 건의 거래에 두 종류의 통화가 관련되므로 거래 비중의 합계는 200퍼센트입니다. 국제결제은행 BIS[4]에서 3년마다 발표하는 자료에 따르면, 2016년 거래 비

---

2 **특별인출권(Special Drawing Rights)** 국제통화기금(IMF) 가맹국이 국제수지가 악화되었을 때 담보 없이 필요한 만큼의 외화를 인출할 수 있는 권리 또는 통화를 말한다. 실제로는 통용되지 않는 가상 통화다. 기축 통화인 달러를 국제 사회에 충분히 공급하려면 미국이 경상수지 적자를 감수해야 하고, 만일 달러 공급을 중단하면 세계 경제가 위축될 수밖에 없는 모순을 해결하기 위해 만든 것이다.

3 **통화바스켓** 환율 등을 정할 때 몇 개의 통화를 선정해 꾸러미를 만들고, 꾸러미에 포함된 통화의 가중치를 정한 뒤 이를 이용해서 계산에 사용할 새로운 기준 단위를 만드는 방식이다. 통화 선정은 국제 거래에서 많이 사용되는 통화인데, 선정된 통화 가운데 어느 한 나라의 통화 가치가 낮아지더라도 다른 통화의 상대적 가치가 높아지므로 그 영향이 줄어들어 환율을 안정적으로 유지할 수 있는 장점이 있다.

4 **국제결제은행** 국제 금융을 안정시킬 목적으로 주요국이 공동으로 자본을 투자해 1930년에 설립한 국제 은행. 스위스의 바젤에 있다. 설립 초기에는 1차 세계대전 후 독일에 대한 배상금 처리 문제를 주로 담당했으나 지금은 국제 금융 및 결제에 중요한 역할을 한다. 각 나라 중앙은행들 사이의 문제를 조정하는 역할을 담당해 '중앙은행들의 중앙은행'이라고 불리기도 한다.

중은 달러화 87.6퍼센트, 유로화 31.3퍼센트, 엔화 21.6퍼센트, 파운드화 12.8퍼센트였어요. 이에 비해 위안화는 거래 비중이 4퍼센트, 거래 순위는 8위로 아직 초라한 위치입니다. 하지만 2004년 거래 비중이 0.1퍼센트, 거래 순위가 29위였던 것과 비교하면 그 위상이 점점 높아짐을 알 수 있어요.

　무역수지 적자와 재정수지 적자라는 '쌍둥이 적자'를 안고 있는 미국 경제의 문제점을 심각하게 보는 사람들은 세계 경제 규모 1위를 눈앞에 둔 중국의 위안화가 달러화를 대신하는 기축통화가 될 수도 있다는 말을 조심스럽게 꺼내고 있어요. 정말 그런 날이 올까요?

브레턴우즈 협정으로 최강의 기축통화가 된 달러화

1944년 7월, 미국 뉴햄프셔 주州 브레턴우즈에 위치한 마운트 워싱턴 호텔에서는 44개 국가에서 온 730명의 경제 전문가가 모여 무려 22일 동안 회의를 했습니다. 영국 대표는 당시 최고의 경제학자였던 존 메이너드 케인스였고, 미국 대표는 재무부 차관보 해리 덱스터 화이트Harry Dexter White (1892~1948)였어요. 회의의 목적은 전쟁이 끝난 뒤 세계 경제를 회복하기 위한 새로운 경제 질서를 구축하는 것이었지요.

　브레턴우즈에 모인 각국 대표들은 1929년에 불어닥친 경제 대공황으로 인한 경기 침체와 뒤이어 발생한 2차 세계대전의 원인 가운데 하나를 '보호무역주의'라고 보았고, 이를 바로잡기 위해 자유무역을 장려하자는 데 의견을 모았습니다. 또한 각국이 수출을 늘리기 위해 경쟁적으로 자기 나라의 통화 가치를 낮추어 버린 것도 경제 질서를 파괴한 원인 가운데 하나라고 여겼어요. 그래서 국제 통화와 금융의 안정성을 확보할 수 있는 효율적인 국제 통화 시스템을 마련하기로 했습니다.

세계중앙은행이 관리하는 보편적인 세계 통화 체제를 원했던 케인스는 '방코르bancor'라는 공통의 국제 통화 단위를 만들자고 제안했어요. 금을 기준으로 방코르를 일정한 가치에 고정하고, 각국이 자기 나라 통화 가치를 방코르로 표시하자는 것이었지요. 또한 세계중앙은행을 만들어, 이곳에 개설된 각국의 방코르 계정을 통해 국제 결제가 이루어지도록 해야 한다고 말했습니다. 그러나 해리 덱스터 화이트는 금본위제를 부활해 화폐 가치가 금에 의해 결정되거나, 또는 화폐 가치가 금에 의해 결정되는 외국 통화와 교환할 수 있는 화폐를 사용하는 체제로 하자고 제의했습니다. 그는 다음과 같이 이야기했어요.

"화폐 가치의 기준을 금의 가치에 고정된 통화로 합시다. 미국은 달러화에 대한 금 태환을 보장합니다. 그러니까 화폐의 가치 기준을 달러화로 정하면, 가치의 기준이 금이나 마찬가지인 셈이죠."

그 당시 미국은 국내 총생산이 세계 국내 총생산의 50퍼센트에 달했고, 전 세계 금의 70퍼센트를 보유할 정도로 경제력이 막강했어요. 다른 나라의 대표들은 영국보다 미국의 제안이 현실적이라고 판단했습니다. 그래서 '브레턴우즈 체제'라고 부르는 다음과 같은 국제 통화 제도에 대한 합의가 이루어졌어요.

첫째, 금본위제를 부활시키고, 미국 달러화를 기축통화로 한다. 금 1온스를 35달러로 고정하고, 다른 나라의 화폐 가치는 달러화를 기준으로 정한다.

둘째, 조정할 수 있는 고정환율제도를 실시한다. 원칙적으로는 상하 1퍼센트 범위 안에서 조정할 수 있으며, 국제수지의 근본적인 불균형이 있는 경우에만 예외로 그 이상의 변동을 허용한다.

셋째, 특별인출권SDR을 창출한다.

넷째, 1930년대 이래 계속된 각국 화폐 가치의 불안정, 외환 관리, 평가 절하 경쟁, 무역 거래 제한 등을 시정해서 국제 무역의 확대, 고용 및 실질 소득 증대, 외환 안정과 자유화, 국제수지 균형 등을 달성하기 위해 협정을 맺는다.

다섯째, 각국에 필요한 외화를 공급하는 국제통화기금IMF과 전후 경제를 부흥하고 후진국을 개발하기 위해 국제부흥개발은행IBRD을 창설한다.[5]

이로써 화폐와 금을 직접 거래하는 불편을 덜기 위해 언제라도 금 태환이 가능한 달러화를 기준으로 한 국제 거래가 늘어났고, 달러화는 어느 통화도 넘볼 수 없는 기축통화가 되었어요. 브레턴우즈 체제는 2차 세계대전 이후 세계 경제의 기본 질서로 자리 잡으면서 국가 간의 평화롭고 안정적인 국제 거래에 크게 이바지했습니다. 그러나 베트남 전쟁으로 달러 가치가 하락하자 1971년 미국의 닉슨 대통령이 금 태환 정지를 선언하면서 금본위제는 막을 내렸어요. 다행히 국제 금융 질서가 파국으로 치

---

5 국제통화기금은 협정에 따라 가맹국의 출자로 공동의 기금을 만들어 각국이 이용하도록 함으로써 외화 자금 조달을 원활히 하고, 국제부흥개발은행은 2차 세계대전 후에 경제를 부흥하고 개발도상국을 지원하기 위해 설립한 국제 은행이다. 국제통화기금은 환(換)과 단기 금융을 주로 취급하고, 국제부흥개발은행은 장기 자금을 제공한다.

닫지는 않았으나 달러화의 위상은 과거에 비해 낮아졌지요. 하지만 아직도 달러화는 기축통화의 지위를 유지하고 있습니다.

트리핀의 딜레마

1930년대에 파운드화를 제치고 달러화가 기축통화의 자리를 차지했듯이, 화폐 발행국의 경제적 위상이 달라지면 기축통화는 언제든 바뀔 수 있어요. 미국의 '쌍둥이 적자'로 1980년대부터 달러화의 가치는 하락했고, 21세기 초부터 미국 경제에 대한 불안감은 세계 금융시장의 걱정거리였습니다. 투자의 달인이라고 불리는 버크셔해서웨이 최고영영자CEO 워런 버핏Warren Buffett(1930~)은 "달러 가치는 계속 하락할 것이므로 달러로 수익을 내는 기업에 대한 투자는 줄인다."라는 투자 원칙을 밝히기도 했지요. 세계 최고의 모델료 소득을 자랑하던 브라질 출신의 톱모델 지젤 번천도 2007년 광고 계약을 맺을 때 달러화 가치가 하락하는 것에 대해 우려를 드러내며 모델료를 유로화로 지급해 달라고 요구해서 화제가 된 적이 있어요.

이런 와중에 2008년 9월, 투자 은행인 리먼 브라더스 사의 파산으로 세계적인 금융 위기가 닥치자 위기를 탈출하기 위해 더 많은 달러화가 필요하다고 판단한 미국은 달러화 발행을 늘렸습니다. 그러자 달러화의 가치는 떨어지고 신뢰도는 추락해, 금값이 사상 최고가로 치솟았어요. 달러화가 기축통화의 자리를 내놓아야 할지도 모른다는 말들이 나오면서 갑자기 금본위제에 대한 관심이 고조되었습니다.

그런데 지금처럼 하나의 기축통화에 대한 의존도가 높으면 이런 일이 일어날 수밖에 없다고 이미 예견한 경제학자가 있었으니, 바로 '기축통화'라는 말을 처음 사용한 로베르 트리핀 교수입니다.

1950년대에 미국에서 수년간 경상수지 적자가 이어지자 적자 상태가 얼마나 지속될지, 또 미국이 경상수지를 흑자로 돌리기 위해 달러화 발행을 줄이면 누가 국제 유동성을 공급할지에 대한 문제가 제기되었어요. 트리핀 교수는 미 의회 연설에서 국제 유동성을 유지하려면 미국은 달러화의 공급을 늘려야 하며, 이로 인해 경상수지 적자가 지속되면 달러화의 신뢰도는 내려간다고 했어요. 또한 신뢰도를 유지하기 위해 긴축 정책을 펴면 국제 유동성이 줄어들어 세계 경제가 침체되므로 역시 달러화에 대한 신뢰도가 떨어질 수밖에 없다고 했습니다. 한마디로 이럴 수도 저럴 수도 없는 상황이 된다는 거죠. 이를 '트리핀의 딜레마'라고 합니다. 그가 내놓은 대안은 달러가 아닌 별도의 국제 공용 기축통화를 만드는 것이었는데, 이는 케인스가 브레턴우즈 회의에서 주장했지만 미국의 거부로 실현되지 못했던 방안과 같습니다.

그 당시 미국 정부는 트리핀의 경고를 대수롭지 않게 여겼지만, 1971년 미국이 금 태환을 정지하면서 그의 이야기가 주목을 받았어요. 벨기에 출신이었던 트리핀 교수는 금 태환 정지에 항의하며 1977년 미국 시민권을 버리고 모국으로 돌아갔습니다. 그리고 1993년 세상을 떠날 때까지 유럽 단일 통화를 창설하는 데 매진했어요. 유럽 단일 통화는 그의 생전에는 빛을 보지 못했지만, 2002년에 드디어 유럽 12개국에서 유로화를 사용하기 시작했습니다.

'트리핀의 딜레마'는 달러화의 신뢰도 문제가 심각해지기 시작한 2007년부터 다시 관심을 끌었습니다. 한 나라의 통화가 기축통화의 역할을 하는 경우, 이것이 '피할 수 없는 딜레마'라고 한다면 미래의 국제 통화 체제는 어떻게 변할까요?

• • • • • •
아는 사람만 아는 **경제 이야기**

● 근린궁핍화 정책(beggar-my-neighbor policy)

1930년대 경제 공황으로 온갖 어려움을 겪을 때 각국 정부는 국내 산업을 보호하기 위해 관세 장벽을 높게 쌓고, 수출을 늘리기 위해 자기 나라의 화폐 가치를 일제히 떨어뜨렸다. 이처럼 다른 나라를 궁핍하게 만들어서 자기 나라의 어려움을 벗어나려는 경제 정책을 '근린궁핍화 정책'이라고 한다. 누구도 거지가 되고 싶지 않으므로 모든 나라가 경쟁적으로 이 싸움에 뛰어들어 보호무역 경쟁과 환율 전쟁이 일어났고, 결국 세계대전으로 이어졌던 것이다.

그러나 이 정책을 실시해서 무역 상대국의 수출이 줄어들면 그 나라의 소득이 자연히 감소하고, 이는 곧 수입량 감소로 이어지기 때문에 근린궁핍화 정책의 효과는 그리 길지 않다고 한다. 모든 나라가 경쟁적으로 같은 형태의 정책을 실시한다면 국제 경제는 더욱 악화될 뿐이다.

● 2차 세계대전이 일어나기 전 전체주의 독재 국가였던 독일에서는 패전 후에도 자
본주의는 빈곤과 실업의 원인이라고 생각하는 사람이 많았다. 폐허가 된 독일의
경제 복구와 경제 부흥을 맡았던 에르하르트은 '시장경제'에 '사회적'이라는 말을
붙여 '사회적 시장경제'를 탄생시켰다. 그리고 '라인 강의 기적'이라고 불리는 신속
한 경제 부흥을 이룩했다. 그는 기적은 완전히 잘못된 표현이며, 이는 인간의 작품
이라고 말했다. 사회적 시장경제는 무엇이며, 그는 어떻게 기적에 견줄 만한 일을
가능하게 만든 걸까?

세계 최고의 경쟁력을 지닌 독일의 제조업

독일은 2003~2008년 수출액 세계 1위 국가입니다. 비록 2009년부터 중
국에 그 자리를 내주었지만 계속 미국과 2~3위를 다투고 있죠. 2016년
현재 독일의 제조업이 국내 총생산GDP에서 차지하는 비율은 약 23퍼센
트입니다. 이렇게 제조업이 경쟁력을 유지할 수 있는 것은 바로 독일의
우수한 기술력 덕분이에요. 'Made in Germany'가 최고의 품질을 일컫는
대명사였을 정도니까요. 특히 세계 히든 챔피언[6]의 절반은 독일 기업이
며, 수출품의 4분의 1이 중소기업 제품일 정도로 독일의 중소기업은 경쟁

력이 막강합니다.

독일이 2차 세계대전으로 인한 폐허를 딛고 일어나 세계 최강의 기술력을 가진 나라로 자리매김할 수 있었던 것은 국민의 노력과 국가의 제도적 장치가 조화를 이루었기 때문입니다. 독일은 1950년대 7.9퍼센트, 1960년대 4.5퍼센트의 높은 경제성장률[7]을 기록하며 '라인 강의 기적'이라고 불리는 경제 부흥을 이룩했어요. 이는 생산과 소비, 직업 선택 등에서는 자유 경쟁을 완전히 보장하지만, 시장 형태를 포함한 사회 질서의 형성과 유지는 국가가 정책을 통해 책임진다는 '사회적 시장경제Social Market Economy' 속에서 이루어졌습니다. 자유 경쟁을 보장하는 경제 무대에서 국민은 창의성과 능력을 마음껏 발휘했고, 국가는 훌륭한 교육 체계를 구축해 질 높은 노동력을 공급했어요.

그러나 자유 경쟁을 중시하지 않고 국가사회주의에 의한 중앙 관리형 경제 정책을 실시하기 시작한 1970년대부터 독일 경제는 침체기에 빠져들었고, 1970~1980년대의 경제성장률은 3퍼센트 미만으로 뚝 떨어졌습니다. 개인이 져야 할 책임까지도 정부의 책임으로 돌리고, 사회보장제도가 경제적 부담 능력을 벗어나는 범위로 확대되면서 사회적 시장경제 질

---

6 히든 챔피언 독일의 경영학자 헤르만 지몬(Hermann Simon)이 펴낸 《히든 챔피언》이라는 책에서 비롯된 말이다. 헤르만 지몬은 히든 챔피언을 '대중에게 잘 알려지지 않은 기업, 각 분야에서 세계 시장 점유율 1~3위 기업 또는 소속 대륙에서 1위를 차지하는 기업, 매출액이 40억 달러 이하인 기업'으로 규정했다. 즉 목표에 맞는 적절한 전략들을 개발함으로써 세계 시장의 지배자가 된, 작지만 강한 기업을 뜻한다.

7 경제성장률 한 나라의 경제가 일정 기간 동안 얼마나 성장했는가를 나타내는 지표로, 실질 국내 총생산의 연간 증가율로 나타낸다.

서의 효율성이 발휘되기 않았기 때문이지요. 독일은 통일 후인 1990년대에는 경제성장률이 1.9퍼센트에 머물며 '유럽의 병자'라는 조롱을 듣기도 했어요. 위기를 느낀 독일은 2003년 3월에 다시 사회적 시장경제 질서를 중시하는 개혁 프로그램인 '아젠다 2010'을 발표하고, 2004년 1월부터 이를 가동했습니다. 프로그램이 효과를 발휘하자 독일은 다시 '유럽의 엔진'으로 변신했어요. 위기에 처할 때마다 국가 경제를 살린 독일의 사회적 시상경제 질서는 어떤 과정을 거쳐 자리 잡았을까요?

독일 경제 부흥의 아버지, 에르하르트

독일에 사회적 시장경제를 처음 도입한 사람은 루트비히 에르하르트 Ludwig Erhard(1897~1977)로, 서독의 초대 총리인 콘라드 아데나워 Konrad Adenauer(1876~1967) 내각에서 14년 동안 경제 장관을 지내고 2대 총리가 된 인물입니다. 그는 소아마비로 오른쪽 다리가 불편한데도 축구 경기를 할 정도로 강한 의지를 지닌 사람이었어요. 상인이 되기 위한 직업 교육을 마친 뒤 19세에 부모님이 경영하는 포목점에서 일하던 중 1차 세계 대전에 참전했던 형의 전사 통지를 받자 불편한 다리도 아랑곳하지 않고 1916년에 자진 입대했습니다. 그런데 1918년 전쟁터에서 왼쪽 어깨의 심한 부상을 입는 불운을 겪었어요. 이로 인해 아무 일도 할 수 없다는 생각에 낙심했던 그에게 운명을 바꿀 수 있는 길이 열렸어요. 고등학교 Gymnasium 졸업 여부와 상관없이 뉘른베르크 상과대학에서 경제학과 경영학을 공부할 수 있게 된 거죠.

1차 세계대전 이후 독일은 전쟁 배상금을 물고 경제를 복구하기 위해 엄청난 양의 화폐를 발행했습니다. 그 결과 돈의 가치가 떨어져 매월 1000퍼센트가 넘는 물가 상승이 일어났고, 단 2년 만에 물가가 300억 배나 상승했어요. 빵 한 조각을 사기 위해 화폐를 수레에 가득 싣고 가게에 갔다는 일화가 있을 정도였지요.

에르하르트는 전쟁 전에 1달러당 5마르크였던 환율이 패전한 뒤 수십 억 마르크가 되는 현상을 경험하며 경제학, 특히 화폐금융론에 흥미를 느꼈습니다. 그리고 초인플레이션이 불러온 참혹한 경제 현상을 보고 화폐 가치를 일정하게 유지하는 통화 안정의 중요성을 절실히 깨달았어요. 이는 뒷날 그가 통화 안정에 주력하는 경제 정책을 펼친 계기가 되었습니다.

1922년에 경영학 석사 학위를 받은 에르하르트는 이후 프랑크푸르트 대학으로 가서 프란츠 오펜하이머Franz Oppenheimer(1864~1943)의 제자가 되었습니다. 오펜하이머는 가난한 노동자들을 치료하면서 사회 문제에 관심이 커지자, 의사를 그만두고 경제학·사회학 교수가 된 사람이었어요. 그는 국유화와 계획경제가 아닌 시장경제와 자유 경쟁을 허용하는 체제를 바탕으로 한 사회주의를 주장했고, 이를 '자유주의적 사회주의'라고 불렀습니다. 자유 경쟁에 대한 신뢰, 노동자와 경영자의 협력 가능성, 압력단체 활동이 지닌 위험성, 자유 시민 사회에 대한 신념 같은 스승의 가르침은 에르하르트에게 강한 인상을 남겼어요.

에르하르트는 박사 학위를 받고 고향으로 돌아가 3년 동안 부모님의 상점에서 관리자로 일한 뒤, 1928년 뉘른베르크 경제조사연구소의 연구원이 되어 다시 학자의 길을 걸었습니다. 자유주의와 인간의 존엄성을 중시했던 그는 나치Nazis 당원이 되는 걸 거부했어요. 그러자 나치의 탄압이 거세져 1942년 말 14년간 일했던 연구소를 떠날 수밖에 없었습니다. 다행히 매부의 도움으로 독일산업연구소를 설립해 나치 정권의 재정과 경제 혼란에 대한 연구를 계속할 수 있었죠.

2차 세계대전에서 독일의 패전이 거의 확실해지자, 반反 나치 투쟁의 지도자였던 카를 프리드리히 괴르델러Carl Friedrich Goerdeler(1884~1945)는 에르하르트에게 패전 후 독일의 경제 재건을 위한 경제 정책을 연구해 달라고 요청했습니다. 1944년 7월, 완성된 방대한 분량의 보고서가 괴르델러에

"아~ 통화의 안정성은 정말 중요하구나!"

가격:

루트비히 에르하르트
1897~1977

게 전달되었어요. 당시 히틀러 암살에 실패한 뒤 쫓기는 신세였던 괴르델러는 '독일 미래를 위한 임무'라는 제목의 글을 작성해서 동료들에게 전했습니다. 이 글은 전쟁이 끝난 뒤 엄청난 규모의 전쟁 부채 문제를 해결하고 통화량을 제한하기 위해서는 화폐 개혁이 필요함을 역설하며, 이를 담당할 적임자로 에르하르트를 추천하는 내용이었어요. 하지만 괴르델러는 독일의 패전을 보지 못한 채 나치 당원에게 잡혀 1945년 2월에 처형당하고 말았습니다.

화폐 개혁과 경제 통제 철폐

패전 뒤의 독일은 혼란 그 자체였습니다. 전체 건물의 40퍼센트가 파괴되었고, 국민의 60퍼센트는 영양실조에 시달렸으며, 1000만 명이 넘는 난민이 떠돌아다녔어요. 점령군들은 경제 통제 조치를 취하며 식량과 소비재, 원료 및 주요 원자재 등을 직접 배급했습니다. 가격과 임금까지 동결했고, 수출입도 통제했지요. 그러자 암시장과 물물 교환이 성행했으며, 화폐 가치가 폭락해 커피나 담배 등이 대체 화폐로 사용되기 시작했습니다. 물자 부족에 따른 혼란을 극복하려면 경제를 통제해야 한다는 이유로, 사회민주당과 기독교민주당기독교민주연합[8]의 정치인은 물론 노동조합까지 사

---

8 사회민주당과 기독교민주당은 독일 정당의 양대 세력이다. 1875년에 창당된 사회민주당은 독일에서 가장 오래되고 규모가 큰 정당으로, 대기업에 대한 규제와 동유럽과의 화해를 중요시한다. 1945년에 결성된 기독교민주당은 중도 우파 정당으로, 정당 이름 속에 '기독교'라는 단어가 들어 있지만 특별히 기독교적인 성격을 갖고 있지는 않다.

회주의 경제 체제를 옹호했어요.

그러나 시장경제의 효율성을 신뢰했던 에르하르트는 독일을 재건하려면 경제를 통제해서는 안 된다고 주장했습니다. 당시 독일에서는 자본주의 경제 제도가 빈곤과 실업을 몰고 왔다고 생각하는 사람이 많았어요. 그래서 에르하르트는 그가 추진할 새로운 형태의 시장경제에 '사회적'이라는 말을 붙여 '사회적 시장경제'를 탄생시켰죠. 그는 1948년 4월 미·영 통합 점령 지역의 경제 국상으로 발탁되자마자 화폐 개혁을 추진했습니다. 화폐 개혁을 실시하기 바로 전날, 점령군 측과 협의도 없이 가격 및 경제 통제 조치들도 대부분 없애 버렸고요. 점령군 측은 불만을 터뜨리며 에르하르트에게 규제 변경에 대한 승인 절차를 밟지 않은 이유를 물었습니다. 그는 규제를 변경한 것이 아니라 없앴으며, 규제를 없애는 데 승인이 필요하다는 규정은 어디에도 없다고 대답했습니다.

화폐를 개혁하면서 모든 독일 국민에게 60도이치마르크[9]를 지급했고, 나치 정부의 라이히스마르크[10]와 도이치마르크는 100대 6.5의 비율로 교환되었습니다. 일시에 국민의 구매력이 높아지자 독일 경제는 활력을 찾기 시작했습니다. 이 덕분에 1948년 말에는 공업 생산량이 평균 50퍼센트 증가해, 1936년의 80퍼센트 수준까지 회복되었지요.

그러나 갑자기 늘어난 구매력과 억눌려 왔던 구매 욕구가 한꺼번에 터

---

9 도이치마르크(Deutschemark) 서독(1948~1990년)과 독일(1990~2002년)의 옛 통화로, 연합국이 독일을 점령한 1948년부터 사용되었으며 2002년 2월 28일까지 유로와 함께 통용되었다. 1948년 서독의 화폐 개혁 당시 환율은 1달러 대 3.3도이치마르크였고, 60도이치마르크의 현재 가치는 26만원 정도다.

10 라이히스마르크(Reichsmark) 1924년 8월~1948년 6월까지 사용하던 독일의 화폐.

지면서 물가가 급격히 상승했습니다. 시장경제를 비판하는 사람들은 다시 경제를 통제해야 한다고 주장했고, 노동조합도 1948년 하반기에 14퍼센트나 증가한 생계비로 생활의 위협을 받자 최저생계비를 쟁취하기 위해 총파업을 선언했어요. 이때 에르하르트는 라디오 방송에 출연해서 물가 상승은 물가가 통화량에 적응해 나가는 과정 중에 생기는 일시적인 현상이라고 말했습니다. 그리고 가격 통제를 다시 도입한다면 암시장이 성행했던 시절로 돌아갈 수밖에 없으므로, 시장경제의 문제점은 시장 친화적인 정책을 통해 풀어야 한다고 호소했어요. 시간이 흐르면서 물가가 안정되고 1948년 6월 1.99마르크였던 노동자의 시간당 평균 수입이 1950년에는 2.38마르크까지 올라가자 비로소 에르하르트에 대한 반대가 지지로 바뀌었습니다.

1950년에 일어난 한국전쟁도 독일의 경제 부흥에 한몫을 톡톡히 했습니다. 미국, 영국, 프랑스 등은 한국전쟁에 필요한 전쟁 물자를 생산하느라 일반인들에게 필요한 물품이나 설비를 충분히 생산할 수 없었어요. 독일은 이 기회를 이용해 이들 나라에 부족한 상품을 수출해서 외화를 벌어들였죠.

항상 시가를 입에 물고 강인한 인상을 주었던 에르하르트는 '라인 강의 기적'은 인간의 작품이라며 일관된 경제 정책을 추진해서 성공했고, 이 정책은 계속 추진되어야 한다고 믿었던 시장경제주의자였습니다. 그러나 이런 분명한 경제적 신념은 그를 불운한 정치가로 만들었습니다. 사회보장제도의 확대로 재정 적자 폭이 늘어나고 경기가 침체되자, 그는 사회적 시장경제 질서에 근거해 세금을 늘리는 정책을 펼쳤습니다. 그러자 이에 대한 비난 여론이 높아지면서 그는 여러 분파로 복잡하게 이루어졌던 기독교민주당에 대한 통제력을 잃었어요. 결국 1966년 12월, 에르하르트는 총리직에서 중도 하차하고 말았습니다.

'아젠다 2010' 속에 살아난 에르하르트의 신념

에르하르트가 물러난 뒤 사회적 시장경제 질서의 적응력과 효율성이 떨어지면서 노동 생산성은 낮아지고 사회 복지 비용과 조세 부담은 높아졌습니다. 성장은 둔화되어 연평균 성장률은 1970년대 2.7퍼센트, 1980년대 2.6퍼센트, 1990년대 1.9퍼센트로 낮아졌어요. 반대로 1970년에 0.6퍼센트였던 실업률은 1981년 4.6퍼센트, 1991년 5.6퍼센트, 2001년에는 7.9퍼센트로 상승했습니다.

유연성을 잃고 회복될 기미가 보이지 않는 경제를 살리기 위해 대대적인 개혁이 필요한 시점이 오자 독일 사람들은 에르하르트를 떠올렸습니다. 사회 보장을 위해 복지 비용을 늘릴 것이 아니라, 훌륭한 정책을 통해 경제를 발전시키고 빈곤을 해소하는 일이 우선시되어야 한다는 그의 주장이 옳았음을 깨닫게 된 거죠. 2003년 3월 게르하르트 슈뢰더Gerhard Schröder(1944~) 총리는 전후 최대의 개혁 정책으로 평가되는 '아젠다 2010'을 발표했습니다. 이는 노동 시장, 사회복지제도, 산업과 재정 정책, 교육 정책 등 광범위한 분야의 개혁 정책을 담고 있습니다. 한마디로 독일 경제를 시장경제로 전환하는 정책 프로그램입니다.

노동 시장의 개혁은 지나친 고용 보호를 완화하고 실업 급여를 축소해 실업자가 일자리를 찾는 노력을 촉진하는 방향으로 이루어졌습니다. 그리고 재정 적자를 줄이기 위해 사회보장제도도 축소했어요. 연금 보험을 받는 나이를 65세에서 67세로 늦췄고, 진료비와 입원비, 의약품 구입 비용의 개인 부담을 늘렸습니다. 또 경제 활성화를 위해 소득 세율을 인하하고, 1인 자영업자의 창업 절차를 간소화했으며, 규제를 없애 중소기업을 살리기 위해 노력했어요. 또한 경쟁을 통한 기술 혁신을 꾀하며 기업의 직업 훈련 촉진 방안을 강구하고, 전일제 학교 교육을 강화하는 등 교육 및 훈련 분야의 개혁도 이루어졌습니다.

2005년에 정치적 노선이 다른 동독 출신의 여성 정치가 앙겔라 메르켈Angela Merkel(1954~)에게 정권이 넘어간 뒤에도 '아젠다 2010' 프로그램은 중단되지 않고 지속적으로 추진되었습니다. 프로그램의 가장 큰 효과는 실업률을 낮춘 것이었어요. 독일의 실업률은 2005년에 11.1퍼센트로 OECD 국가 가운데 두 번째로 높았으나, 2014년에는 5.0퍼센트로 낮아져 9년 동안 6.1퍼센트나 감소했습니다. 정치가로서는 실패했지만 독일 경제 부흥의 아버지로 영원히 기억되는 에르하르트. 그는 세상을 떠난 후에도 여전히 독일 경제를 이끌어 가고 있습니다.

● 'Made in Germany'의 역사

원산지 표시는 1887년 영국이 독일 제품의 수입을 막기 위해 상표법을 제정하면서 시작되었다. 영국은 독일에 수출 상품에 '독일산(Made in Germany)'이라는 원산지 표시를 붙이라고 요구했다. 품질이 떨어지는 싸구려 독일 제품을 쉽게 구별함으로써 저가의 독일 제품이 밀려들어 오는 걸 막기 위해서였다. 그러나 독일의 기술력이 발달하면서 'Made in Germany'는 값싸고 품질 좋은 상품의 대명사가 되었다. 결국 영국은 1897년에 상표법을 폐지했지만 기술력에 자신을 얻었던 독일은 오히려 영국은 물론 다른 나라로 수출하는 상품에도 원산지 표시를 했다.

⑱ ── 1970년대 불황 극복 과정에서
힘을 얻은 신자유주의 경제 정책

● 2차 세계대전 후 긴 호황을 즐겼던 미국을 비롯한 유럽 여러 나라에서는 1973년 1차 석유 파동 이후 불황 중에도 물가가 상승하는 현상이 나타났다. 그러자 문제를 수요가 아닌 공급에 초점을 맞추어 해결하려는 시도가 이루어졌고, 경제학자들은 경제 주체들에게 경제 활동에 대한 자율성을 보장할 때 경제의 효율성이 높아진다고 분석했다. 1980년대 미국의 레이건 대통령은 불황을 극복하기 위해 공급 측면을 중요시하는 정책을 펴서 세금을 낮추고 기업 활동의 규제를 완화했다. 그의 경제 정책인 레이거노믹스는 성공을 거두었을까?

세율을 인상하면 세금 수입이 늘어날까

1974년 9월, 시카고대학의 교수였던 아서 래퍼Arthur B. Laffer(1940~)는 워싱턴의 한 식당에서 미국의 38대 대통령이었던 제럴드 포드Gerald R. Ford (1913~2006)의 최측근 정치인들과 저녁 식사를 하고 있었습니다. 1973년에 발생한 1차 석유 파동의 영향으로 미국의 소비자 물가지수CPI[11] 상승률은 10퍼센트를 넘어섰고, 4.9퍼센트였던 실업률이 8퍼센트까지 올라간 우울한 때였지요.

이처럼 경기가 침체되면서 세금이 걷히지 않자 포드 대통령은 세금을 늘리기 위해 세율 인상 카드를 꺼냈어요. 래퍼 교수는 이를 잘못된 결정이라며 포드 대통령의 측근들에게 열변을 토했습니다.

"세율을 적정 수준에서 높이면 세금 수입이 계속 증가합니다. 하지만 적정 수준을 넘어 버리면 열심히 일하거나 투자를 확대할 의욕을 꺾어 버려서 오히려 세금 수입이 감소합니다. 현재 미국의 세율은 이미 적정 수준을 벗어났습니다. 세율을 낮추고 일할 의욕을 불러일으켜야 경기 회복과 세금 수입 증대에 도움이 됩니다."

그러고는 말로는 부족했는지 래퍼 교수는 냅킨 위에 세율과 조세 수입의 관계를 설명하는 그래프를 그려 보여 주었어요.

이 이야기가 신문을 통해 알려지면서 그가 그린 그래프는 '래퍼 곡선 Laffer curve'이라고 불렸습니다. 그러자 래퍼 교수는 래퍼 곡선은 자신의 창조적 아이디어가 아니며, 예전부터 거론되던 이론을 그래프로 나타낸 것뿐이라고 밝혔어요. 하지만 언론에서는 이 그래프를 계속 래퍼 곡선이라고 소개했고, 래퍼 교수의 주장은 뒷날 미국의 40대 대통령이었던 로널드 레이건 Ronald W. Reagan(1911~2004)이 경제 정책을 결정하는 데 큰 영향을 미칩니다.

두 번에 걸친 석유 파동

2차 세계대전 후의 긴 호황은 석유수출국기구 OPEC 가 옛 조상들의 땅이었던 팔레스타인에 독립 국가를 세운 유대인과 2000년 동안 이곳에 살았

---

11 소비자 물가지수 일정한 시기의 소비자 가격을 기준으로 삼아 그 변동을 백분율로 나타낸 수.

던 아랍인들 사이에 벌어진 분쟁을 석유 가격 인상의 기회로 삼으면서 막을 내렸어요. OPEC은 1960년 이라크의 수도 바그다드에서 이란, 이라크, 쿠웨이트, 사우디아라비아, 베네수엘라가 국제 석유 자본에 대한 발언권을 강화하기 위해 출범시킨 기구입니다. 몇 년 뒤 카타르와 인도네시

"세율을 낮추어 경기 회복을 도모해야 합니다."

"세율 인상은 미국 경제의
발목을 잡는 생각입니다!"

조세 수입

래퍼 곡선

0   1   t=100   세율(%)

로널드 레이건
1911~2004

아, 리비아, 아부다비,[12] 알제리가 회원국으로 가입했고, 1970년대 들어서는 나이지리아와 에콰도르, 가봉도 회원국이 되었어요. 그러나 가봉은 1994년에 탈퇴했고, 2007년에 새로이 회원국인 된 앙골라를 포함해 2016년 12월 현재 OPEC의 회원국은 13개 국가입니다. OPEC을 결성한 목적은 회원국의 석유 생산 정책을 조정해서 석유 가격을 안정시키는 겁니다. 하지만 진짜 속셈은 자기들끼리 뭉쳐서 높은 가격으로 석유를 팔기 위함이었으니 일종의 카르텔 kartell, 즉 담합을 위한 독점 형태라고 볼 수 있어요.

OPEC이 처음으로 위력을 발휘한 때는 1973년이에요. 그해 10월, 유대인의 전통 명절인 욤 키푸르 Yom Kippur 에 이집트와 시리아가 평소 사이가 나빴던 이스라엘을 침공했습니다. 욤 키푸르는 유대교의 속죄일에 해당하는 절기로, 이때 유대인들은 금식을 하며 하루 종일 아무 일도 하지 않고 기도만 올리지요. 이집트와 시리아는 이스라엘 공습을 성공시키면서 금방 승리를 거둘 수 있을 거라 생각했어요. 하지만 미국이 이스라엘을 지원하는 바람에 전쟁은 흐지부지 끝나 버렸습니다.

OPEC의 주축이었던 아랍 국가들은 곧바로 본부가 있는 오스트리아 빈 Wien 에 모여 미국의 중동 정책에 항의하는 뜻으로 유가를 70퍼센트 인상했습니다. 다시 12월에 열린 테헤란 Teheran 회의에서는 유가 130퍼센트 인상과 미국, 네덜란드로 향하는 원유 선박의 출항을 금지한다는 결정

---

12 1971년에 아부다비를 포함한 7개 국가가 아랍에미리트 연방을 결성해 현재 회원국은 아부다비가 아닌 아랍에미리트 연방이다.

을 내렸어요. 그러자 배럴barrel [13]당 3달러 수준이었던 원유 가격이 단숨에 10달러까지 치솟았습니다. 결국 중동산 원유에 의존하던 세계 경제는 2차 세계대전 이후 가장 심각한 경제 불황에 직면했어요. 그러다가 아랍과 이스라엘의 정치적 갈등이 진정되면서 원유 선박의 출항 금지가 풀리고, 원유 가격도 안정되어 세계 경제는 정상 궤도를 찾았습니다.

그러나 1978년 12월 OPEC은 다시 원유 가격 인상을 단행했고, 그 영향으로 2차 석유 파동이 일어났습니다. 주요 산유국인 이란의 국내 정세 불안이 그들이 발표한 가격 인상의 주된 까닭이었죠. 하지만 진짜 이유는 따로 있었습니다. 2차 석유 파동이 발생하기 전인 1976년 원유 가격은 배럴당 12.7달러 정도였습니다. 이는 달러 가치 하락과 인플레이션 등의 경제적 요인을 고려하면 몇 년 동안 제자리걸음을 한 가격이었어요. 그래서 OPEC은 유가를 단계적으로 14.5퍼센트 인상하기로 한 겁니다. 설상가상으로 여기에 이란의 정치적 혼란이 전국 규모의 유혈 폭동 사태로 번지자 석유 생산량이 대폭 줄어들었어요. 공급이 부족하자 원유 가격은 순식간에 30달러가 넘는 수준으로 인상되었고, 이 현상은 1980년대 초반까지 지속되었습니다.

이때부터 세계 각국은 에너지 수요량을 줄이기 위해 자원 보존 운동을 장려하는 한편, 석탄과 원자력 등 대체 에너지 자원을 개발하는 데 주력하기 시작했습니다. 직접 자기 나라 근처에서 석유 자원을 찾아내 채굴하

---

13 배럴 영국과 미국에서 쓰는 부피의 단위로, 주로 액체를 잴 때 사용한다. 석유의 부피를 잴 경우 1배럴은 약 159리터에 해당한다.

기도 하고, 멕시코와 구소련 등 다른 석유 수출국으로 눈을 돌리기도 했어요. 하지만 1·2차 석유 파동이 몰고 온 단기적인 충격으로 세계 경제는 한동안 불황에 시달릴 수밖에 없었습니다.

스태그플레이션 탈출을 위한 새로운 경제 이론

2차 세계대전이 일어나기 전까지는 불황기에는 물가와 임금이 하락하고, 호황기에는 물가와 임금이 상승했어요. 그러나 1973년 1차 석유 파동 이후에는 불황기에도 물가가 계속 상승하는 현상이 발생했지요. 이처럼 경기 침체와 물가 상승이 함께 일어나는 현상을 스태그플레이션이라고 합니다.

왜 이런 현상이 나타났을까요? 석유 파동으로 국제 원유 가격이 오르자 기업들은 생산 원가가 상승했다는 이유로 상품의 소비자 가격을 올렸습니다. 반면에 지속적인 물가 상승으로 구매력이 떨어진 사람들은 소비를 줄일 수밖에 없었지요. 그러자 물건이 팔리지 않아서 이익을 내지 못한 기업들이 줄줄이 문을 닫았고, 실업률은 올라갔습니다. 결국 사람들은 실업과 물가 상승이라는 이중고에 시달려야 했어요.

미국의 경우, 1974년에 경제성장률은 마이너스로 떨어졌는데 물가는 15퍼센트나 올랐습니다. 이런 현상은 그 당시 가장 설득력이 있다고 받아들였던 케인스의 경제 이론으로는 풀 수 없는 수수께끼였어요. 케인스 이론은 경제 불황기에 정부가 소비를 살리는 정책을 펴서 유효 수요를 늘리면 경제가 저절로 회복된다는 유효 수요 중심의 경제 정책을 일컫습니다.

그러자 경제학자들 사이에서 수요가 아닌 공급에 초점을 맞춰 문제를 분석하려는 시도가 이루어졌어요. 처음에 소개한 래퍼 교수도 그들 가운데 한 사람이었습니다. 이들은 경제 주체인 개인이나 기업이 노동, 저축, 생산, 소비 등의 경제 활동을 스스로 선택할 수 있을 때 경제가 가장 효율적으로 움직인다고 생각했어요. 그리고 이를 위해 정부가 해야 할 가장 중요한 일은 세금을 줄이는 것이라고 주장했습니다. 세금이 오르면 사람들은 일이나 저축을 할 의욕을 잃지만, 반대로 세금을 내리면 경제 활동이 활발해져서 경제가 성장한다고 본 거예요.

기업의 투자를 살리기 위한 레이건 대통령의 경제 정책

레이건은 2차 석유 파동으로 인해 경제 불황이 한창이던 1980년에 미국 대통령이 되었습니다. 영화배우였던 시절, 수입의 90퍼센트 정도를 세금으로 납부한 경험이 있는 그는 세금에 대해 부정적인 생각을 가지고 있었어요. 배우들이 수입을 세금으로 거의 다 빼앗기는 게 싫어서 1년에 두세 편의 영화에만 출연한다는 이야기를 여러 번 할 정도로 과도한 세금이 일할 의욕을 떨어뜨린다고 보았습니다.

래퍼 교수의 주장을 염두에 두었던 레이건 대통령은, 개인의 근로 의욕과 기업의 투자 의욕을 높이기 위해 세율을 낮추어야 한다고 판단했어요. 또한 국가 예산의 상당 부분을 차지하는 사회 복지 예산을 줄이고, 기업 활동에 대한 정부의 간섭을 줄이는 등 경제 환경을 바꿔야 경제가 회복될 거라고 믿었습니다. 레이건 대통령은 '힘에 의한 위대한 미국의 재건'을 내세우며 경기 부양을 최우선 목표로 삼았어요. 그는 래퍼 교수의 이론대로 수요보다 공급을 중시하며, 세금 체계를 바꾸고 경제 활동에 대한 정부의 개입을 줄이고자 다음과 같은 정책을 실시했습니다.

첫째, 저소득층을 위한 식량 공급 프로그램, 실업자를 위한 고용 훈련 프로그램, 사회 보장 기금 등을 대폭 삭감하는 긴축 정책을 시행한다. 그러나 국방 예산은 증가시킨다.

둘째, 기업 경영을 돕기 위해 노동법을 수정해 노조 결성을 어렵게 만든다.

셋째, 저축 증대를 위해 소득 최상위 1퍼센트의 세금을 14퍼센트 내리는 소득세 삭감 정책을 실시한다.

넷째, 기업 활동을 제한했던 각종 부분의 규제를 완화한다.

이러한 레이건 대통령의 경제 정책을 레이거노믹스Reaganomics 라고 해요. '레이건'과 '이코노믹스'의 복합어지요. 세금을 낮추고 기업 활동의 규제를 완화하면, 경제 주체들이 미래에 대한 확신을 갖고 생산과 투자를 늘릴 거라는 공급 측면을 중요시하는 정책입니다.

절반의 성공에 그친 레이거노믹스

레이건 대통령은 부과해야 할 세금이 줄면 개인이 쓸 수 있는 돈이 늘어나 소비가 활성화되고, 기업의 생산량도 늘어나 더 많은 일자리가 생길 거라고 확신했어요. 그러면 정부의 세금 수입도 늘어날 거라고 기대했습니다. 경제 보좌관이었던 밀턴 프리드먼Milton Friedman(1912~2006) 이 세금을 인하하고 국방비를 늘리면 확대되는 재정 적자를 어떻게 해결할 셈이냐며 문제를 삼았지만, 이런 지적에는 귀를 기울이지 않았어요.

화폐도 다른 물건과 마찬가지로 흔해지면 가치가 떨어지므로 돈이 많아지면 돈의 가치는 그만큼 떨어집니다. 시중에 돌아다니는 돈의 양을 통화량이라고 하는데, 통화량이 두 배 늘어나면 돈의 가치는 반으로 줄어들어요. 따라서 생산량은 늘어나지 않고 통화량만 두 배로 늘어나면 물가도 두 배로 올라가지요. 그리고 금리가 높으면 투자를 위해 금융 기관에서 돈을 빌리는 대신 예금을 하고 이자를 받는 쪽을 택합니다. 반면에 금리가 내려가면 투자가 늘어나는 효과가 생기지요. 그래서 통화 증가율을 내리고 높은 금리를 인하하는 조치를 취하자 경기가 회복되고 물가가 안정되어 1981년 초 12.4퍼센트였던 물가 상승률은 1년 뒤 7퍼센트로 떨어졌습니다. 그러나 기대했던 래퍼 효과는 나타나지 않고, 오히려 세금 수입은 줄어들었어요. 1980년부터 1984년 사이 미국 국민의 1인당 평균 소득은 4퍼센트 증가했는데, 개인 소득세는 9퍼센트 감소했어요. 이는 돈을 번 사람들이 일자리를 만드는 산업에 투자하기보다 금융 투자를 통해 돈을 불리는 데 골몰했기 때문입니다. 그래서 세금 수입이 정부 지출에 미치지 못하는 재정 적자가 발생했어요. 또한 기업에 대한 규제 완화로 대기업의 힘이 강해지자 경쟁력이 약한 중소기업의 도산이 늘었고, 인수 합병에 대한 규제가 사라지면서 기업 독점 현상이 일어났습니다. 그래서 미국 기업의 전체적인 경쟁력은 높아졌으나 빈익빈 부익부 현상은 더욱 심화되었어요. 1980년대 미국의 상위 1퍼센트 소득자들은 무려 전체 소득의 53퍼센트에 달하는 돈을 벌어들였답니다.

레이건 대통령 이후에도 보수주의 정치인들은 래퍼 효과를 내세우며 감세減稅를 주장했고, 미국의 43대 대통령이었던 조지 부시 역시 이를 거론하며 감세안을 내놓았어요. 하지만 세수 확대라는 그들의 기대는 끝내 실패로 돌아갔고, 결국 현재의 미국 정부는 재정 적자와 달러화 강세로 인한 무역 적자를 동시에 해결해야 하는 지경에 이르렀어요.

레이거노믹스는 절반의 성공에 그친 경제 정책이었습니다. 그러나 레이거노믹스의 바탕이 되었던 정부 개입으로 자유경쟁시장이 왜곡되지 않는다면 시장은 효율적이고 합리적으로 움직여 경제의 균형이 유지될 것이라는 신자유주의 경제사상은 유럽과 중남미, 아프리카를 비롯해 동남아시아 여러 나라로 퍼져 나갔습니다. 이들 국가 스스로가 신자유주의를 받아들인 것이 아니라 IMF를 등에 업은 미국 등 경쟁력을 가진 나라들이 원해서였지요. 선진국들은 국가 경쟁력을 높여 수출을 늘리고 자기 나라의 경제 성장과 고용을 유지하기 위해 자유주의를 내세우며 시장 개방을 요구했어요. 그러나 세계 모든 나라가 수출 증대를 통해 경제 성장을 이룩한다는 것은 불가능한 일이라 결국 국가 간의 경제 양극화 현상이 심화되었습니다.

이런 부작용에도 불구하고 2008년 금융 위기가 시작되기 전까지 신자유주의의 기세는 꺾이지 않았어요. 그러나 2008년 금융 위기 이후 경기 회복이 늦어지면서 경제 위기의 원인은 탐욕스런 신자유주의이며, 1970년대 이후 꾸준히 벌어져 온 미국의 빈부 격차는 세금 문제 때문이라는 비난이 커지고 있습니다.

● 영국의 대처리즘

미국에 레이거노믹스가 있다면, 영국에는 대처리즘이 있다. 1979년 영국 총선에서 보수당이 집권 노동당을 누르고 승리를 거두자 마거릿 대처는 유럽 최초의 여성 수상이 되었다. 당시 영국 경제는 늘어나는 재정 적자와 지속되는 인플레이션, 끊이지 않는 노사 분규로 멍이 들어 병든 영국 경제를 일컬어 영국병이라고 할 정도로 비참한 상태였다. 대처 수상은 집권한 뒤 11년 동안 노동당 정부가 취해 왔던 각종 국유화와 복지 정책을 포기하고, 민간의 자율적인 경제 활동을 중시하는 신자유주의 경제 정책을 강력하게 밀고 나갔는데, 이를 '대처리즘'이라고 부른다. 대처 수상은 시장경제 아래서 실업은 피할 수 없는 일이라고 보아 완전 고용을 포기하고 공공 지출을 줄여 작은 정부를 실천에 옮겼다. 또한 금융 규제를 완화해 투자를 늘리고 다국적 기업에 유리한 환경을 만들자 영국의 국제 경쟁력은 강화되었다. 그녀는 경제뿐만 아니라 1982년에 아르헨티나와 벌인 포클랜드 전쟁을 승리로 이끄는 등 정치 외교 면에서도 강인함을 보여 '철의 여인'이라는 별명을 얻었다.

그러나 대처리즘도 레이거노믹스와 마찬가지로 절반의 성공만 거두었다. 인플레이션을 극복하고 경기를 회복하는 데는 성과가 있었으나 실업 문제는 더욱 심각해졌다. 영국에는 '대처세대'라는 말이 있는데, 이는 대처 수상이 집권했을 때 기초 교육을 받으며 자라난 세대를 가리킨다. 이들은 합리적인 사고력이 떨어지고 정치에 무관심하며 흡연과 알코올에 의존하는 경향 등의 특징을 지니고 있다. 이런 특징은 실업으로 인해 이혼이 급격히 증가하면서 가족의 보살핌을 받지 못하고 성장했기 때문에 나타났다고 본다.

모든 국민을 만족시키는 경제 정책을 찾아내는 일은 현실적으로 불가능하다. 그렇다면 정책을 결정할 때 최우선의 목표로 삼아야 하는 것은 무엇일까?

⑲ ── 덩샤오핑의 개혁과 중국의 경제 성장

● 19세기에 서양 열강들의 위세에 눌려 기를 펴지 못하던 중국은 2010년 미국과 함께 G2로 부상했는데, 이런 경제 성장에는 덩샤오핑의 경제 개혁 정책이 큰 몫을 했다. 농업 생산량을 급속하게 증가시켰던 '인센티브(incentive) 시스템'이 성공을 거두자 가격·세금 제도, 금융 개혁 및 무역 활성화 정책이 실시되었고, 외국 자본을 유치하는 개방 정책도 이어졌다. 덩샤오핑이 개혁을 통해 이루려 한 목적은 무엇이고, 그 내용은 무엇인지, 그의 개혁이 지금의 중국 경제에 어떤 영향을 미쳤는지 살펴보자.

중국, G2로 부상하다

1842년 아편 전쟁에서 패해 영국과 난징 조약을 체결한 뒤 세계열강의 원료 공급지와 상품 시장으로 전락한 청淸나라는 19세기 후반 산업화를 이루기 위한 개혁을 시도했지만 실패했습니다. 또 1894년에 일어난 청일 전쟁에서도 패배해 전 세계에서 가장 앞선 문물을 자랑하던 과거의 영광을 잃어버린 채 1912년 역사 속으로 사라지고 말았어요. 청나라의 뒤를 이은 중화민국中華民國에서는 중국의 재건을 둘러싸고 국민당과 공산당 사이에 국내 전쟁, 즉 국공 내전이 벌어졌습니다. 그 결과 공산당이 승리했고, 그들은 1949년 10월 1일 '중화인민공화국'이라는 이름의 공산 정권을 수립했어요. 이에 따라 국민당 정부는 타이베이로 밀려났지요. 그러나 공산당은 정권을 잡는 데만 성공했을 뿐 경제적인 안정을 이루지는 못했습니다. 1950년대 말 중국 대륙에서 기근으로 수천만 명이 굶어 죽는 참혹한 일이 발생하고 만 거예요.

이렇게 경제적으로 수난의 역사를 지닌 중국이 2010년 세계 경제의 G2로 부상했습니다. 뿐만 아니라 중국은 2010년 제조업 생산 규모가 1조 9222억 달러로, 미국의 1조 8550억 달러를 넘어 세계 1위의 제조업 국가로 자리매김했어요. 중국은 방직, 의류, 가전, 의약, 전자, 자동차, 기계, 철강, 시멘트, 화학 비료 등 많은 제조업 분야에서 생산 규모 1위를 차지하고 있습니다. 세계의 공장이라고 해도 과언이 아닐 정도예요.

2015년 중국의 GDP 성장률은 정부 목표치인 7.0퍼센트에 근접한 6.9퍼센트를 달성했고, GDP 규모는 67조 6708억 위안약 11조 2119억 달러에 달했습니다. 물론 1인당 GDP는 선진국과 비교해 크게 떨어지는 수준이어서, 중국이 진정한 경제 대국이 되려면 아직 갈 길이 멀다는 이야기가 나오기도 해요. IMF의 자료에 따르면 2010년 미국의 1인당 GDP는 4만 8310달러인 반면 중국은 4524달러로 크게 차이가 나죠. 그러나 2015년 미국의 1인당 GDP는 5만 6084달러였고 중국은 8141달러로 증가해 중국의 1인당 GDP는 상대적으로 높은 성장률을 보였습니다. 뿐만 아니라 상대적으로 높은 중국의 경제 성장은 여전히 진행형이라 국민들의 생활 수준이 빠른 속도로 향상될 것으로 예상합니다.

사실 대부분의 공산주의 국가가 경제 성장에 어려움을 겪었습니다. 동유럽 국가들은 1989년 루마니아 혁명[14]을 시작으로 공산주의를 포기했고, 공산주의의 중심축이었던 소련[15]마저 1991년에 15개의 나라로 분열되며 붕괴했습니다. 그런데 중국은 어떻게 다른 공산 국가들과 달리 눈부신 경제 성장을 이룰 수 있었을까요?

덩샤오핑의 경제 개혁

1966년부터 10년 동안 중국에서 벌어졌던 문화대혁명은 최고 지도자 마오쩌둥毛澤東(1893~1976)이 주도한 것으로, 계급 투쟁을 외치는 대중 운동을 통해 정적政敵들을 제거하는 권력 투쟁이었습니다.

마오쩌둥은 1958년 대중의 혁명에 대한 열정을 동원해 중국을 산업화한다는 목표를 세우고 대약진운동을 펼쳤어요. 농민들의 먹을거리를 빼앗아 수출해서 기계를 사들인 뒤 강철, 시멘트, 화학제품 등을 생산하기 시작했으나 기술력이 뒷받침되지 않아 생산품의 품질은 형편없었지요. 이처럼 농업 노동력이 제조업 쪽으로 이동함에 따라 농산물 생산량이 줄어들었는데, 1960년에는 흉년까지 겹쳐 2000만 명이 굶어 죽는 일이 발

---

14 루마니아 혁명 1989년 12월에 루마니아에서 일어난 민중 혁명을 말한다. 정부가 무차별적으로 시민들을 탄압했으나, 군대가 등을 돌려 시민 편에 합세함으로써 전세가 역전되었다. 이 혁명으로 독재자 차우셰스쿠와 부인이 공개 처형당했다.

15 소련 1922년부터 1991년까지 존속한 세계 최초의 사회주의 국가. 유럽 동부와 아시아 북부에 있던 러시아, 우크라이나, 벨라루스, 카자흐 등 15개 공화국으로 이루어진 다민족 국가였으나 1991년 공산주의를 포기하고 공산당 해체를 선언하면서 각 공화국이 독립을 선언함에 따라 급속히 붕괴되었다. '소비에트 사회주의 공화국 연방'을 줄여서 소련이라고 한다.

생했습니다. 이로 인해 마오쩌둥에 대한 믿음은 사라지고, 류사오치劉少奇 (1898~1969)와 덩샤오핑鄧小平(1904~1997)이 참신한 개혁 세력으로 떠오르며 인기가 높아졌습니다. 이에 위기를 느낀 마오쩌둥은 '부르주아 타도'와 '자본주의 타도'를 외치며 청소년이 앞장서서 나라를 바로잡아야 한다고 주장했어요. 청소년 조직인 '홍위병'은 그의 지시에 따라 전국을 휩쓸며 공포 분위기를 조성했고, 결국 마오쩌둥의 반대 세력은 모두 숙청되었습니다.

이때 덩샤오핑은 모든 권력을 잃고 유배지에 연금[16]되었습니다. 그 당시 대학생이었던 그의 아들은 홍위병으로부터 아버지의 잘못을 인정하라는 고문을 받던 중 창문에서 뛰어내려 불구가 되기도 했어요. 하지만 1976년 마오쩌둥이 사망하자, 덩샤오핑은 1978년에 다시 정치권에 복귀했습니다.

그가 최고 지도자 자리에 오르고 5년이 지나면서 중국의 농업 생산량은 무려 40퍼센트나 증가했고, 농부들의 실질 소득도 두 배로 늘어났습니다. 이는 덩샤오핑이 도입한 '인센티브incentive 시스템' 덕분이었어요. 농민들이 정부와 계약한 양보다 농산물을 더 많이 생산하면, 초과 생산량을 자유롭게 처분할 수 있도록 한 시스템이었지요. 소득을 올릴 수 있는 기회를 얻은 농민들의 생산 의욕은 더욱 높아졌고, 농업 생산량은 당연히 급속하게 증가할 수밖에 없었습니다.

---

16 연금 외부와의 연락을 제한하고 감시하며 외출을 허락하지 않으나 일정한 장소 안에서는 신체의 자유를 허락하는, 정도가 비교적 가벼운 감금.

농촌 개혁이 성공을 거둔 뒤, 덩샤오핑은 기업의 자율성과 효율성을 높이기 위한 가격·세금 제도, 금융 개혁 및 대외 무역 활성화 정책 등을 펼치기 시작했습니다. 이러한 정책들은 덩샤오핑이 자본주의 경제 시스템을 꼼꼼하게 살피고, 이를 중국에 어떻게 적용할지 연구한 끝에 탄생했습니다. 그는 경제 정책을 세우기 위해 주요 인재들을 서유럽 5개국으로 시찰을 보냈을 뿐만 아니라, 경제 강대국인 미국과 일본을 직접 방문하기도 했어요. 덩샤오핑은 1979년 일본 수상이었던 오히라 마사요시大平正芳와 회견하는 자리에서 가슴에 담고 있던 중국의 발전 전략을 밝혔습니다. 이를 '삼보주三步走'라고 하는데, '경제 강국으로 가는 목표를 향한 세 발걸음'이라는 뜻이죠. 내용은 다음과 같습니다.

제1보. 1981년부터 1990년까지 국민 총생산액을 두 배로 증가시켜 인민이 먹고 입는 문제를 해결한다.

제2보. 1991년부터 20세기 말까지 국민 총생산액을 두 배로 증가시켜 인민의 생활 수준을 중류 이상으로 끌어올린다.

제3보. 21세기 중엽까지 1인당 국민 총생산액을 중진국 수준에 이르게 해 인민들이 비교적 부유한 생활을 누릴 수 있도록 하며, 중국의 현대화를 실현한다.

덩샤오핑은 후계자들에게도 경제 발전을 위한 장기 전략을 흔들림 없이 추진하라고 당부했습니다. 결국 중국은 1980년대에 연평균 10.1퍼센트, 1990년대에 연평균 9.5퍼센트의 경제성장률을 기록했어요. 계획했던 목표치보다 훨씬 높은 경제 성장을 이룩한 셈이죠. 현재 중국은 제3보의 길을 걷고 있는 중입니다. 이처럼 비약적인 경제 발전의 시작점인 덩샤오핑의 경제 개혁은 과연 어떤 방식으로 진행되었을까요?

경제 특별 구역 설치와 외국 자본의 유치

덩샤오핑은 다음 세 가지를 고려한 뒤 개방 정책을 추진하기로 마음먹었습니다.

첫째, 저렴한 노동력은 완구, 신발, 의류 등 노동 집약적인 산업의 경쟁력이므로 이를 통해 세계 시장으로 나아갈 수 있다.

둘째, 수출을 통해 외화를 벌어들여 다른 산업의 원료와 기술을 구입할 수 있다.

셋째, 외국인 투자가를 불러들이면 새로운 일자리를 창출할 수 있고, 생산과 비즈니스 기술을 배울 수 있다.

중국은 개방 정책을 통한 경제 성장을 확신하며, 선진국의 기술과 자본을 받아들이기 위해 경제 특별 구역을 설치하기로 했습니다. 경제 특구 설치는 중국 본토 전체를 혼란에 빠뜨리지 않으면서, 투자를 성공적으로 유치하는 데 매우 효율적인 방안이었어요. 1980년 해안 지대를 중심으로 광둥 성광둥성(廣東省)의 선전심천(深圳), 주하이주해(珠海), 산터우산두(汕頭)와 푸젠 성복건성(福建省)의 샤먼하문(廈門) 등 4곳이 경제 특구로 지정되었습니다. 이곳에서는 각종 세제 지원과 수출 지원, 토지 사용 및 기초 설비 이용에 대한 편의를 보장하며 외국 기업과 공장을 적극적으로 유치했죠. 1984년에는 네 곳의 경제 특구 경계를 확장하고, 14개의 항구를 추가로 개방했습니다.

덩샤오핑은 홍콩 반환 문제에서도 탁월한 정치력을 발휘했습니다. 홍콩은 1842년에 체결한 난징 조약으로 1997년까지 영국에 조차[17]되었습니다. 영국은 자본주의 체제인 홍콩이 사회주의 체제인 중국으로 돌아가면 혼란이 발생할 수 있다며, 땅은 반환하되 통치는 자기들에게 맡겨 달라고 중국에 요청했어요. 영국은 홍콩이 사회주의 국가가 되면 투자한 모든 것을 잃을까 봐 걱정했습니다. 영국은 만일 형편이 불리하게 돌아가면 1997년 이전에 그들이 투자했던 자본을 회수할 속셈이었어요. 그때 덩샤오핑은 한 나라에서 자본주의와 사회주의라는 상반된 두 체제를 유지한다는 '일국양제 —國兩制'를 내세우며 영국의 염려를 잠재웠습니다. 그는 "1997년 7월 1일 우리는 반드시 홍콩을 돌려받을 것이다. 그것이 주권 국가가 해야 할 일이다. 그렇지 못하면 인민들은 우리 지도자들에게 등을 돌릴 것이다. 단, 본토에서는 사회주의가 실시되지만 홍콩은 자본주의를 유지할 것이다."라고 선언했어요. 1984년 12월 19일 '홍콩 문제에 관한 영·중 공동 선언'을 위해 만난 덩샤오핑과 영국의 마거릿 대처 총리는 사이좋게 악수를 나누었으며, 이 문제는 원만히 해결되었습니다.

중국과 세계를 이어 주는 다리 역할을 했던 홍콩이 없었다면, 중국의 개방 정책은 성과를 거둘 수 없었을지도 모릅니다. 국제 거래에 익숙하지 않았던 중국 기업들의 수출 창구가 된 곳이 바로 홍콩이었거든요. 1980년

---

17 조차(租借) 특별한 합의에 따라 한 나라가 다른 나라 땅의 일부분에 대한 통치권을 얻어 일정 기간 동안 지배하는 일.

대에 중국에서 생산되는 물건들은 홍콩으로 먼저 수출되었고, 홍콩은 이 물건들을 전 세계로 수출했습니다. 나아가 홍콩은 1990년대 들어 투자 유치의 중개지가 되었어요. 중국에 대한 투자의 절반 이상이 홍콩을 통해 이루어졌습니다. 덩샤오핑의 일국양제 정책을 믿고 안심한 투자가들이 홍콩을 통한 중국 진출을 도모했기 때문이에요.

부자 중국, 가난한 중국인

과감한 경제 특구 개발과 시장경제의 성공적인 운영으로 경제가 비약적으로 발전하자, 덩샤오핑은 1993년 드디어 자본주의 경제의 취약점인 '부의 분배'에 대해 언급했습니다.

"많은 재산을 소수만이 누리고 대부분의 사람이 누리지 못하면 양극화가 일어난다. 이렇게 된다면 장기적으로 크나큰 문제가 발생할 것이다. 우리는 적절한 방안을 세워 문제를 해결해야 한다."

부자 중국, 가난한 중국인. 이것이 중국의 현주소입니다. 국가는 세계 1위의 외환 보유고를 자랑하지만, 1인당 국민 소득[18]은 아직 1만 달러 미만이죠. "급히 먹는 밥이 체한다."는 속담처럼 비약적인 경제 성장 뒤에는 많은 문제점이 숨어 있을 수밖에 없습니다. 그래서 현재 중국의 경제 정책을 책임지고 있는 리커창 李克强(1955~) 총리는 지속 가능한 경제 성장을

---

18 **1인당 국민 소득** 한 국가의 국민이 생산 활동에 참여한 대가로 받은 소득을 인구수로 나눈 것으로, 자국민이 외국에서 받은 소득은 포함하지만 외국인에게 지급한 소득은 제외한다.

위해 당분간 성장이 더디고 느려지는 것을 받아들이고, 중국 경제의 고질병을 치유하는 정책을 펴고 있습니다. 인위적인 경기 부양책을 피하고, 지방 정부의 부채를 축소하면서 구조 개혁을 지속적으로 실시한다는 것이 정책의 주요 내용입니다. 감세와 정부 지출 축소를 골자로 하는 1980년대 미국의 '레이거노믹스'를 닮았다고 해서, 이를 '리커노믹스'라고 부르죠.

중국에 대한 우리나라의 무역 의존도는 20퍼센트를 넘어섰습니다. 즉 이제 중국은 우리나라 경제에 가장 큰 영향을 미치는 나라가 되었어요. 중국 경제의 미래는 우리 경제의 미래에 직접적인 영향을 줍니다. 그래서 중국 경제가 한국 경제의 성장과 안정에 도움을 주는 방향으로 나아가기를 바라며, 중국 경제의 작은 변화에도 촉각을 세우는 것입니다.

● 흑묘백묘론

덩샤오핑은 1979년 말 미국을 방문했을 때, 시장경제는 봉건 시대부터 시작되었던 것으로 자본주의 사회에서만 존재한다는 견해는 틀렸으며 사회주의에서도 가능하다고 말했다. '흑묘백묘론'은 1980년대 중국식 시장경제를 대표하는 용어. 흑묘백묘는 '부관흑묘백묘(不管黑猫白猫), 착도로서(捉到老鼠) 취시호묘(就是好猫)'를 줄인 말로, 검은 고양이든 흰 고양이든 쥐만 잘 잡으면 된다는 뜻이다. 1979년 미국을 방문하고 돌아온 덩샤오핑이 중국의 경제 개혁과 개방을 이끌며 주장한 말로 유명하다. 고양이는 색깔과 상관없이 쥐만 잘 잡으면 되듯이, 자본주의든 공산주의든 중국 인민을 잘살게 하는 정책이면 문제없다는 의미를 담고 있다. 덩샤오핑은 경제는 시장경제 정책을 도입하고 정치는 공산주의 체제를 유지하는 정경 분리 정책을 택해 중국식 사회주의를 탄생시켰다.

"고양이는 색깔과 상관없이
쥐만 잘 잡으면 됩니다."

덩샤오핑
1904~1997

㉑ — 엔화 평가 절상과 일본의 경제 불황

● 1985년 G5의 국가 대표들은 일본과 독일의 무역수지 흑자를 줄이기 위해 엔화와 마르크화의 가치를 상승시키는 데 합의했다. 이에 따른 엔화 가치의 급속한 상승은 20년 넘게 지속된 일본 경제 불황의 시작이었다. 엔화 가치의 급속한 상승은 왜 경제 불황으로 이어졌을까?
2013년에 실시되었던 경제 회생 정책 '아베노믹스'의 구호는 'Japan is back.'이다. 과연 일본은 1980~1990년대 세계 경제의 글로벌 스탠더드를 주도했던 영광을 재현할 수 있을까?

일본의 경제 회생 정책, 아베노믹스

'아베노믹스'[19]는 20년 가까이 이어져 온 디플레이션과 엔고 탈출을 위해 모든 정책 수단을 동원하겠다는 아베 정권의 경제 회생 정책입니다. 아베는 2012년 중의원[20] 선거 유세에서 일본 경제를 불황의 긴 터널에서 벗어나게 하기 위한 경제 살리기를 핵심 공약으로 내세우며, "윤전기를 돌려서 일본은행[21]이 돈을 무제한 찍어 내게 하겠다."고 말했어요. 국제 사회는 '중앙은행의 독립성도 모르는 무식한 발상'이라고 조롱했지만 일본 사람들은 뜨거운 반응을 보였습니다. 자민당_{자유민주당}이 집권하면 틀림없이 경제를 회복할 수 있을 거라는 기대로 주식시장이 상승세를 탈 정도로 호응을 얻었어요.

아베 총리의 경제 회생 정책을 요약하면 통화 정책, 재정 정책, 구조 개혁이라는 '세 개의 화살' 전략입니다. 이 가운데 핵심은 2013년 4월부터 2년 동안 132조 엔 약 1320조 원의 막대한 돈을 시장에 공급한다는 양적 완화 통화 정책이었어요. 양적 완화로 시중에 도는 통화량을 늘려서 금리는 떨어뜨리고 소비와 투자가 늘어나도록 하겠다는 거죠. 또 엄청난 양의 엔화를 공급하면 엔화 가치가 떨어져 일본 기업의 수출 경쟁력을 높일 수 있습니다.

아베 정부는 중앙은행의 양적 완화와 함께 재정 지출을 과감하게 늘려 총수요[22]를 확대시켰어요. 기업에 대한 규제를 걷어 내고 자유롭게 사업을 벌일 수 있도록 구조 개혁도 실시했습니다. '2년 내 물가상승률 2퍼센트 달성', '2020년까지 실질 성장률 2퍼센트 달성' 등 '2'라는 숫자를 강조하며 목표를 단순하게 제시함으로써 국민에게 정책을 쉽게 이해시키려는 세심함도 보여 주었죠.

이런 정책들이 효과를 발휘해 소비와 생산이 살아나자 일본 상장 기업[23]들의 2013년 영업 이익은 사상 최대 규모를 기록했어요. 아베노믹스가

---

19 **아베노믹스** 통화량 확대를 통해 불황에서 벗어나겠다는 일본 총리 아베 신조의 경제 정책을 뜻한다.
20 **중의원** 양원제 국회에서 참의원과 함께 국회를 구성하는 의원. 일본 국회를 구성하는 양원 가운데 하나로, 미국의 하원에 해당한다.
21 **일본은행** 통화 발행과 신용 정책을 관장하는 일본의 중앙은행. 1882년에 설립되었다.
22 **총수요** 가계, 기업, 정부 등 한 나라의 모든 경제 주체가 일정 기간 동안 사려고 하는 재화와 서비스에 대한 수요를 모두 합한 것을 말한다.
23 **상장 기업** 유가증권 시장에 상장되어 주식이 거래되는 기업.

시작된 지 2년 만에 청년 구직란이 구인란으로 바뀔 정도로 경제에 생기가 돌아 2014년에 들어서는 실업률이 16년 만에 가장 낮아졌습니다.

아베 총리의 일본 부흥 전략을 영어로는 'Japan is back 일본이 돌아왔다.'이라고 합니다. 일본 제품의 표준이 글로벌 스탠더드 세계 표준 로 받아들여지면서 세계 경제를 주름잡던 1980~1990년대 일본의 영광을 되찾겠다는 뜻이죠. 그런데 일본은 어쩌다가 글로벌 스탠더드를 이끌었던 지배력을 잃고 긴 세월 동안 경제 불황을 겪었을까요?

플라자 합의와 엔화의 평가 절상

일본 경제 문제는 1980년대 엔화 가치의 상승, 즉 엔화의 평가 절상으로부터 시작되었어요. 엔화의 평가 절상 이후에 벌어졌던 일들을 이해하기 위해 잠시 환율과 화폐의 가치에 대해 알아보기로 합시다. 환율은 물건 가격과 마찬가지로 수요와 공급의 법칙에 의해서 결정됩니다. 어제 외환 시장에서 달러화에 대한 원화의 환율이 1130원이었는데, 오늘은 달러화의 공급이 수요보다 많아서 30원 내렸다면 환율은 1100원으로 변해요. 어제 1달러를 사려면 1130원이 필요했는데, 오늘은 1100원만 내면 되니까 달러화 가치는 내려가고 원화 가치는 올라간 셈이지요. 이를 경제 용어로 표현하면 달러화는 평가 절하되고, 원화는 평가 절상되었다고 합니다.

우리 외환 시장에서 달러화의 공급이 많아지는 대표적인 예는 수출이 늘어서 무역수지 흑자 폭이 커지는 거예요. 즉 무역수지 흑자 폭이 커지면 원화가 절상되어 환율이 내려갑니다. 환율이 내려가면 원화로 표시된 상품 가격은 변동이 없더라도 달러화로 표시된 가격이 올라가기 때문에, 수출 경쟁력이 낮아져서 수출은 줄어들죠.

환율이 오르면 통화 가치가 내려가고, 환율이 내려가면 통화 가치가 올라갑니다. 즉 환율과 통화 가치는 반대로 움직입니다. 그러나 환율이 언제나 시장 상황을 정확하게 반영하는 것은 아니에요. 어느 나라든 외환 시장의 큰손은 정부고, 경제 정책에 따라 정부에서 원하는 환율 수준이 있으므로 간접적으로 거래를 하며 외환 시장에 개입합니다. 원화 절상이 빠른 속도로 이루어져 수출이 둔화되면 정부는 시장에서 달러화를 사들이며 간접적으로 환율 하락, 즉 원화 가치의 상승 속도를 늦추려고 해요. 다른 나라도 수출을 늘리기 위해 자기 나라 통화 가치의 상승을 늦추며 외환 시장에 개입하기 때문에, 무역 마찰이 일어나면 환율을 놓고 나라 간에 힘겨루기를 하는 경우가 종종 발생합니다.

1980년대 중반까지 달러화는 미국의 대규모 무역 적자에도 불구하고 고금리 정책과 미국의 정치적·경제적 위상 때문에 실제보다 높은 가치를 유지했습니다. 미국에서 무역 적자가 발생하면 달러화가 다른 나라로 빠져나가는 것이므로 달러화의 가치는 하락합니다. 그런데 고금리 정책으로 금융 투자 목적의 달러화가 미국으로 들어오게 하는 효과가 발휘되어 실제보다 높은 가치가 유지되었던 거죠. 미국은 실제 가치보다 높은 달러화 가치로 인해 상품의 국제 경쟁력이 약화되자 외환 시장에 개입할 필요성을 느꼈어요. 또한 다른 선진국들은 달러화에 대한 자기 나라 화폐의 가치가 하락하는 것을 막기 위해 필요 이상으로 통화량을 줄이는 정책을 실시해 경기 침체가 일어났습니다. 통화량을 줄이면 화폐 가치는 올라가지만 돈이 필요한 곳으로 충분히 공급되지 않아 경제 활동이 원활하게 돌아가지 못하므로 경기 침체가 생길 수 있어요.

이런 상황이었으므로 1985년 9월 22일 G5 Group of 5(프랑스·독일·일본·영국·미국) 국가 대표들이 미국 뉴욕에 있는 플라자 호텔에 모여 실제 통화 가치와 다르게 형성된 환율을 바로잡기 위해 일본 엔화와 독일 마르크화의 평가 절상을 유도하기로 합의했습니다. 플라자 호텔은 영화 '나 홀로 집에'에서 꼬마 수인공 케빈이 묵었던 곳이며, 이날 이루어진 합의는 호텔 이름을 붙여 '플라자 합의 Plaza Accord'라고 해요.

플라자 합의 당시 일본의 미국에 대한 무역수지 흑자는 연간 400억 달러를 넘었어요. 미국은 달러화 가치를 하락시킴으로써 미국의 수출 경쟁력을 회복해 무역수지 적자를 줄이고자 했습니다. 플라자 합의 당시 일본의 환율은 달러당 240엔이었는데, 1988년에는 123엔까지 내려가 엔화가 평가 절상되었으며, 달러화에 대한 독일 마르크화의 환율도 일주일 사이에 7퍼센트 정도 급락해 마르크화도 평가 절상되었어요. 엔화의 평가절상으로 예전에는 240엔인 일본 상품을 사려면 1달러만 내면 됐지만, 1988년에는 거의 2달러가 필요해졌습니다. 그러니까 달러화에 대한 엔화의 가치가 두 배 높아진 거죠. 이는 국제 시장에서 일본 상품의 가격이 두배로 뛴 셈이니까 수출이 줄어들 수밖에 없겠죠? 반면 미국 상품 가격은 상대적으로 저렴해졌기 때문에 가격 경쟁력을 회복했고, 미국은 불황에서 벗어났습니다.

통화 정책 실패로 인한 일본의 장기 불황

플라자 합의에 의해 엔화의 평가 절상이 불가피해지면서 일본의 GDP 성장률은 1985년 6.3퍼센트에서 1986년 2.8퍼센트로 하락했습니다. 급속한 엔화 가치의 상승으로 경제가 침체되자 일본은행은 공격적인 저금리 정책을 실시해 1986년 1월 5퍼센트였던 금리를 1989년에는 2.5퍼센트까지 내렸어요. 그러자 투자가 확대되고 소비가 증가하면서 경기가 빠르게 회복되었죠. 미래에 대한 낙관적인 전망이 힘을 얻자 낮은 금리에 매력을 느끼지 못한 일본 기업과 사람들은 예금을 하는 대신 부동산과 주식을 사들이기 시작했습니다. 부동산 수요의 증가로 부동산 가격이 계속 오르자 과도한 대출을 받아서 국내뿐만 아니라 해외에 있는 부동산까지 경쟁적으로 사들였죠. 이렇게 부동산 가격과 주가가 상승함에 따라 기업들의 담보 가치가 높아져 대출을 받아서 자금을 마련하는 일이 더욱 쉬워졌고, 부동산 시장으로 들어오는 돈은 점점 더 늘어났어요. 그 결과 일본 부동산 시장은 물론이고 미국 부동산 시장에도 거품이 생겼습니다.

부동산 가격이 갑자기 큰 폭으로 오르는 데 위기를 느낀 일본은행은 1989년 5월부터 1990년 8월까지 금리를 2.5퍼센트에서 6퍼센트까지 급격하게 올렸습니다. 금리를 올리면 이자 부담이 늘어나므로 대출을 줄이는 효과가 생기지요. 뿐만 아니라 부동산 관련 산업과 건설업에 대한 대출을 사실상 금지하는 조치도 단행했어요. 대출을 받아 부동산을 매입했던 기업이나 사람들은 이자를 내기가 힘겨워지자 부동산을 되팔았고, 한없이 오를 것만 같았던 부동산의 거품도 사라졌죠.

부동산 거품이 꺼지면서 경기 침체가 시작되자 일본은행은 다시 금리

인하라는 카드를 써서 경제를 회복하려고 했지만 소용이 없었습니다. 경기 침체로 인해 세금 수입은 감소했는데 정부의 지출은 증가해 재정 건전성이 악화되었어요. 일본 정부는 1992년부터 1995년까지 여섯 차례에 걸쳐 65조 5000억 엔에 달하는 돈을 풀어 경기 부양을 시도했지만 별 효과가 없었습니다. 그리고 엔화의 강세로 수출 경쟁력이 약화된 기업들이 생산 공장을 해외로 이전하면서 일본 내에서는 일자리가 늘지 않는 현상도 나타났어요. 한번 닫힌 사람들의 지갑은 다시 열리지 않았고, 생산과 투자가 살아나지 않아 일본은 20년이 넘게 경제 불황을 겪어야 했습니다.

샤워실의 바보

플라자 합의 이후 엔화 절상과 부동산 거품의 붕괴로 경기 침체가 일어났을 때 실시했던 일본 정부의 경제 정책은 통화주의[24] 경제학자들의 주장을 따른 것입니다. 시카고대학 교수이자 노벨 경제학상 수상자였던 밀턴 프리드먼으로 대표되는 통화주의 경제학자들은 경제의 가장 중요한 변수를 '통화량'과 '금리'라고 생각했어요. 그리고 경제 불황을 극복하려면 통화량을 늘리고 금리를 낮추어 기업의 투자를 이끌어 내야 한다고 주장했습니다.

　통화주의 경제학자들은 안정적인 경제 성장을 위해서는 정부가 장기적으로 통화량과 금리를 예측하고 안정적으로 유지하는 데 온 힘을 쏟아야

---

24 통화주의 경제 활동에 대한 영향력 행사를 목표로 정책 당국이 사용할 수 있는 정책 수단 가운데 통화 정책이 가장 중요하다는 주의.

한다고 보았어요. 그러나 밀턴 프리드먼은 정부의 섣부른 경제 정책이 오히려 경기 변동 폭을 크게 만들 수 있으므로 통화 정책을 실시하는 정부가 '샤워실의 바보'가 될 수도 있다고 경고했습니다. 적절하지 않은 시기에 금리를 올렸다 내렸다 하는 정부를 샤워실에서 갑자기 물을 틀면 찬물이 나오는데, 이를 못 참고 바로 뜨거운 물 쪽으로 수도꼭지를 확 돌렸다가, 너무 뜨거운 물이 나오면 놀라서 다시 찬물로 돌려 버리는 바보에 비유한 겁니다. 그는 경기의 고점과 저점을 판단하는 게 쉽지 않고, 설령 경기에 대한 판단이 정확하더라도 정책 결정을 하는 데 걸리는 시간 때문에 적절한 타이밍을 놓치기 쉽다고 했어요. 그러므로 정부가 통화량과 금리를 통해 경제를 안정적으로 유지하려는 시도 자체가 경제를 불안정하게 만들며, 정부가 그 나름의 판단에 따라 통화량을 늘렸다 줄였다 하는 일은 아주 위험하다고 보았습니다. 결과적으로 아베 정부 이전의 일본 경제 정책은 '샤워실의 바보' 같은 행동이었어요.

양적 완화 통화 정책을 핵심으로 하는 아베노믹스가 '샤워실의 바보' 같은 행동인지 아닌지를 알기 위해서는 시간이 더 필요합니다. 과연 일본은 'Japan is back.'을 이루어 옛 영광을 되찾을 수 있을까요?

● 7년 동안 록펠러센터의 주인이었던 대가

엔화의 평가 절상을 결정한 플라자 합의가 체결되었던 뉴욕의 플라자 호텔에서 멀지 않은 곳에 록펠러센터가 자리 잡고 있다. 록펠러센터에는 70층짜리 RCA(지금의 GE(제너럴 일렉트로닉스)) 빌딩을 중심으로 21개의 빌딩이 모여 있는데, 각 빌딩의 층수를 합하면 557층이나 되는 거대한 빌딩 복합체. 레스토랑, 약국, 은행, 영화관, 학교, 쇼핑센터, 방송국 등이 모두 자리 잡고 있어서 센터가 곧 하나의 도시라고 할 수 있다.

뉴욕을 대표하는 록펠러센터의 주인이 한때 일본 기업이었던 적이 있었다. 엔화 가치의 상승으로 주머니가 두둑해진 일본 미쓰비시 그룹은 1989년에 20억 달러를 주고 록펠러센터의 지분 51퍼센트를 매입했다. 그러나 부동산 거품이 꺼지면서 일본 경제가 침체되어 불황에 시달리자 일본 기업들은 해외 부동산 대부분을 되팔아야 했으며, 미쓰비시 그룹도 마찬가지 신세였다. 미쓰비시 그룹은 1996년 록펠러센터 지분을 12억 달러를 받고 되팔아야 했으니, 7년간 록펠러센터의 주인 행세를 위해 치른 대가가 무려 8억 달러에 이르렀다.

세계가 하나의 시장이 되다

5장

1970년대 석유 파동 이후 불황 중에도 물가가 상승하는 스태그플레이션을 경험하며 많은 기업이 성장의 한계를 느꼈습니다. 이들이 택한 돌파구는 인건비가 저렴한 나라로 공장을 이전하는 것이었지요. 이에 따라 생산의 세계화가 이루어지자 해외 지사나 공장과 연락해야 할 일이 늘어나 신속하고 서렴한 통신 수단의 필요성이 커졌어요. 1990년대에 이를 충족시킨 인터넷이 실용화되어 정보기술 혁명에 불을 붙였고, 세계는 산업화가 이끌던 공업 사회에서 정보 사회라는 새로운 발전 단계로 접어들었습니다.

통신 수단의 발달과 함께 1990년 옛 소련의 해체를 시작으로 공산주의가 몰락한 후 자본주의 국가를 지배했던 시장경제와 자유무역이 세계적으로 확산되어 모든 산업 분야에서 시장 개방이 이루어졌습니다.

5장에서는 세계를 하나의 시장으로 만든 세계화를 정보기술 혁명과 시장 개방화 과정을 통해 조명하고, 오늘날의 세계 경제가 처한 현실과 문제점에 대한 이야기를 나누어 볼까 합니다.

미국은 1990년대에 정보기술 혁명으로 높은 경제 성장을 이루면서도 실업률은 낮아지는 환상적인 경제 상황을 맞이했습니다. 이른바 신경제였죠. 그런데 정보기술 혁명을 주도한 닷컴 기업들의 자금 조달 창구였던 나스닥에서 닷컴 버블이 발생했습니다. 닷컴 버블은 미국 경제에 어떤 결과를 가져왔을까요? 이 시기, 한국은 반도체 산업에서 신화라고 할 정도의 성공을 거두었어요. 이를 만들었던 동력은 무엇이었으며, 이런 쾌거는 한국 경제에 어떤 영향을 끼쳤을까요?

정보기술 혁명은 쉽게 세계화할 수 있는 환경을 만들어 주었는데, 직접적으로 시장 개방화와 자유화를 밀고 나가는 일은 1995년에 출범한 세계무역기구WTO가 맡았습니다. WTO는 모든 산업의 시장 개방화 정책을 추진했고, 그 결과 국가 간의 상품과 노동, 서비스 등의 교류가 자유로워져 세계가 하나의 시장이 되었지요. 그런데 세계화는 모두가 만족한 방향으로 이루어졌을까요?

세계는 하나라고 하지만 사실 모든 나라는 자기 나라의 경제 성장을 최우선으로 하는 경제 정책을 계속 밀고 나갑니다. 성장 위주의 정책에서 가장 중요시하는 산업화는 환경 오염을 비롯한 많은 문제를 만들어 냈지요. 이런 문제를 당장 해결하지 않으면 지구의 미래는 없다고 주장하는 사람들이 있습니다. 우리도 지구의 지속 가능한 발전을 위해서 할 수 있는 일이 있을까요?

자본의 이동이 자유로워지면서 선진국 자본들은 조금이라도 더 수익을 낼 수 있는 곳을 찾아 이리저리 투자처를 옮겼습니다. 그리고 금융 상품이 다양해지면서 금융을 책임지는 정부 기관이나 국제 금융 기구들도 파악하기 힘들 정도로 금융시장의 구조가 복잡해졌어요. 이런 상황에서 2008년 투자은행인 리먼 브라더스가 파산하며 미국에서 금융 위기가 발생했습니다. 이후 유럽에 투자했던 미국의 자본이 빠져나가면서 경제 위기는 유럽을 덮쳤고, 곧바로 세계 경제 침체로 이어졌지요. 지금까지도 세계 경제는 회복의 실마리를 찾지 못했는데, 돌파구는 어디에 있는 걸까요?

— 정보기술 혁명과 닷컴 버블

● 세계가 하나의 지구촌이 된 세계화 시대의 특징 가운데 하나는 뉴스나 정보가 실
   시간으로 전 세계에 동시에 전달된다는 점이다. 이는 20세기에 컴퓨터와 통신 기
   술의 발달로 이루어졌던 정보기술 혁명으로 가능해졌다. 현재 우리의 일상생활 깊
   숙이 침투해 있는 정보기술 혁명은 어떤 과정을 거쳐 일어났으며, 그것이 경제 역
   사에서 어떤 획을 긋고 자취를 남겼는지 알아보자.

정보기술 혁명의 역사

1970년대 불황 이후 신자유주의를 내세우며 반전을 꾀했지만 완전한 성
과를 거두지 못하고 헤맸던 미국 경제는 1990년대에 새로운 돌파구를 찾
았습니다. 위기에서 미국 경제를 살려 낸 일등 공신은 정보 통신 기술로
무장한 미국의 벤처기업들이었어요. 인텔, IBM, 휴렛팩커드를 비롯해 컴
퓨터와 반도체, 소프트웨어, 네트워킹, 통신 등 첨단 산업에 뛰어든 벤처
기업들의 둥지였던 실리콘 밸리의 밤은 언제나 환한 불빛이 함께했지요.
이들 벤처기업이 일구어 낸 정보기술 혁명으로 세계는 산업혁명이 이끌

던 공업 사회에서 정보 사회라는 새로운 발전 단계로 접어들었습니다.

물론 정보 통신 기술의 발전이 하루아침에 이루어진 것은 아니에요. 통신 기술은 1960년대 우주 정복의 꿈을 위해 개발된 인공위성 발사를 계기로 빠른 속도로 발달했어요. 1960년 8월 미국은 세계 최초의 통신 위성인 '에코 1호'를 발사했고, 4월에는 최초의 기상 위성 '타이로스 1호'가 구름 사진을 지구로 보내왔습니다. 1964년 10월에 열린 도쿄 올림픽 개회식 실황 중계를 통해 사람들은 통신 위성의 위력을 피부로 느꼈어요. 올림픽 개회식은 미국항공우주국NASA이 그해 8월에 쏘아 올렸던 최초의 정지 위성 '신콤 3호'를 통해 미국에 실황 중계되었는데, 이를 본 사람들은 통신 위성을 이용하면 전 세계에서 일어나는 모든 일을 실시간으로 볼 수 있다는 사실을 인식했습니다.

컴퓨터의 역사는 인공위성 발사보다 앞서 시작되었어요. 컴퓨터 시대의 막은 미국 펜실베이니아대학교 존 모클리John Mauchly(1907~1980)와 존 프레스퍼 에커트John Presper Eckert(1919~1995) 교수 팀이 3년간의 연구 끝에 선보인 최초의 전자계산기 에니악ENIAC(Electronic Numerical Integrator and Calculator)에 의해 열렸습니다. 1947년 7월 29일 에니악이 처음으로 작동되었을 때, 《타임》지는 100명의 전문가가 1년이 걸려 풀 문제를 단 2시간 만에 해결했다는 흥분에 찬 기사를 내보냈어요. 1만 8800개의 진공관이 달린 에니악의 길이는 30미터, 무게는 30톤에 달했는데, 이를 인수하기 위해 미국 육군이 지불한 금액은 무려 48만 6804달러2016년 현재 가치로 약 600만 달러였습니다. 컴퓨터는 보통 사람들이 가까이하기에 너무 비싼 물건이었지요.

그러나 컴퓨터 분야는 지구 상에서 가장 빠른 속도로 기술 발달을 이루어 1000달러 정도의 돈을 지불하면 누구나 개인용 컴퓨터를 살 수 있게 되었고, 1990년대 말이 되자 1초에 다섯 대꼴로 팔렸습니다. 50년 동안 컴퓨터의 성능이 몇백 배나 좋아질 수 있었던 이유는 1971년에 발명된 '마이크로프로세서'[1]라는 기적의 칩 덕분이었어요. 1947년 미국의 벨연구소에서는 진공관의 대체품인 트랜지스터를 개발했고, 1971년 인텔사는 2300개의 트랜지스터를 가로 3밀리미터, 세로 4밀리미터의 작은 실리콘 칩에 다는 데 성공해 마이크로프로세서를 탄생시켰습니다. 마이크로프로세서의 개발로 휴대용 계산기나 마이크로컴퓨터 같은 가벼운 최첨단 기기를 생산할 수 있게 되었어요.

한편 정보기술 혁명에 날개를 달아 준 것은 인터넷입니다. 핵 공격에도 안전한 군사 통신망 구축을 원했던 미 국방성의 요청을 받은 캘리포니아주립대학의 레너드 클라인록Leonard Kleinrock(1934~) 교수는 새로운 통신망에 대해 연구했어요. 그는 1969년 10월 캘리포니아주립대학 컴퓨터과학부 실험실에서 스탠퍼드 연구소의 컴퓨터로 메시지를 전송하는 데 성공했죠. 서로 다른 기종의 컴퓨터들이 통일된 프로토콜[2]을 사용함으로써 자유롭게 통신을 주고받을 수 있는 시대가 열린 겁니다.

인터넷은 텍스트만 제공하던 기존의 정보 서비스와는 달리 그림, 동영

---

1 마이크로프로세서 연산 장치와 중앙 처리 장치(CPU)의 제어 기능을 하나의 칩 속에 넣어 연산과 제어를 실행할 수 있도록 한 소자(素子). 한 개의 대규모 집적 회로로 이루어지며, 마이크로컴퓨터의 중앙 처리 장치로 작동한다.

2 프로토콜 컴퓨터와 컴퓨터 사이, 또는 한 장치와 다른 장치 사이에서 데이터를 원활히 주고받기 위해 사용하는 통신 규칙.

상, 소리 등을 모두 지원하는 웹을 창안하고, 원하는 정보를 쉽게 찾아볼 수 있게 하는 웹 브라우저를 발명함으로써 대중화되었습니다. 1989년 스위스에 있는 유럽입자물리연구소CERN 연구원 팀 버너스 리Tim Berners Lee (1955~)가 월드 와이드 웹www을 만들었고, 1993년 넷스케이프의 창업자인 마크 앤드리슨Marc Andreessen(1971~)이 '모자이크'라는 최초의 웹 브라우저를 발명했어요. 그러자 1992년 수만 명에 불과하던 인터넷 사용자가 급격히 늘기 시작해 1997년에는 1억 5000만 명에 이르렀습니다.

닷컴 기업들이 이끌어 낸 신경제

인터넷 사용자가 폭발적으로 증가하면서 인터넷을 사업 기반으로 활용하는 닷컴 기업[3]들이 탄생했습니다. 거실에 앉아 컴퓨터를 통해 뉴스와 영화, 책을 보거나 대화를 나눌 수 있는 꿈의 통신망이 대중화되자 너도나도 이 분야의 사업에 뛰어들었어요. 높은 실업률과 물가 상승률에 시달리던 사람들은 아마존과 야후로 대표되는 새로운 비즈니스 모델을 접한 뒤 닷컴 기업이 연 새 시대가 모두에게 풍요를 가져다줄 거라는 환상에 도취되었습니다.

이런 분위기 속에서 다시 주목을 받은 비주류 경제학자가 있었으니, 1950년에 이미 세상을 떠난 오스트리아 출신의 미국 경제학자 조지프 슘페터Joseph Schumpeter(1883~1950)였어요. 그는 1912년에 발표한《경제 발전

---

3 닷컴 기업 주로 컴퓨터, 인터넷 등과 관련이 있는 사업을 하는 벤처기업.

의 이론》에서 기업의 이윤은 혁신적인 기업가의 '창조적 파괴 행위'로 발생하므로 '혁신에 대한 대가'라고 말했습니다. 그는 한 기업인의 창조적 파괴 행위를 다른 기업인들이 모방하면 이윤은 자연스럽게 사라지고, 새로운 혁신적인 기업가의 창조적 파괴 행위가 발생하면 다시 이윤이 생기는 과정이 계속되면서 경제가 성장한다고 했지요. 혁신을 통해 낡은 것을 파괴하고 새로운 것을 창조해서 변혁을 일으키는 창조적 파괴 과정이 기업 경제의 원동력이므로, 자본주의 경제를 발전시키는 원동력은 기업가의 혁신이라고 주장한 겁니다. 1990년대 후반은 정보통신 기술을 기반으로 한 혁신적인 기업들의 창조적 파괴 행위가 퍼레이드를 벌이던 시기였습니다. 슘페터의 주장대로라면 경제는 획기적으로 발전했겠지요.

실제로 1990년대에 미국은 번영의 시기였습니다. 1980년대 말부터 1991년까지 6퍼센트에 달했던 물가 상승률이 1990년대 중반에는 2퍼센트 밑으로 떨어졌고, 실업률도 8퍼센트에서 4퍼센트로 하락했어요. 반면에 경제성장률은 2.5퍼센트에서 3.5퍼센트로 상승했습니다. 1997년 미국의 주간지《뉴스위크》는 높은 성장 속에서도 낮은 물가 상승률을 유지하는 미국 경제를 '신경제 New Economy'라고 표현했어요. 높은 성장과 낮은 실업이 지속되는 경기 호황기에는 물가 상승률이 높게 마련인데, 과거와는 다른 상황이 지속되었으니 새로운 경제가 태어났다는 의미였습니다.

1990년대에 미국 경제가 높은 성장을 하면서도 낮은 물가를 유지할 수 있었던 이유는 정보기술 부문의 투자가 증대되면서 노동 생산성이 증가했기 때문이었어요. 같은 양의 일을 하는 데 필요한 노동력이 줄어들면 한 사람의 노동자에게 지불하는 임금은 올라가더라도 생산비 가운데 전

체 인건비가 차지하는 비율은 오히려 줄어들지요. 노동 생산성 증가율이 임금 상승률보다 높았으므로 제품 가격을 올릴 요인이 발생하지 않아서 높은 성장에도 불구하고 낮은 물가를 유지할 수 있었던 거예요.

나스닥 시장의 과열과 닷컴 버블

18세기에 영국과 프랑스 주식시장에서 서품이 발생했고, 그 기품이 꺼지면서 두 나라 경제가 엉망이 되어 버렸던 역사를 알고 있지요? 2000년에 미국에서도 이와 같은 일이 벌어졌습니다. 1990년대 나스닥[4] 시장을 달구었던 열기 앞에서 인간의 비이성적인 탐욕이 닷컴 버블[5]을 만들어 냈고, 2000년에 버블이 꺼지면서 신경제는 막을 내렸지요. 그렇다면 닷컴 버블이 어떻게 진행되었는지 살펴볼까요?

닷컴 기업들은 자금을 조달하기 위해 나스닥의 문을 두드렸습니다. 1971년 2월 8일 첫 거래를 시작한 장외 주식시장인 나스닥은 회사 설립 초기의 적자 기업에도 문호를 개방했으므로, 혁신적인 기술력은 지녔지만 이를 상용화할 자금력을 갖추지 못했던 닷컴 기업들의 자금 조달 창구

---

4 **나스닥** 미국 뉴욕 증권거래소에 상장되지 않은 주식을 거래하기 위해 만들어진 특별 주식시장으로 특히 마이크로소프트, 인텔, 애플사 등이 등록되어 있다. 1971년 2월 첫 거래를 시작했으며, 거래되는 종목은 인터넷 등 첨단 관련 주나 벤처기업 주식이 주를 이룬다. 우리나라도 나스닥 시장을 본떠 1996년 7월에 코스닥 시장을 열었다.

5 **닷컴 버블** 인터넷 관련 분야가 성장하면서, 인터넷 업체들의 가치가 실제보다 높게 평가되어 주가가 급속도로 상승했다가 거품이 빠지면서 주가가 크게 하락하거나 부도로 이어졌던 현상을 말한다. IT 버블, 인터넷 버블이라고 불리기도 한다.

였어요. 나스닥에 등록한 기업 가운데 컴퓨터 관련 기업이 40퍼센트, 정보 통신 관련 기업이 12퍼센트에 이르는 것을 보면 첨단 산업 분야 기업들의 나스닥에 대한 의존도가 얼마나 높았는지 짐작할 수 있습니다.

1991년 처음으로 500포인트를 넘어섰던 나스닥 지수는 벤처기업들에게 '황금알을 낳는 거위'로 보이자 지속적으로 상승해, 1995년 7월에는 1000포인트를 넘어섰어요. 그러자 1996년 6월 미국 연방준비제도이사회 FRB 의장 앨런 그린스펀은 "주식시장이 비이성적 과열에 빠졌다."고 경고하기도 했습니다. 그러나 잠시 주춤했던 사람들은 다시 나스닥 시장에 뛰어들었고, 닷컴 버블의 원인이 된 비이성적 과열은 계속되었어요. 소프트웨어 시장을 주도했던 마이크로소프트 사의 주가 상승이 네트워킹이나 인터넷 쇼핑을 사업 모델로 하는 닷컴 기업들에서도 재연될 것으로 기대했던 겁니다. 더구나 1997년 아시아의 경제 위기가 1998년 러시아까지 번지자 미국을 최우선으로 한 정책을 펴 오던 그린스펀이 세계 경제를 살리기 위해 미국만을 위한 정책을 펼 수 없다며 금리를 세 번 인하한 것도 과열을 부추기는 데 한몫했어요.

나스닥 지수는 1998년 2000포인트를 넘었고, 가속도가 붙어서 무섭게 올라 Y2K[6] 특수를 누렸던 1999년에는 4000포인트를 넘었어요. 승승장구하던 나스닥 지수는 2000년 3월 10일, 장중 5408.60포인트로 최고점

---

6 Y2K 컴퓨터가 2000년 이후의 연도를 제대로 인식하지 못하는 결함, 즉 컴퓨터가 연도 표시의 마지막 두 자리만을 인식해 2000년을 '00'으로 인식하면 1900년과 혼동이 일어나면서 예상되는 컴퓨터 장애로 인한 대혼란을 말한다. 천 년대(代)의 오류란 의미에서 '밀레니엄 버그'라고도 하며, 'Year(연도)'의 'Y'와 1000을 뜻하는 'Kilo(킬로)'의 'K'를 붙여 'Y2K' 문제라고도 한다.

을 찍었지만 결국 5048.62포인트로 끝났습니다. 이것이 추락의 시작이었지요. 지수가 반 토막 나는 데 걸린 시간은 채 1년도 되지 않았고, 2002년 10월 10일에는 장중 1108.49포인트까지 내려갔어요.

이런 소용돌이 속에서 모든 닷컴 기업의 주가는 곤두박질쳤습니다. 가장 안정적으로 이윤을 창출했던 시스코의 주가가 86퍼센트 하락했고, 107달러였던 아마존 닷컴의 주가는 7달러까지 하락했어요. 아마존, 디즈니 등에서 2억 달러에 가까운 투자를 받아 애견용품 쇼핑몰을 열었던 페츠닷컴처럼 아예 도산한 기업도 생겼습니다.

버크셔해서웨이의 CEO인 워런 버핏은 닷컴 버블이 진행되던 시기에도 가치 투자라는 주식 투자 원칙을 지키며 정보기술주를 외면해 버크셔해서웨이의 주주들에게 비난을 받았습니다. 그러나 버블이 붕괴되면서 증명되지 않은 수익 모델을 가진 기업의 위험성을 뼈저리게 경험한 사람들은 그가 옳았다는 사실을 알게 되었죠. 버블 붕괴 후 확실한 수익 모델이 없는 닷컴 기업들이 외면을 당하자, 이들은 모호한 전망을 앞세우며 홍보에 열중하는 대신 새로운 기술과 비즈니스 모델에 승부를 거는 쪽으로 방향을 전환했어요. 즉 진정한 의미의 창조적 파괴 행위인 기술 혁신에 매진한 겁니다. 덕분에 정보기술 혁명은 현재도 진행 중이며, 우리는 어떤 기상천외한 물건이 만들어져 사람들을 놀라게 할지 모르는 시대에서 살고 있어요.

지금까지 미국을 중심으로 한 20세기 이후 정보기술 혁명과 경제 상황의 전반적인 모습을 살펴보았습니다. 그런데 정보기술 혁명의 시대에 한국은 어떤 경제적 변화를 겪었을까요? 다음 장에서 알아보기로 하죠.

● 기술 혁신이 좌우하는 기업의 브랜드 가치

미국의 경제 주간지 《비지니스 위크》와 세계적인 브랜드 컨설팅 그룹 '인터브랜드'는 2000년부터 매년 세계 100대 브랜드를 선정해서 발표하고 있다. 2015년 발표 자료에 따르면 브랜드 가치 5위 이내의 기업과 브랜드 가치는 1위가 애플로 1703억 달러, 2위는 구글 1203억 달러, 3위는 코카콜라 784달러, 4위는 마이크로소프트 677억 달러, 5위는 IBM으로 651억 달러였다.

10년 전인 2005년의 발표 결과는 어땠을까? 1위는 코카콜라로 675억 달러, 2위는 마이크로소프트 599억 달러, 3위는 IBM 534억 달러, 4위는 GE 500억 달러, 5위는 인텔 356억 달러였다.

IT와는 관계가 없는 GE와 PC 클라이언트 부문의 강자인 인텔은 밀려나고, 1976년에 설립된 IT 제조 기업 애플과 1998년에 설립된 인터넷 서비스 기업 구글이 1886년에 설립된 식음료 기업 코카콜라를 누르고 세계 브랜드 가치 1, 2위를 차지하는 변화가 일어났다. 이를 통해 우리는 지난 10년 동안 어느 부문에서 가장 빠른 속도의 기술 혁신이 이루어졌는지를 짐작할 수 있다.

한국 반도체 산업의 신화

● 1960년대에 공업화가 시작되었던 한국이 반세기 만에 2050클럽에 합류할 정도의 고도성장을 이룬 비결은 산업 구조를 고부가가치 산업으로 바꾸는 데 성공한 덕분이었다. 이에 따라 수출이 비약적으로 늘었는데, 1992년부터 2003년까지 연속으로 수출 1위를 차지한 품목은 반도체였다. 이는 앞에서 살펴본 정보기술 혁명 시대의 도래와 무관하지 않으니, 한국 경제의 신화를 만들어 낸 반도체 산업을 살피면서 세계 경제의 흐름을 내적으로 확인해 보자.

초고속 경제 성장을 이룬 대한민국

우리나라 국민 가운데는 의외로 한국 경제를 저평가하는 사람이 적지 않습니다. 하지만 외국에는 우리 경제에 대해 경탄을 금치 못하는 사람들이 많아요. 국제통화기금IMF의 발표에 따르면, 2015년 세계 191개 국가 가운데 한국의 경제 규모는 11위, 1인당 국민 소득은 28위입니다. 이 정도의 한국 경제가 왜 대단하냐고요? 우리나라가 2012년에 '2050클럽'에 들어간 사실을 알면 이해가 빠를 거예요. 2050클럽이란 1인당 국민 소득이 2만 달러를 넘으면서 인구수가 5000만 명이 넘는 나라를 일컫는 말입니다. 우리보다 먼저 이 클럽에 들어간 나라는 미국, 영국, 독일, 프랑스, 이탈리아, 일본 등 여섯 개 국가밖에 안 됩니다. 모두 20세기 전에 상당한 수준의 공업화를 이룬 경제 선진국들이죠. 그런데 1960년대에 들어 공업화가 시작된 우리나라가 불과 반세기 만에 이들 나라와 비슷한 대열에 진입한 거예요.

미국의 경영학자 피터 드러커Peter Ferdinand Drucker(1909~2005)는 "한국은 33년이라는 짧은 기간 동안 황폐한 제3세계 국가에서, 충분히 개발된 세계 수준의 경제 국가로 스스로를 변모시키는 데 성공했다."고 평가했습니다. 33년이란 기간은 1차 경제개발계획에 따라 산업화를 시작한 1962년부터 1인당 국민 소득 1만 달러를 달성한 1995년까지를 말합니다. 18세기 후반에 산업혁명이 시작된 영국은 1987년, 19세기 중반에 공업화가 시작된 미국은 1978년에 국민 소득 1만 달러를 달성했죠. 일본은 1868년 메이지 유신[7]으로 산업화가 시작된 이후 1981년에 국민 소득 1만 달러 국가가 되었어요. 물론 산업화가 시작된 시기는 나라마다 모두 다르기 때문에 이런 비교가 무의미하다고 볼 수도 있습니다. 그러나 우리나라가 산업화 이후 가장 빠른 기간에 국민 소득 1만 달러를 기록한 나라라는 사실은 부정할 수 없습니다.

우리나라가 고도성장을 이룰 수 있었던 것은 비약적으로 늘어난 수출 덕분입니다. 1962년 4087만 달러에 불과했던 수출액이 1995년 10월에

---

7 메이지 유신 19세기 후반 일본의 메이지 천황이 에도 막부를 무너뜨리고 중앙 집권적인 국가를 이룬 뒤 일본의 산업화를 주도했던 개혁의 과정.

는 1000억 달러를 돌파하고 연말에는 1250억 달러에 이르러, 33년 만에 무려 약 3000배가 넘게 증가했지요. 1970년대부터 추진한 중화학 공업화 정책으로 철강, 자동차, 조선, 석유 화학 공업이 빠른 속도로 발전하면서, 1980년대에 수출 품목이 고부가가치 산업 중심으로 바뀌어 수출액이 늘어난 결과입니다. 하지만 여기서 그쳤다면 한국은 아마 2050클럽의 문턱을 넘기 어려웠을 거예요. 뒤이은 반도체 산업의 성공은 20세기 후반 우리나라가 초고속 경제 성장을 지속하게 만든 결정타였습니다.

삼성전자가 반도체 시장에 던진 도전장

1970년대, 정부는 국가 경제의 미래를 위해 중화학 공업과 전자 산업 등을 육성하는 데 제도적·물질적 지원을 아끼지 않았습니다. 하지만 반도체 산업은 정부 지원과 별개로 당시 삼성의 이병철 회장이 큰 위험을 안고 거액의 투자를 감행한 분야입니다. 정부는 제도적으로만 이 사업을 지원했어요.

우리나라에서는 1965년에 최초로 반도체 소자를 생산했습니다. 외국 기업들은 값싼 노동력을 이용하려고 한국에 초보적인 반도체 기술만 전수했습니다. 이에 우리의 기술 수준은 단순 조립을 하는 정도에 불과했죠. 그러다가 1970년대 말, 정부 출연 연구소를 중심으로 한 반도체 기술 개발 체계가 갖추어졌어요. 그러나 반도체 기술을 산업으로 육성하려면 대규모의 투자가 필요했습니다. 그 당시 경제 부처나 경제학자들은 국제 경쟁력이 없다는 이유로 반도체를 산업으로 키우는 것에 반대했어요. 하지만 과학기술처, 상공부[8] 등 관련 부처와 삼성, 금성 등의 관련 업계는 전자 산업 발전을 위해 반도체 산업을 꼭 키워야 한다고 주장했습니다. 그 결과 1982년에 '반도체공업육성추진위원회'가 만들어졌고, 다음 해 이것이 '정보 산업 및 반도체공업육성위원회'로 발전해 미래 산업의 주축이 될 정보 산업과 반도체 산업에 대한 지원을 담당했습니다.

1983년 1월, 삼성전자의 반도체 산업 진출 여부를 결정하기 위해 미국 실리콘 밸리로 파견된 조사팀은 첨단 기억 소자와 마이크로프로세서를 연간 1억 개 이상 생산하려면 향후 5년간 시설 투자비 4400억 원, 연구 개발비 1000억 원이 필요하다는 보고서를 제출했습니다. 자원이 부족한 한국 기업이 국제 경쟁에서 살아남으려면 부가가치가 높은 첨단 기술 사업에 도전해야 한다는 사실은 누구나 알고 있었습니다. 하지만 위험을 감수하기에는 투자 규모가 너무 컸어요.

결단의 순간마다 일본 도쿄로 떠나는 습관이 있던 일흔네 살의 이병철 회장은 1983년 2월 7일, 도쿄에 있는 오쿠라 호텔에서 밤을 꼬박 새며 고심에 고심을 거듭했습니다. 마침내 결단을 내린 그는 다음 날 아침, 삼성 그룹의 반도체 사업 진출을 알리기 위해 《중앙일보》 사장실로 전화를 걸었어요. 이른바 '도쿄 선언'이었습니다. 그는 세계 시장에 한국의 반도체 산업이 도전장을 던짐과 동시에, 64K D램[9] 기술 개발에 착수한다는 구체

---

8 상공부 상업·무역·공업 및 공업 단지 등에 관한 업무를 맡아보던 중앙 행정 기관. 1948년 정부 수립과 함께 발족했으며, 1993년 3월 5일 동력자원부와 통합해 상공자원부로 개편되면서 폐지되었다.

9 D램 램(RAM)이란 프로그램이나 데이터를 임의로 읽거나 쓸 수 있는 반도체 기억 장치로 단시간 내에 주기적으로 재충전해 주면 기억이 유지되는 D램과 전원이 공급되는 한 기억이 유지되는 S램으로 구별된다. D램은 컴퓨터의 기억 소자로 많이 쓰이고, 앞의 숫자는 반도체 메모리의 용량이다.

적인 계획도 내놓았습니다. 그러나 당시 반도체 선진국이었던 미국과 일본은 물론, 국내에서도 삼성의 메모리 사업 진출은 무모하다며 싸늘한 반응을 보였죠.

반도체 산업의 성공 여부는 시간과의 싸움에 달려 있습니다. 1983년, 삼성전자는 생산 가능 시기를 앞당기기 위해 기흥 공장 건설과 생산 라인 설계·건설을 동시에 진행했어요. 연구소에서 설계하면 그것을 바로 현장으로 가져가서 공시를 시작했고, 문제가 생기면 연구원들이 직접 현장을 찾아가서 해결했습니다.

반도체 핵심 장비인 포토 장비를 들여올 때는 반나절 만에 기흥 톨게이트에서 공장까지 4킬로미터의 도로를 포장하는 기록을 세우기도 했습니다. 실제로 이 도로는 포토 장비가 수입되는 날까지 비포장 상태였어요. 광학 기계와 정밀 기계 장치로 구성된 포토 장비는 진동에 매우 약해서 고속도로에서도 시속 30킬로미터로 거북이 운전을 하며 운송해야 했습니다. 비포장도로에서 포토 장비를 어떻게 운송할지 고심하던 관계자들은 아예 도로를 포장하기로 결정했고, 이 작업을 오전 반나절 동안에 해치워 버렸어요.

이러한 열정으로 1년 반으로 예상되었던 공사 기간은 6개월로 단축되었고, 반도체 생산 시기는 계획보다 앞당겨졌습니다. 놀랍게도 도쿄 선언을 한 지 불과 10개월 뒤인 1983년 12월, 삼성은 국내외의 우려를 말끔히 씻어 내며 64K D램을 자체적으로 개발해 시험 생산에 성공하는 성과를 거두었어요. 미국과 일본에 이어 세계에서 세 번째로 메모리 반도체를 개발하는 쾌거를 이루어 낸 것입니다.

이를 시작으로 한국산 메모리 반도체는 세계의 기업들과 경쟁할 수 있는 품목으로 떠올랐습니다. 이후 현대그룹에서도 1983년에 현대전자산업[10]을 설립했고, 다음 해 경기도 이천에 반도체 공장을 준공했어요. 그 뒤 금성도 메모리 반도체 산업에 진출함으로써 우리나라의 반도체 산업이 꽃을 피웠습니다.

세계 1위인 한국산 메모리 반도체 산업

1987년 일본 기업들이 반도체 산업의 불황을 맞아 설비 투자를 줄일 때, 삼성전자는 오히려 신규 라인을 건설했습니다. 그리고 반도체 품목 가운데 가장 시장 규모가 크고 성장 가능성이 높으며 대량 생산의 장점이 있는 메모리 제품에 과감한 투자를 했어요. 그 결과 삼성전자는 1992년 세계 D램 시장에서 16M D램을 대량 공급할 수 있는 유일한 기업이 되었고, 세계 시장 점유율은 80퍼센트가 넘었습니다. 삼성전자는 16M D램 개발 이후 메모리 부문에서 다른 경쟁 업체가 시장에 진입하기 전에 언제나 한 발 앞선 기술을 선보이며 시장을 선점했지요.

아무리 과감한 투자가 이루어졌다고 해도 초를 다투는 반도체 기술 전쟁에서 앞서 나가기 위해 새벽 3시에 커피 타임을 가지면서까지 밤을 낮

---

10 현대전자산업은 1999년 (주)LG반도체와 합병되었다. 2001년에는 현대그룹의 지분이 34퍼센트로 줄어들고 전문 경영인 체제로 바뀌면서 회사명을 (주)하이닉스반도체로 변경했다. 경영난을 겪으며 2002년 6월 최대 주주가 한국외환은행으로 바뀌었고, 채권 금융 기관들이 대주주가 되었다. 2012년 다시 SK 텔레콤이 최대 주주가 됨에 따라 'SK하이닉스'로 변경되었다.

삼아 일했던 기술
개발팀이 없었다
면 신화는 탄생하지
못했을 거예요. 대한민국
국비 유학생 1호로 미국으로 유학을 가
서 전자공학 석박사 과정을 마친 뒤 미국 실리콘 밸리 IBM에서 근무했던
진내제 박사는 "조국의 반도체 산업을 일으켜 일본을 집어삼키겠다."며
1985년 삼성전자 기술개발팀으로 자리를 옮겼습니다. 그 뒤 1987년 4M
D램 개발 성공에 이어 1989년 세계 최초로 16M D램을 개발해, 한국의
메모리 반도체 신화를 이끌어 낸 주역이 되었어요.

　또 다른 주역은 미국 스탠퍼드대학교 전기공학과 책임연구원과 인텔사
자문역의 경력을 지녔던 황창규 부장^{현재 KT 회장}입니다. 그는 IBM, 텍사스
인스트루먼트 등 세계 유수 기업의 스카우트를 뿌리치고, 역시 일
본을 이겨 보겠다는 뜻을 품고 1989년 삼성전자에 입사했지요.

그가 진두지휘한 개발팀은 1994년 세계 최초로 256M D램 개발에 성공하는 쾌거를 거두었어요. 그는 256M D램 개발 성공 발표 일을 일본에 국권을 강탈당한 날, 즉 국치일인 8월 29일로 잡았습니다. 일본에 주권을 빼앗긴 치욕의 날에 국민에게 일본을 이긴 기쁨을 선사하고 싶은 마음에서였습니다.

결국 우리나라는 메모리 반도체 부문에서 세계 1위의 기술력과 시장 점유율을 자랑했으며, 반도체는 1992년부터 2003년까지 연속으로 수출 1위 품목이었습니다. 2015년 말 현재 세계 메모리 반도체 시장의 시장 점유율 순위는 1위가 한국의 삼성전자, 2위는 한국의 SK하이닉스, 3위가 미국의 마이크론테크놀로지입니다. 1980년대 D램 시장을 석권했던 미국의 인텔과 일본 기업들은 모두 2002년과 2007년에 벌어진 반도체 치킨 게

임에서 패배해 D램 시장에서 사라져 버렸어요.[11]

그런데 2015년 중국 정부는 180조 원 규모의 반도체 산업 육성 펀드를 조성해 메모리 반도체인 D램 산업을 육성하겠다고 발표했습니다. 막대한 자금, 우수한 인재, 거대한 시장을 가진 중국이 D램 시장에 진출하면 제3의 반도체 치킨 게임이 벌어질 가능성도 있어요.

앞 장에서 살펴본 대로 지난 10년 동안 세계에서 가장 빠른 속도의 기술 혁신을 보인 분야는 IT 산업 분야입니다. 반도체 산업을 포함한 IT 산업은 현재 우리 경제를 이끄는 중추 산업이지요. 하지만 한국 IT 산업은 균형적인 발전을 이루지 못해 반도체, 이동전화, 컴퓨터 등과 같은 하드웨어나 기기 분야의 기술력 및 인터넷 사용자 비율 등은 세계 최고를 자랑하지만, 소프트웨어 분야의 기술력은 아직도 갈 길이 멀어요. 한국의 반도체 신화가 지속되고 이를 IT 산업 분야의 신화로 확산해 한국 경제의 경쟁력을 유지하는 방법은 무엇일까요? 그 방법은 단 하나, 한발 앞선 기술력은 유지하고 뒤떨어진 기술력을 향상시키는 기술 혁신뿐이라고 봅니다.

---

11 인텔이 D램 사업 중단을 선언하고 일본이 승기를 잡았지만, 삼성전자가 공급량을 늘리면서 자리를 위협하자 일본 D램 기업들은 2002년 연합군 '엘피다'를 만들었다(1차 치킨 게임). 2007년에는 미국 법무부가 삼성전자와 하이닉스에 담합 과징금과 징역형을 부과하자 가격을 낮추는 치킨 게임이 시작되어, 삼성전자를 제외한 전 세계 D램 업체가 적자로 전환되었다. 이에 한국 기업은 살아남았지만 타이완, 독일, 일본 등의 반도체 기업이 연이어 파산했다(2차 치킨 게임).

● 무어의 법칙과 황의 법칙

인텔의 창업자 가운데 한 사람인 고든 무어(Gordon Moore, 1929~)는 반도체 집
적도(한 개의 반도체에 들어가는 소자의 수)가 18개월마다 두 배씩 증가하지만 그에 따르는 비용은
감소할 것이며, 이를 주도하는 것은 PC 위주의 정보 산업이라고 주장했다. 이를 '무어의 법칙'
이라고 하는데, 디지털 기기의 소형화와 대용량, 초고속 처리 속도를 설명해 주는 법칙이다.
이는 디지털 혁명에 불을 붙여 1990년대 말 미국의 컴퓨터 관련 기업들이 기술 발전에 막대
한 비용을 투자하게 만들었다. 1997년 9월 인텔이 발표한 2비트 플래시메모리와 기존 알루
미늄을 구리로 대체한 새로운 회로 칩에 관한 IBM의 발표 등이 이 법칙을 증명하는 예다.
그 뒤 이를 대체해 반도체 업계의 새로운 정설로 자리 잡은 것은 '황의 법칙'이다. 황창규 삼
성전자 반도체 총괄 사장은 2002년 2월 미국 샌프란시스코에서 열린 국제반도체회로 학술
회의(ISSCC) 총회 기조연설에서 반도체 집적도는 1년에 두 배씩 증가하며, 그 성장을 주도하
는 것은 모바일 기기와 디지털 가전 등이라고 주장했다. '황의 법칙'은 미래의 반도체 산업에
서는 메모리가 중요하다는 판단을 바탕으로 탄생했는데, 그는 1999년부터 계속 이에 맞는
제품을 개발해 자신의 이론을 입증하는 데도 성공했다.

㉓ ── 21세기 경제의 키워드, 세계화

● 뉴스와 정보의 동시 전달 외에 세계화 이후의 또 다른 특징 중 하나는 어느 나라
의 시장에서든 전 세계에서 생산된 상품을 볼 수 있다는 점이다. 그러나 겉으로는
모두에게 좋아 보이는 세계화도 사실 강대국과 개발도상국의 이해관계, 각 계층의
찬성 및 반대 등 수많은 요소가 얽혀 있는 복잡한 문제다. 미처 경쟁력을 갖추지
못한 나라들은 세계화 과정에서 소외되어 국가 간의 소득 격차가 더욱 커졌는데,
이 같은 현상을 바로잡고 모두가 행복한 세계화로 나아가는 방안은 없는 걸까?

농민들의 반대를 무릅쓰고 체결한 한국-칠레 FTA

2004년 2월 16일, 국회에서는 재적 의원 271명 중 234명이 투표에 참석
한 가운데 찬성 162표, 반대 71표, 기권 1표로 한국-칠레 자유무역협정
FTA(Free Trade Agreement)에 대한 비준[12] 동의안이 가결되었습니다. 이 소식
이 전해지자 여의도 국회의사당 앞에 모여든 3000여 명의 농민은 흥분하
면서 '비준 동의안은 무효'라고 외치기 시작했고, 돌멩이와 소주병을 던
지며 국회로 들어가려는 일부 과격한 사람도 있었어요. 전국농민연대는
다음 총선에서 비준 동의안에 찬성한 국회의원들을 대대적인 낙선 운동

으로 심판하겠다고 으름장을 놓기도 했습니다. 이날 국회는 한국과 칠레의 FTA 발효에 따른 농가 피해를 최소화하기 위해 '농어업인 부채경감 특별법 수정안'과 '농어민 삶의 질 향상 특별법'도 함께 통과시켰지만, 이것으로 농민들의 불만을 잠재울 수는 없었습니다.

한국이 칠레와 FTA를 추진하기로 결정한 것은 1998년 11월이고, 공식 협상을 시작한 것은 1999년 12월입니다. 정부는 칠레가 우리나라와 교역하는 양이 적고 상대적으로 경제 규모도 작아서 FTA를 체결해도 피해를 입는 계층이 별로 없을 거라고 예상해 이를 추진했습니다. 하지만 생각보다 농민들의 반대가 극심했어요. 여러 우여곡절을 겪은 한국-칠레 FTA는 2003년 2월에 드디어 서명이 이루어졌으며, 1년이 지난 뒤 국회의 비준을 받을 수 있었습니다.

정부는 농민들의 반대에도 불구하고 우리나라가 세계무역기구WTO 체제 아래서 살아남으려면 무역 환경의 변화에 대응해야 한다는 명분을 내세워 FTA 체결을 강행했습니다. WTO 체제의 기본 질서는 자유무역을 보장하며, 무역을 할 때 모든 회원국을 동등하게 대우한다는 것입니다. 이러한 기본 질서 아래서 1990년대 중반부터 경제적 이해관계가 맞는 나라들끼리 무역 협정을 맺고 서로의 이익을 도모하는 일이 활발해졌어요. 대표적인 예가 바로 FTA 체결이에요. FTA는 여러 번의 협상을 거쳐 협상안이 타결되면 정식 서명을 하고 국회의 비준 절차를 밟습니다. 상대국에

---

12 비준 조약을 헌법상의 조약 체결권자(국가원수 또는 내각)가 최종적으로 확인하고 동의하는 절차. 우리나라에서는 대통령이 국회의 동의를 얻어 행한다.

국내 절차를 마무리했음을 알리면 협정에서 정한 기간 내에 FTA를 발효합니다. 사실 FTA를 체결하면 협정 대상국과 비교해 우위에 있는 상품의 수출과 투자는 늘어나지만, 경쟁력이 낮은 산업에 종사하는 기업은 문을 닫는 상황이 발생할 수 있어요. 농민들이 칠레와의 FTA를 끈질기게 반대한 이유도 농업이 가장 큰 타격을 받을 것으로 예상했기 때문이죠.

칠레와의 FTA를 시작으로 2016년 1월 1일까지 우리나라가 발효시킨 FTA는 14건, 상대국은 52국[13]이고 다른 나라와도 계속 협상을 진행하는 중이지요. 이 덕분에 각종 농·수·축산물이 물밀 듯이 수입되어 우리 먹을거리의 원산지가 실로 다양해졌어요. 또 한국산 공산품 시장도 넓어져 외국에서 삼성전자나 LG전자 등에서 만든 가전제품을 흔하게 볼 수 있습니다. 그렇다면 왜 2000년대 들어서 FTA가 세계적인 추세로 자리 잡았을까요?

WTO 출범 이후 무역 환경의 변화

1944년 미국 브레턴우즈에 모인 세계 정상들이 세계 경제 회복을 꾀하기 위해 새로운 경제 질서를 세우자는 데 뜻을 모은 뒤 그 방안으로 국제통

---

13 한국과 FTA를 발효한 나라는 칠레, ASEAN(10개국: 말레이시아, 싱가포르, 베트남, 미얀마, 인도네시아, 필리핀, 브루나이, 라오스, 캄보디아, 타이), 페루, 캐나다, 싱가포르(ASEAN과 중복), 인도, 미국, 오스트레일리아, EFTA(4개국: 스위스, 노르웨이, 아이슬란드, 리히텐슈타인), EU(28개국: 오스트리아, 벨기에, 영국, 체코, 키프로스, 덴마크, 에스토니아, 핀란드, 프랑스, 독일, 그리스, 헝가리, 아일랜드, 이탈리아, 라트비아, 리투아니아, 룩셈부르크, 몰타, 네덜란드, 폴란드, 포르투갈, 슬로바키아, 슬로베니아, 스페인, 스웨덴, 불가리아, 루마니아, 크로아티아), 터키, 중국, 뉴질랜드, 베트남이다.

화기금IMF과 국제부흥개발은행IBRD, 즉 세계은행을 창설하고, 미국이 금본위제를 선언해 달러화가 기축통화로 자리 잡으면서 세계를 하나의 금융 체계로 묶었다는 사실을 기억하지요? 이와 더불어 '브레턴우즈 체제'는 1947년 스위스 제네바에서 관세와 수출입 규제 등의 무역 장벽을 제거하고, 국제 무역과 물자 교류를 증진하기 위한 '관세 무역 일반 협정GATT'을 체결해 세계를 하나의 무역 체계로 묶음으로써 완성되었어요.

IMF와 함께 GATT는 미국이 주도하는 국제 경제 질서를 떠받치는 기둥 역할을 했습니다. 하지만 일본과 유럽 공동체의 경제적 영향력이 점차 커지면서 이런 질서는 무너지기 시작했어요. 그러자 미국은 다시 미국 절대 우위의 국제 경제 환경을 만들기 위한 변화를 모색했죠. 1980년대 국내 산업의 중심이 제조업에서 서비스 산업 쪽으로 옮겨 간 미국은 세계 경제에 대한 영향력을 유지하기 위해 경쟁력이 높은 농업과 서비스 산업 시장이 개방되기를 원했습니다. 그 당시 미국은 넓은 땅에서 값싼 농산물을 대량 생산하고 있었기에, 농산물 시장의 장벽을 없애면 수출이 쉽게 늘어날 거라고 판단한 겁니다. 금융과 통신을 비롯한 서비스 분야와 컴퓨터 프로그램을 포함한 지식 산업 분야에서도 미국의 경쟁력은 막강했어요.

1986년 9월 우루과이에서 열린 GATT 회의에서 미국은 새로운 내용의 무역 협상을 시작하자고 제의했습니다. 하지만 나라마다 이해관계가 얽히고설켜 1993년까지 합의점을 찾지 못한 채 논의는 계속되었어요. 마침내 1994년 4월, 모로코의 마라케시에서 열린 GATT 회의에서 123개 나라 대표가 합의서에 서명함으로써 협상은 종결되었습니다. 이 합의가 바로 '우루과이 라운드'입니다. GATT는 공산품과 원자재 무역에만 적용되었는데, 우루과이 라운드는 서비스·투자 등의 국제 무역까지 적용 범위가 확대되었어요. 미국의 제안으로 시작된 협상이었지만 유럽이나 일본도 잃을 것보다는 얻을 것이 많다고 판단해 적극적으로 협상에 임했습니다. 공산품의 관세 인하, 지적 재산권과 서비스 분야의 시장 개방은 이들 나라에도 반가운 선물이었거든요.

우루과이 라운드를 이행하기 위해 1995년 1월 1일 WTO가 출범했습니다. WTO는 '무역에서 무차별주의가 적용되는 다자주의 원칙'을 내세웠어요. WTO의 가입국이 어느 한 가입국에 관세 혜택을 주면 나머지 모든 가입국에도 차별 없이 동등한 혜택을 주어야 한다는 원칙입니다. 그러나 이를 실제로 적용하는 국가는 없었습니다. 대신 협정을 맺은 국가들은 상품과 서비스 교역에 대한 관세 및 무역 장벽을 낮추거나 철폐하는 특혜를 서로 부여하는 방식을 취했습니다.

배타적 특혜를 주는 방식은 체결국 간 경제 통합의 성격에 따라 '자유무역지대 free trade area ', '관세 동맹 customs union ', '공동 시장 common market ', '경제 연합 economic union '의 4단계로 나눌 수 있습니다. 자유무역지대는 회원국 사이의 관세를 철폐해 무역 자유화를 추구하고, 관세 동맹은 회원국 사이의 관세 철폐뿐만 아니라 비회원국에 대해 회원국이 공동으로 동일한 세율의 관세를 부과해요. 공동 시장과 경제 연합은 상품에 대한 관세 철폐를 넘어 자본과 노동력의 자유로운 이동까지 허용하는 지역별 경제 통합입니다. 자유무역지대나 관세 동맹은 회원국 사이에 적용되는 관세 혜택을 비회원 국가에는 적용하지 않으므로 무차별 원칙에는 맞지 않습니다. 그러나 WTO는 이런 방식도 궁극적으로는 세계 무역 자유화에 기여한다고 보고 모르는 채 내버려 두고 있어요.

국경을 넘어 하나가 된 시장

사실 자기 나라의 이익을 위해 자유 무역화를 꾀하는 움직임은 WTO가 출범하기 전부터 시작되었습니다. 대표적인 사례가 유럽 연합EU 을 둘러싼 논의입니다. 1991년 네덜란드 마스트리흐트에 모였던 유럽 공동체 EC[14]에 속한 서유럽 12개국 정상들은 유럽의 발전을 위해 시장 통합뿐만 아니라 정치적·경제적 통합이 필요하다는 데 모두 동의했습니다. 그리고 다음 해 외무장관 회의에서 유럽의 정치, 경제 및 통화 통합을 위한 '마스트리흐트 조약'을 맺었으며, 조약은 1993년 11월 1일부터 정식으로 효력을 발휘했습니다. 이 조약에 따라 EC는 EU로 공식 명칭을 바꾸어 발전했어요. 이후 유럽중앙은행이 설립되었고, 1999년에는 단일 화폐인 유로화가 등장했으며, 2002년 1월 1일부터 유로화가 일제히 통용되었습니다. 유럽이 단일 시장화 되면서 유럽 내에서 사람과 상품의 이동과 기업의 설립이 자유로워지자 기업 활동은 더욱 활발해졌어요. 2016년 1월 기준 EU 회원국 28개국 가운데 19개 국가에서 유로화를 사용하고 있습니다.

 EU 논의가 시작되었던 1991년, 캐나다 토론토에서는 미국, 캐나다, 멕

---

14 유럽 공동체(EC) 1967년 프랑스·독일·이탈리아·벨기에·네덜란드·룩셈부르크의 6개국에 의해 설립되었으며, 1973년 덴마크·아일랜드·영국이, 1981년 그리스가 가입했다. 1986년에는 포르투갈과 스페인, 스웨덴, 핀란드, 오스트리아가 가입해 회원국이 모두 15개국으로 늘어났다. 이것이 1993년 서유럽 12개국의 주도로 EU로 발전했다. 본부는 벨기에의 브뤼셀에 있다.

시코의 통상 대표들이 모여 FTA를 체결하기 위한 회의를 열었습니다. 그리고 1992년 12월 미국, 캐나다, 멕시코 간의 북미자유무역협정NAFTA이 체결되었죠. 1994년 1월 NAFTA가 발효되자 3억 9000만 인구와 7조 달러의 대규모 시장이 탄생했어요. EU가 생산에 필요한 자본, 노동, 기술의 자유로운 이동뿐만 아니라 금융 및 재정 정책까지 통합했다면, NAFTA는 세 나라 사이의 무역 장벽을 없애고 교역을 늘리는 것이 목적이었습니다.

EU와 NAFTA로 세계 경제가 경제 블록화 경향을 보이자 곳곳에서 경제 공동체 논의가 활발하게 진행되었습니다. 1992년 동남아시아 국가연합ASEAN[15] 회원국들도 싱가포르에서 열린 4차 정상회담에서 1993년부터 15년간에 걸쳐 아세안 자유무역지대AFTA를 만들기로 했어요. 그 뒤 2002년 11월 중국은 ASEAN 국가들과 중국-아세안 자유무역협정CAFTA을 체결하기 위한 기본 협정에 서명했으며, 2005년 7월에 이 협정의 효력이 발생했습니다. 또 하나의 거대 시장이 탄생한 겁니다.

이처럼 전 세계의 많은 국가는 시장 개방화와 자유화 추세 속에서 자기 나라의 이익을 확보하기 위해 자유무역과 경제 정책에 대한 논의를 활발히 이어 나갔습니다. 그 결과 WTO 체제가 의도한 모든 산업의 시장 개방화가 가속화되었고, 21세기는 국가 간의 상품과 노동, 서비스 등의 교류가 자유롭게 이루어지는 세계화 시대가 되었어요. 국경을 넘어 전 세계 시장이 하나가 되자 소비자들은 저렴하고 품질 좋은 상품을 구매할 수 있

---

15 **동남아시아 국가연합(ASEAN)** 1967년에 결성되었으며, 회원국은 브루나이, 캄보디아, 인도네시아, 라오스, 말레이시아, 미얀마, 필리핀, 싱가포르, 타이, 베트남 등 10개국이다. 이 지역 안의 경제적·사회적 협력을 목적으로 한다.

는 기회가 늘어나 경제적 효용이 높아졌습니다.

그러나 세계화의 단점도 분명히 존재하죠. 세계화에 잘 적응한 선진국은 혜택을 보고 있지만, 아직까지 미처 경쟁력을 갖추지 못한 나라들은 세계화 과정에서 소외되어 국가 간의 소득 격차가 더욱 커졌습니다. 한 나라 안에서도 계층 간의 소득 격차가 벌어지는 양극화 현상이 심화되었고요. 1960년에는 세계 인구의 상위 20퍼센트 소득이 하위 20퍼센트 소득의 약 30배였으나, 21세기에는 그 차이가 82배로 늘어났습니다. 2001년에 노벨 경제학상을 수상한 조지프 스티글리츠 Joseph Stiglitz(1943~)는 이런 양극화 현상을 예견하고 선진국과 개발도상국에 모두 이익이 되는 '인간의 얼굴을 한 세계화'가 필요하다고 힘주어 말했습니다. 그는 세계은행 수석 부총재로 근무할 당시 아시아 외환 위기에 대응하는 IMF의 정책을 비판했고, 나아가 세계은행의 정책이 후진국의 빈곤과 빈부 격차를 심화시킨다고 주장했어요. 이로 인해 결국 그는 미국 정부와 갈등을 겪으며 자리에서 물러나야 했습니다.

세계 시장을 평정한 다국적 기업들의 횡포도 문제점 가운데 하나입니다. 유엔 식량특별조사관이었던 스위스의 사회학자 장 지글러 Jean Ziegler (1934~)는 2000년 기준 세계 인구는 60억 정도이고, 세계의 농업 생산력은 120억 명에게 먹을거리를 공급할 수 있는데도 세계 인구의 15퍼센트에 해당하는 사람이 만성 굶주림에 시달리는 것은 다국적 기업의 이윤 극대화와 무관하지 않다고 주장했어요. 그래서 기아 문제를 해결하려면 시카고 곡물거래소는 문을 닫고, 세계 모든 지역에 충분한 식량을 공급할 수 있는 새로운 방식을 위한 규범과 협약이 필요하다고 토로했지요. 즉 신자유주의 사상을 앞세워 이루어진 다국적 기업과 강대국 위주의 세계 시장 질서가 변하지 않는다면 기아 문제는 해결될 수 없다고 판단했습니다.

자유무역 확립이라는 새로운 경제 질서가 확고하게 자리 잡으며 21세기 경제의 키워드가 된 세계화. 세계화가 모두 행복한 세상을 만드는 요술 방방이가 되는 건 현실에서는 불가능한 일일까요?

아는 사람만 아는 경제 이야기

● 스파게티볼 효과

한 국가가 여러 나라와 동시에 FTA를 체결할 경우, 나라마다 다른 원산지 규정이나 통관 절차, 표준 등을 확인하는 데 시간과 인력이 더 들기 때문에 애초에 기대했던 협정 체결 효과를 반감시켜 그 효과를 제대로 누릴 수 없는 상황을 일컫는 말이다. WTO와 유엔의 세계화 자문역을 맡았던 자그디시 바그와티(Jagdish Bhagwati, 1934~) 컬럼비아대학 교수는 이런 비효율적인 상황이 마치 가닥들이 서로 복잡하게 얽힌 채 접시 안에 담겨 있는 스파게티와 닮았다고 해서 이렇게 표현했다.

NAFTA 발효 후 멕시코의 자회사에서 자동차 부품을 수입해 특혜 관세를 적용받았던 포드 사는 미국 세관이 요구한 원산지 증명 서류를 갖추지 못해 4100만 달러에 이르는 벌금을 냈다. 이는 '스파게티볼 효과'의 대표적인 사례다.

── 미래 세대를 위한 지속 가능한 발전

● 세계는 겉보기에는 지구촌이 되었지만 안으로는 선진국이든 후진국이든 자기 나라의 경제 성장을 최우선으로 삼으며 암투를 벌이고 있다. 성장 위주의 경제 정책은 산업화에 따른 자원 낭비나 환경 파괴 등 많은 문제를 던져 주었다. 그래서 브레이크 없는 경제 성장에 대한 경종이 울렸고, 지구 환경을 지키는 일에 앞장서는 학자와 지속 가능한 경영을 고민하는 기업가도 나타났다. 이들은 지구를 지키는 일도 세계가 하나가 되어 힘을 합쳐야 해결할 수 있다고 역설한다. 그렇다면 지속 가능한 발전을 위해 우리가 할 수 있는 일은 무엇일까?

브레이크 없는 경제 성장에 대한 경종

1950~1960년대 세계는 정치적으로 민주주의 국가와 공산주의 국가로 갈라져 냉전 체제가 지속되었습니다. 하지만 양쪽 모두 순조로운 경제 성장으로 실업률이 감소했고 물질적 풍요를 누렸어요. 1929년에 일어난 경제 대공황 같은 어려운 시절은 다시는 없을 것처럼 보였으며, 모든 사람이 성장은 무조건 좋은 것이라고 생각했습니다. 이런 사회 분위기 속에서 경제 성장이 인류의 행복을 증진하는 대신, 산업화에 따른 자원 낭비나 환경 파괴가 삶의 질을 떨어뜨릴 수도 있다는 주장을 내세우기는 쉬운

일이 아니었어요. 그런데 1965년 이탈리아의 기업가 아우렐리오 페체이 Aurelio Peccei(1908~1984)는 한 국제회의에 참석해 급속한 공업화로 인한 환경 오염이 인류를 위기에 빠뜨릴 수 있다는 내용의 기조연설을 했습니다. 이에 뜻을 같이한 30명의 교육자, 경제학자, 경영자, 과학자 등은 산업과 인구의 기하급수적인 성장이 지구의 미래에 미칠 영향을 연구하기 위해 1968년 '로마클럽'을 탄생시켰지요. 그들은 천연자원의 고갈, 공해에 의한 환경 오염, 개발도상국의 폭발적인 인구 증가, 군사 기술의 진보에 따른 위협 등 인류의 위기에 대해 각성하고, 여기에 대응할 수 있는 길을 모색하는 활동을 진행했습니다.

로마클럽은 미국 MIT대학의 제이 포레스터 Jay Forrester(1918~) 교수에게 이 문제를 시스템 다이내믹스 System Dynamics[16]를 통해 다룰 수 있는지 문의했습니다. 포레스터 교수는 회의를 마치고 귀국하는 비행기 안에서 시스템 다이내믹스로 구현한 세계 사회 경제 체제 모형인 '월드 1 World 1'을 설계했고, 이를 '월드 2 World 2'로 개선해 1971년에 저서 《세계 동태론 World Dynamics》을 통해 소개했어요. 세계 인구와 산업 생산, 오염, 자원, 식량 등 주요 변수 사이의 상호 관계를 분석한 이 책은 출간되자마자 큰 관심을 끌었습니다. 그는 당시와 같은 속도의 성장이 계속되면 세계 사회 경제 체제는 21세기 어느 즈음에 붕괴 위험에 처하겠지만, 정책적으로 이를 잘 조절하면 먼 미래까지 어느 정도 높은 생활 수준을 유지할 수 있다

---

16 시스템 다이내믹스 사회 시스템과 같은 복잡한 시스템의 동태 파악을 통계 자료가 아니라 자유롭게 시스템을 구축해서 분석하는 방법이다. 1950년대 중반 MIT대학의 제이 포레스터 교수에 의해 시작되었다. 시스템을 먼저 구성 요소로 분해하고, 요소 간의 여러 관련성을 찾아서 결과를 표현한다.

고 말했어요.

로마클럽은 이에 대해 더 깊이 연구해 줄 것을 요청했고, 포레스터 교수는 이 프로젝트를 제자 데니스 메도즈Dennis L. Meadows에게 맡겼습니다. 이런 과정을 거쳐 세상에 발표된 보고서가 경제 성장이 환경에 미치는 부정적인 영향을 다룬 《성장의 한계The Limits to Growth》[17]입니다. 도넬라 메도즈Donella H. Meadows, 데니스 메도즈, 요르겐 랜더스Jørgen Randers, 윌리엄 베른 3세William W. Behrens III 등 네 명이 공동 집필한 보고서는 1972년 책으로 발간되자마자 베스트셀러가 되면서 국제적인 명성을 얻었지요. 포레스터 교수의 제자인 저자들은 당시 20대 후반에서 30대 초반의 젊은 학자들이 었어요.

이 책에는 기하급수적 성장 행태가 갖는 특성1장, 기하급수적 성장으로 생길 문제점2장, 지구 체제에서 성장 추세의 지속이 가져올 파국3장, 과학기술이 파국을 해결할 가능성4장, 그리고 지속 가능한 성장으로 나아가기 위해서 필요한 과학 기술과 정책5장에 대해 쓰여 있습니다. 저자들이 내린 결론을 요약하면 다음과 같습니다.

> 첫째, 세계 인구, 공업화, 오염, 식량 생산 및 자원 사용의 성장 추세가 같은 속도로 지속된다면, 유한한 환경에서 인구 증가와 공업화, 식량 감소, 자원 고갈, 환경 오염이 발생해 앞으로 100년 이내에 지구 상의 성장은 한계점에 이른다.

---

17 1972년에 초판을 출간한 뒤 새로운 자료와 발견을 반영해 1992년에 개정판 《성장의 한계, 그 이후》를, 2004년에 30년 개정판 《성장의 한계: 30주년 기념 개정판》을 출판했다.

둘째. 적극적인 성장 억제 정책과 인구 안정화 정책을 취하면 지속 가능한 성장이 가능하며 지구의 파국은 피할 수 있다. 그러므로 하루라도 빨리 인구와 자본의 안정화 정책을 실시해 세계를 균형 상태로 유도해야 한다.

그 당시 선진국들은 더 풍요로운 생활을 위해, 후진국들은 가난에서 벗어나기 위해 성장은 필수라고 믿었습니다. 그래서 이들의 주장이 지구의 미래와 기술의 기여도를 지나치게 비관적으로 본다고 비난하는 사람들도 있었지요. 일부 거센 비판에도 불구하고 이 책은 1970년대 이후 환경 문제를 세계적인 관심사로 끌어내는 데 결정적인 역할을 했습니다.

1972년 스웨덴의 스톡홀름에서 첫 환경 회의가 열렸을 때는 환경부나 환경청이 있는 나라가 10개국도 안 됐습니다. 그 뒤 여러 나라에서 내각 수준의 환경 부서가 창설되거나 환경 관련 법규가 강화되었죠. 대중 매체도 지구와 인구 문제, 자원 고갈과 환경 문제를 다룬 다큐멘터리를 방송하며 환경 의식을 높이는 데 앞장섰습니다. 환경에 대한 관심이 높아지면서 환경 파괴로 인한 지구 온난화에 대한 대책도 마련되었어요. 1997년 12월 일본의 교토에서는 지구 온난화 규제 및 방지를 위한 국제 협약인 기후변화협약의 구체적 이행 방안인 교토의정서가 채택되었고, 2005년 2월부터 그 효력이 발효되었지요. 이행 의무 대상국인 오스트레일리아, 캐나다, 미국, 일본, 유럽 연합 회원국 등 총 38개국은 2008~2012년에 온실가스 배출량을 1990년 수준보다 5.2퍼센트 줄인다는 내용이었습니다. 교토의정서 발효를 계기로 화석 연료를 넘어 지속 가능한 에너지 시대를 향한 발걸음이 시작되었지만, 세계 최대의 온실가스 배출국인 미국은 개발도상국이 온실가스 감축에 참여하지 않는 것을 이유로 교토의정서 서명 철회를 선언했어요. 지구의 미래를 우선으로 하는 성장을 위한 길이 쉽지 않다는 걸 보여 준 셈이지요. 그 뒤 2015년 12월 195개국 만장일치로 파리협정이 채택되어, 교토의정서가 만료되는 2020년 이후 모든 나라에 적용할 새로운 기후 변화 대응 목표와 방향이 정해졌습니다. 주요 내용은 기온 상승을 지구 운명을 가를 마지노선인 '섭씨 2도'보다 낮은 기준인 1.5도 이하로 제한하는 데 모든 노력을 기울이고, 선진국은 개발도상국에 기후 변화 대응에 필요한 재원을 제공하며, 2023년부터 5년마다 탄소 감축 약속을 지키는지 이행 상황 및 달성에 대한 경과 보고를 유엔에 제출한다는 것이에요. 그러나 파리협정 역시 국제법적인 구속력은 없으므로 모든 나라, 특히 선진국들이 반드시 지키겠다는 의지가 없다면 유명무실해질 수도 있습니다.

경제 성장과 환경 보존, 두 마리의 토끼를 잡으려면?

1987년 유엔UN의 환경과 개발에 관한 세계 위원회WCED에 의해 처음 사용된 말인 '지속 가능한 발전Sustainable Development'이란 현 세대의 개발 욕구를 충족시키면서도, 미래 세대의 개발 능력을 저해하지 않는 환경 친화적인 개발을 의미합니다. 개발에 앞서 환경 친화성을 먼저 평가해 정책에 반영함으로써, 미래에도 지속적인 성장이 가능한 환경을 후손들에게 물려줄 수 있도록 적절한 개발을 하자는 의도가 담긴 말이죠.

실제로 20세기 후반으로 접어들어 성장 위주의 경제 활동을 펼친 결과 지구 기후 변화, 오존층 파괴, 멸종 생물 발생 등 지구 생태계 전체에 심각한 위험 신호가 나타났습니다. 더는 지체할 시간이 없다는 위기감이 높아지면서 1990년대에 '생태경제학'이 태동되었어요. 생태경제학은 성장 위주의 경제 활동은 생태계로부터 에너지와 물질을 획득하기 때문에 자원고갈과 환경 파괴를 일으킨다고 보았습니다. 또한 사용한 폐기물을 생태계로 배출해 환경 오염을 유발함으로써 생태계에 부담을 가중시켜 위기를 초래한다고 여겼지요. 생태경제학자들은 생태계와 인간 사회는 '에너지와 물질의 흐름'으로 연결된 유기적인 시스템이므로 인간의 경제 행위와 자연 생태계를 분리해서 다루지 말고, 이를 통합한 연구가 이루어져야 한다고 말했어요. 이들은 지속 가능한 발전을 하려면 시장의 신호대로 생태계를 이용하는 것이 아니라, 생태계의 원칙에 시장의 신호가 따라가는 경제 활동을 해야 한다고 주장했습니다. 또한 시장의 성과에 대한 집착에서 벗어나 경제 활동에 따른 에너지와 물질의 흐름 분석, 그것이 생태계에 미치는 영향을 중시하자고 제안했어요. 나아가 생태계를 이용하는 과정에서 경제적 약자나 미래 세대에게 불이익이 돌아가지 않도록 해야 한다고 강조했습니다.

1996년 캐나다 브리티시컬럼비아대학교 대학원생 마티스 웨커네이걸Mathis Wackernagel과 지도 교수 윌리엄 리스William Rees는 '생태발자국'이라는 개념을 발표했습니다. 이는 사람들이 지구에서 살아가기 위해 필요한 자원을 생산하는 데 드는 비용과 배출한 쓰레기를 처리하기 위해 드는 비용을 땅의 면적으로 환산한 수치입니다. 즉 인간이 지구에 살면서 자연에 남긴 영향을 수치로 나타낸 것이지요. 생태발자국은 글로벌 헥타르gha 또

는 지구의 개수로 나타내는데, 수치가 클수록 지구에 해를 많이 끼친다는 뜻입니다. 다시 말해, 지속 가능한 발전을 하려면 생태발자국을 줄여야 해요. 그러기 위해서는 자원의 낭비를 최소화하고 대체 에너지를 개발해 환경 파괴와 자원 고갈을 막아야 합니다.

그런데 현재 지구인들의 생태발자국은 어느 정도일까요? 세계자연기금WWF이 발표한 '지구생명보고서 2016'에 따르면, 2012년 현재 지구 생태계가 스스로 회복할 수 있는 생태발자국은 1인당 1.7gha인 데 비해 인구 100만 명이 넘는 152개국을 대상으로 조사한 결과 평균 생태발자국은 2.8gha였습니다. 전 세계 사람들이 평균적으로 지구의 1.6배 정도 규모의 자원을 소비하며 살고 있다는 뜻이지요. 이 상태로 가면 2050년에는 생태발자국이 현재보다 약 2배 증가해 지구 세 개 정도 규모의 자원을 소비할 것으로 예측됩니다. 지구의 파국을 막으려면 하루라도 빨리 생태발자국을 줄이는 일을 최우선 과제로 삼아야 해요. 더구나 2012년 한국의 생태발자국은 세계 평균 생태발자국의 두 배가 넘는 5.7gha라고 하니 심각한 상황입니다.

소비자에 달린 지속 가능한 발전의 성공 여부

2004년에 발간된《성장의 한계: 30주년 기념 개정판》에서 저자들은 이렇게 말했습니다.

"기술과 시장은 대부분 인간 사회가 가장 간절하게 바라는 것을 얻을 수 있도록 도와준다. 기술과 시장의 주목표가 성장이라면 할 수 있는 한 오랫동안 성장을 구가할 수 있게 돕는다. 하지만 주목표가 균형과 지속 가능성[18]이라면 또한 그 목표를 달성할 수 있도록 기여한다."

그렇다면 기술과 시장의 주목표는 균형과 지속 가능성으로 옮겨 간 걸까요?

1981년에 시작된 세계경제포럼 다보스포럼 은 세계 각국의 재계, 정계, 학계에 몸담은 여러 사람이 참여해 각종 정보를 교환하고, 세계 경제 발전 방안 등에 대해 논의하는 국제 민간 회의입니다. 2002년 다보스포럼에서는 46개 다국적 기업이 글로벌 기업 의제로 지속 가능한 경영에 대한 논의를 벌였어요. 지속 가능한 경영이란 기업이 경제적인 성장과 더불어 사회에 공헌하고 환경 문제에 기여해 소비자의 기대에 부응함으로써, 기업 가치와 경쟁력을 높여 지속적인 성장을 꾀하는 경영 활동을 뜻합니다. 참여 기업들은 지속 가능한 경영이 이루어지려면 제품의 품질이나 가격 정책, 마케팅 전략을 통해 수익을 확대하는 전통적인 경영 가치 외에, 투명하고 윤리적인 경영이 필요하다고 입을 모았습니다. 또 기업의 고려 대상이 아니었던 사회 발전과 환경 보호에 대한 기여도 중요하다는 데 인식을 같이했어요. 환경과 사회 문제에 대한 관심이 높아지면서 기업의 사회적 책임에 대한 요구가 급증한 결과 변화의 바람이 불기 시작한 거죠.

---

18 《성장의 한계》초판에 쓰였던 '전반적인 균형 상태(the state of the global equilibrium)'라는 표현은 1987년 브룬트란트위원회(WCED: 환경과 개발에 관한 세계 위원회)에서 지속 가능성(sustainability)이라는 새로운 용어를 사용한 뒤 개정판부터 지속 가능성 또는 지속 가능한 사회(a sustainable society)라는 표현으로 바뀌었다.

하지만 아직 갈 길은 멉니다. 2015년 9월에 발생한 독일 폭스바겐의 디젤엔진 차량 배기가스 조작 사태는 기업들이 환경 보호에 임하는 현주소를 보여 주는 단적인 예라고 할 수 있어요. 디젤엔진은 힘은 좋지만 오염 물질을 많이 배출하는데, 오염 물질 배출을 줄이면 힘과 연비가 떨어집니다. 폭스바겐은 이런 단점을 개선한 엔진을 개발했다면서 에너지 효율을 높이는 친환경을 마케팅 도구로 내세웠습니다. 그 덕분에 폭스바겐의 디젤 차량은 환경 기준이 상대적으로 엄격한 미국에서도 잘 팔렸어요. 하지만 이는 곧 소비자를 우롱한 조작이라는 사실이 밝혀졌습니다. 폭스바겐은 검사소에서 차를 세워 둔 채로 배기가스를 검사하는 점을 이용해 배출량을 조작했어요. 폭스바겐 디젤 차량은 차가 서 있을 때는 오염 물질을 덜 배출했지만, 실제 주행 중에는 기준치보다 수십 배나 많이 나왔습니다.

폭스바겐의 배기가스 조작 사태가 터지자 최고경영자 CEO 는 바로 물러났고, 주가는 폭락했으며, 신차 판매량은 급작스럽게 줄고, 중고차 가격도 크게 떨어졌습니다. 이쯤에서 사태가 진정된다면 기업들은 균형과 지속 가능한 발전을 위한 기술 개발을 하는 대신, 또다시 눈가림을 하는 전략을 구사할 겁니다. 그런데 폭스바겐의 디젤 사태가 발생한 직후인 2015년 10월 한국에서의 판매량은 전달 대비 46퍼센트 줄었지만 다음 달인 11월에는 최다 월 판매 기록을 갈아 치웠어요. 전체 수입차 가운데서도 가장 많은 판매량을 달성한 것은 60개월 무이자 할부라는 파격적인 혜택을 앞세운 덕분이었습니다. 기업 윤리를 저버린 회사의 제품이라도 가격이나 할인 등의 혜택을 주면 소비자는 기꺼이 이를 선택한다는 사실을 입증한 거죠.

　기술과 시장의 목표를 변화시키는 일은 결국 소비자들의 의식과 소비 행태에 달려 있습니다. 이윤 추구를 최우선으로 하는 기업일수록 소비자들의 선택 여부를 살피는 데 능하므로, 결국 지구의 미래를 지키는 지속 가능한 발전의 성공 열쇠는 소비자들이 쥐고 있는 셈이지요. 균형과 지속 가능한 발전을 우선으로 하는 소비가 일반화되면, 기업들은 지속 가능한 경영을 위해 이에 맞는 경영 전략을 세울 거예요. 그 결과로 기술과 시장의 목표는 자연스럽게 변할 것입니다. 한 사람 한 사람의 선택이 힘을 발휘하면 지구를 지킬 수 있다는데, 나부터 지속 가능한 발전에 관심을 가진 소비자로 거듭나야겠지요?

● 생태 도시 프라이부르크

　　독일 남서부에 있는 인구 21만의 작은 도시 프라이부르크는 '독일의 환경 수도'로 불린다. 인류가 앞으로 어떻게 살아가야 하는지를 보여 주는 생태 도시의 모델이기 때문이다. 1970년대 초 원자력발전소 건설 계획이 발표되자 독일에서 가장 품질 좋은 와인을 생산하던 프라이부르크 시민들은 포도나무와 와인을 지키기 위해 원전 반대 운동을 벌였다. 포도나무를 지킨 시민들은 1986년의 체르노빌 원전 사고 이후 도시 환경 지키기에 나서 시의회는 '에너지 자립 도시'를 선언했으며, '에너지 절약, 신재생에너지 개발, 에너지 효율 신기술 개발'이라는 세 가지 에너지 정책 원칙을 세웠다.

프라이부르크에서는 화석 연료나 핵연료를 이용해 발전시킨 전기 대신 태양광, 풍력, 수력 등 신재생에너지만 사용한다. 프라이부르크 시내로는 자가용 자동차는 들어올 수 없고 자전거와 전차, 버스 등 대중교통 수단만 진입할 수 있다. 덕분에 시내 도심은 보행자들의 천국이고, 전체 도로 540킬로미터 가운데 자전거 도로가 410킬로미터에 달한다. 남북 길이 130킬로미터에 달하는 도시 외곽의 광대한 숲에서 불어오는 신선한 바람이 도시로 잘 스며들고 통과하도록 고층 빌딩도 세우지 않는다.

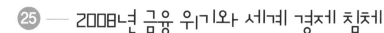

㉕ ── 2008년 금융 위기와 세계 경제 침체

● 자본의 국제적인 이동이 자유로워지자 자본은 조금이라도 더 수익을 낼 수 있는 곳
으로 이리저리 움직였다. 자본 시장이 하나가 되면 금융 위기의 확산 속도도 빨라질
수밖에 없다. 2008년 미국의 투자은행인 리먼 브라더스의 파산으로 시작된 금융 위
기는 바로 유럽으로 옮겨 갔고, 곧바로 세계 경제 침체로 이어졌다. 각국은 위기를
탈출하기 위한 공조를 강화했지만 경제 침체는 장기화되고 있다. 금융 위기의 배경
과 세계 경제 침체의 실상, 이를 계기로 제기되는 새로운 경제 시스템과 패러다임의
전환에 대해 알아보자.

금융시장의 지뢰로 변한 모기지 유동화 증권

많은 미국인은 집값의 일부가 마련되면 먼저 집을 사고, 나머지는 집을
담보로 하는 주택 담보 대출, 즉 모기지론을 받아 충당합니다. 모기지론을
받으면 대출 원금과 이자를 30년 정도의 긴 기간에 걸쳐 갚아 나가요. 미
국 금융 기관의 대출은 신용 등급에 따라 우량인 '프라임 대출'과 비우량
인 '서브프라임 대출'로 나뉩니다. 서브프라임 대출은 대출금을 갚지 못
할 위험이 높거나 대출 금액이 주택 가격의 80퍼센트를 초과하는 대출을
말합니다.

집값이 계속 오를 경우 대출자의 경제 사정이 나빠지더라도 모기지론은 큰 문제가 되지 않아요. 가격이 상승한 집을 담보로 돈을 더 빌려 버티거나, 아예 집을 팔고 대출금을 갚아도 남는 돈이 생기니까요. 그러나 집값이 하락할 경우 상황은 달라집니다. 주택 가격이 크게 하락한다면 집을 팔아 대출금을 갚는 대신 아예 집을 포기하는 것이 유리할 수 있어요. 이 경우 금융 기관은 담보로 잡은 주택을 경매로 팔아도 대출금을 모두 회수할 수 없어서 손실을 입죠. 그래도 주택 담보 대출이 그 자체로 끝났다면 모기지론 문제로 세계 경제가 흔들리는 일은 발생하지 않았을 겁니다.

파생 상품 시장이 발달하면서 모기지 유동화 증권MBS(Mortgage-Backed Securities)이라는 파생 금융 상품이 등장했는데, 문제는 누구도 이것의 위험성을 인식하지 못했다는 데 있어요. 파생 금융 상품이란 특정 금융 거래를 바탕으로 만들어진 또 다른 금융 상품을 의미합니다. 미국 금융 회사들은 모기지론을 받은 사람들이 상환할 돈을 바탕으로 채권을 발행해서 판매했는데, 이렇게 모기지론을 증권화한 것이 '모기지 유동화 증권'입니다. '주택저당증권' 또는 '모기지 담보 증권'이라고 부르기도 해요. 이전에는 금융 기관이 여유 자금을 모두 사용하고 나면 더는 대출을 할 수 없었지만, 모기지 유동화 증권을 발행해서 팔면 또 다른 대출을 일으킬 자금을 확보할 수 있어요. 증권화가 1차에서 끝나지 않고 2차, 3차까지 이어지자 주택 담보 시장에는 돈이 넘쳐 났지요. 자금에 여유가 생긴 금융 기관들은 새로운 수요를 찾아낼 궁리를 했습니다. 그래서 신용 등급이 기준에 못 미치는 사람, 즉 소득이 불안정하거나 심지어 소득이 없는 사람에게도 주택 담보 대출을 해 주었는데, 이런 대출이 모두 서브프라임 대출입니다.

2000년대 초반, 닷컴 버블의 붕괴와 9·11 테러 사건으로 경기가 얼어붙자 미국 정부가 국내 투자를 활성화하기 위해 내놓은 저금리 정책도 주택 구입 열기를 부추기는 데 한몫했습니다. 그래서 주택 시장에 거품이 생겼어요. 1996년부터 10년간 미국의 주택 가격은 190퍼센트나 올랐죠. 주택 가격이 계속 상승했으므로 서브프라임 대출은 문제가 되지 않았고, 이를 취급하는 금융 기관은 거액의 이자 수익을 벌어들였습니다. 그러나 끝없이 오를 것 같았던 주택 가격이 2006년 6월부터 빠른 속도로 하락하기 시작해 집을 포기하는 것이 대출금을 상환하는 것보다 유리해졌어요. 대출금을 갚지 못한 사람들은 살던 집에서 쫓겨나는 고통을 당해야 했고, 그동안 이자 수익에 희희낙락했던 금융 기관들은 손실을 이기지 못하고 하나둘씩 무너졌습니다.

그런데 왜 아무도 파생 금융 상품의 위험성을 인식하지 못했을까요? 파생 상품은 1972년 미국에서 처음 등장했는데, 미래의 환율 변동에 따른 손실을 피하기 위한 선물환거래[19]로부터 시작되었어요. 그런데 1980년 중반부터 파생 금융시장이 급속하게 확대되면서 1200여 개의 다양한 파생 상품이 등장했죠. 경제의 국제화가 급속도로 이루어지면서 국제 금융시장에서의 위험이 증가함에 따라 위험 회피 수단의 중요성이 커졌기 때문입니다. 양파 껍질을 까면 하얀 속살이 보이고, 이를 벗기면 또 다른 속살이 나타나는 것처럼 파생 상품 시장에서도 하나의 거래를 바탕으로 많

---

19 선물환거래 미래의 환율 변동으로 생길 수 있는 위험 부담을 덜기 위해 미래 거래에 적용할 환율을 현재 환율을 바탕으로 미리 계약하고 이루어지는 외환 거래.

은 파생 상품이 만들어졌어요. 양파의 어느 부분이 상하면 금방 다른 곳으로 번지듯 파생 금융 상품도 어느 하나에 문제가 생기면 금방 이와 관련된 다른 상품에 영향을 미칩니다. 그러나 서브프라임 대출 부실 사태가 발생하기 전에는 이런 위험에 대해 전혀 인식하지 못했어요. 금융 회사들은 자산을 증가시키지 않고도 수수료 수입을 올릴 수 있는 투기 목적의 다양한 파생 거래를 만들어 냈습니다. 하지만 이에 대한 관리 감독이나 위험을 파악하는 일은 제대로 이루어지지 않았으므로 파생 금융 상품은 금융시장의 지뢰로 변질되었던 것입니다.

그리스의 재정 적자에 발목이 잡힌 세계 경제

서브프라임 모기지론 사태는 결국 미국의 실물 경제에도 충격을 주었습니다. 미국 정부는 이를 수습하기 위해 엄청난 돈을 쏟아부었고, 경제는 잠시 안정을 찾아가는 것처럼 보였어요. 그러나 미봉책 잘못된 일을 근본적으로 고치지 않고 그때그때의 상황에 따라 처리하는 방도으로 찾은 안정은 오래가지 않았고, 2008년 9월 15일 미국 4위의 투자은행이었던 리먼 브라더스가 파산했습니다. 154년의 전통을 가진 리먼 브라더스가 파산한 충격으로 금융 기관에 대한 신뢰가 사라지자 미국의 주요 은행을 비롯한 전 세계의 금융 기관에서 예금 인출 사태가 벌어졌어요. 리먼 브라더스의 파산이 세계 금융 위기의 기폭제가 된 거죠. 금융 위기는 유럽으로 옮겨 간 뒤 시시때때로 세계 경제를 위협하는 불씨가 되었습니다.

남유럽에 투자되었던 국제 금융 자본들이 빠져나가면서 가장 먼저 타격을 입은 나라는 그리스였어요. 그리스는 해운 및 관광 산업이 경제에서 차지하는 비중이 큰 나라입니다. 이처럼 유독 경기에 민감한 산업이 침체되어 세금이 걷히지 않자 원래 국내 총생산GDP의 100퍼센트에 이르는 국가 부채를 가졌던 그리스의 재정 적자는 더욱 심각해졌어요. 2010년 1월 그리스의 재정 적자는 2160억 유로라는 천문학적인 수치에 도달했는데, 이는 GDP의 120퍼센트가 넘는 액수였습니다. 재정 적자로 다른 나라에서 빌린 돈을 갚지 못하겠다는 채무 불이행디폴트 선언을 해야 할 정도로 위기에 몰린 그리스는 2010년 4월 유럽 연합EU, 국제통화기금IMF, 유럽중앙은행ECB의 이른바 트로이카로 불리는 채권단이 제시한 구제 금융[20]을 받았어요. 트로이카는 그리스에 공기업 인원 감축, 공공 부분 근로자 보너스 감축, 연금 제한 등 공공 부문과 복지 혜택을 축소하는 긴축 정책[21]을 통해 재정 적자를 줄일 것을 요구했습니다. 그리스 국민은 반대 시위를 벌였고, 차라리 디폴트를 선언하고 유로존을 탈퇴하는 것이 낫다는 말도 나왔어요. 그리스가 유로존을 탈퇴하면 유로화의 가치가 폭락함은 물론 유로존이 붕괴될 위험도 있으므로 다른 유럽 연합 국가들은 벙어리 냉가슴 앓듯 전전긍긍했습니다.

1100억 유로의 1차 구제 금융은 그리스의 디폴트 선언을 잠시 미루게 만드는 효과만 가져왔고, 2010년 후반에 그리스는 물론이고 스페인과 포르투갈도 극심한 경기 침체와 국가 부채 증가를 겪었습니다. 여기에 유

---

20 구제 금융 기업, 은행, 국가, 개인이 파산하는 것을 막기 위해 정책적으로 제공하는 자금. 1997년 아시아 금융 위기가 왔을 때 한국도 IMF의 구제 금융을 받았다.

21 긴축 정책 국가 재정의 기초를 다지기 위해 국고금의 지출을 최소한으로 줄이는 정책.

로존 3위의 경제 대국인 이탈리아까지도 위험하다는 말이 나왔어요. 이들 4개국을 국가명의 첫 글자를 조합해 PIGS Portugal, Italy, Greece, Spain 라고 부르는데, PIGS의 문제가 심각해지면 이들 국가에서 발행한 국채를 매입해 준 프랑스와 독일 은행들도 손실을 입게 됩니다. 그러면 유로존 경제가 붕괴되고, 나아가 세계 경제가 위험해져요. 이런 위험성 때문에 2011년 세계 경제는 홍역을 치렀습니다. 2012년 다시 그리스에 1300억 유로의 2차 구제 금융이 제공된 뒤에 다른 나라들은 잠시 한숨을 돌렸지요. 그러나 이러한 위기를 빌미로 영국에서는 유럽 연합을 탈퇴하자는 브렉시트[22] 바람이 불었고, 2016년 6월 찬반 투표에서 투표에 참여한 영국 국민의 51.9퍼센트가 찬성표를 던지면서 영국의 EU 탈퇴가 결정되었습니다. 이로 인해 유럽 경제는 다시 요동을 쳤고, 계속 언제 무슨 일이 불거질지 모르는 살얼음판을 걷고 있어요.

장기적인 추세로 자리 잡는 저성장과 고실업

2008년 금융 위기가 발생했을 당시에는 경기가 하락한 후 침체가 지속되는 L자형 불황이 될 거라는 비관론이 우세했지만, 반면에 경기가 바닥을 찍고 다시 상승하는 U자형 경기 회복을 보일 거라며 낙관론을 펴는 경제 전문가들도 있었어요. 2017년 현재까지 세계 경제는 회복의 실마리를 찾지 못하고 있으니 결과적으로 비관론자의 예측이 맞았다고 할 수 있지요.

---

22 브렉시트(Brexit) 영국(Britain)과 탈퇴(Exit)의 합성어로 영국의 유럽 연합 탈퇴를 뜻하는 말이다.

경제 뉴스를 들을 때마다 사람들을 우울하게 만드는 낮은 성장률과 높은 실업률은 이제 세계적인 현상이에요.

독일의 세계적인 금융서비스 기업 알리안츠에 속한 세계 최대 채권 펀드 핌코PIMCO의 공동 최고경영자였던 모하메드 엘 에리언Mohamed El Erian은 비관론자 가운데 한 사람이었습니다. 그는 2008년에 출간된 저서 《When Markets Collide》[23]에서, 2008년의 금융 위기를 기점으로 선진국뿐만 아니라 높은 싱장률을 보였던 신흥국들의 경제 성장도 둔화될 것이며, 앞으로 세계는 저성장, 저금리, 저물가, 고실업, 정부 규제의 강화가 일반화되고, 이런 현상이 장기적인 추세로 자리 잡을 거라고 했습니다. 그리고 시간이 흐르면서 이런 달갑지 않은 현상을 뉴 노멀New Normal, 즉 새로운 경제 표준으로 받아들여야 한다는 소리가 높아졌어요.

금융 위기 발생 초기에는 세계의 공장이자 시장인 중국이 세계 경제 회복의 실마리를 풀어 주리라고 기대하는 사람들도 많았습니다. 그러나 2014년 6월 중국의 국가주석 시진핑習近平은 '신창타이新常態(New Normal)'를 거론하며 과거와 같은 고도성장에 집착한 대규모 경기 부양책을 시행하지 않을 것이라고 했어요. 성장률이 낮아지더라도 지속적인 성장을 이룰 수 있는 상태를 만드는 것이 중국 경제의 새 패러다임이라고 선언했으니 중국이 30여 년간의 고도성장기가 끝났음을 공식적으로 인정했다고 볼 수 있지요.

그렇다면 삶의 질이 떨어지고, 자산 가치가 하락하며, 경제 성장은 둔

---

23 2009년 1월에 출간된 한국어 번역판의 제목은 '새로운 부의 탄생'이다.

화될 거라는 추세를 그냥 받아들여야만 할까요? 아니지요. 현재 세계를 지배하는 자본주의 경제 체제를 분석하고 미래를 위한 대안을 제시하는 시도가 일어나는 데 희망을 걸어 봅시다. 영국의 경제평론가 아나톨 칼레츠키Anatole Kaletsky(1952~)는 2010년에 펴낸 책《자본주의 4.0 Capitalism 4.0》에서, 금융 위기는 자본주의 시스템에 치명적인 타격을 입혔지만 이를 자본주의 역사의 구조 전환의 계기로 만들어 진화된 자본주의 시대를 열자고 주장했어요. 그는 정부와 시장이 모두 잘못을 저지를 수 있다는 사실을 인정함으로써 민간 인센티브와 정치적 결정을 함께 반영하는 상호 견제적인 경제 시스템으로 전환한다면, 금융 위기 이전 시대보다 경제 성장도 더 빠르고 삶의 질도 더 높은 뉴 노멀을 만들 수 있다고 강조했습니다.

경제의 새로운 패러다임은?

아나톨 칼레츠키의 제안대로 민간 인센티브와 정치적 결정을 함께 반영하는 상호 견제적인 경제 시스템으로 전환한다면 경제 시스템의 안정성은 높아질 거라고 봅니다. 그런데 경제를 지배하는 패러다임의 전환이 함께 이루어지지 않아도 사람들의 삶의 질이 더 높은 뉴 노멀을 기대할 수 있을까요?

2008년에 시작된 경기 침체가 장기화되면서 2015년 한국에서는 '금수저, 은수저, 동수저, 흙수저' 등 부모의 재력에 따라 자녀의 삶의 질이 달라지는 현실을 수저에 빗대어 말하는 수저계급론이 유행했습니다. 이는 "자본주의가 시작된 이래 대부분의 시기에 자본 수익률이 경제성장률을 앞섰으므로 자본을 소유한 계층으로 부가 집중되었고, 이런 부의 대물림이 사회에서 차지하는 비중이 커지면서 부의 불평등은 점점 심화되고 있다."고 말한 프랑스의 경제학자 토마 피케티 Thomas Piketty(1971~)의 주장과 일맥상통하지요.

피케티 교수는 세계화 이후 악화되는 불평등 문제를 바로잡기 위해 18세기부터의 유럽과 미국의 자본의 역사와 흐름에 대한 방대한 자료를 수집해 소득과 부 분배의 역사적 변화 추세를 분석했습니다. 2014년에 펴낸 그의 저서 《21세기 자본》은 세계적으로 주목받으며 '피케티 신드롬'을 일으켰고, 자본주의와 불평등에 관한 논쟁을 벌이게 만들었어요. 그는 불평등을 줄이기 위해 세계 어느 나라에 재산이 있든 각국이 동일한 세율로 세금을 매기고, 재산의 규모가 클수록 높은 세율을 적용하자는 '누진적인 글로벌 자본세' 도입을 제안했지요. 이런 제안은 신자유주의가 평범한 사람들의 재산 형성이나 개인의 자유로운 경제 활동을 위해 최선이라고 주장하는 주류 경제학자들의 공격을 받았습니다.

가장 못마땅하게 여긴 사람은 경제학의 바이블로 통하는 《맨큐의 경제학》을 쓴 미국 하버드대학의 교수 그레고리 맨큐 Gregory Mankiw(1958~)였어요. 2011년 11월 초, 그의 강의를 듣던 학생 중 일부가 맨큐 교수가 2008년 금융 위기의 원인을 제공한 탐욕스런 신자유주의를 옹호하는 데 반발하며 강의실에서 퇴장해 버렸죠. 그는 이런 사태에도 굴하지 않고 1970년대 이후 꾸준히 커진 미국의 빈부 격차는 여러 복합적인 요인에 의해 진행되었고, 경제 성장에 기여한 자본 투자가들이 많은 부를 누리는 것은 당연하다는 입장을 고수했습니다.

'피케티 신드롬'이 세계를 달군 일은 부의 불평등 해소를 원하는 사람이 엄청나게 많다는 증거였습니다. 경제 성장이나 효율성보다 불평등 해소가 중요하고, 불평등을 심화시키는 성장은 원치 않는다는 생각이 드러난 것이죠. 그러나 누진적인 글로벌 자본세 도입은 개별 국가 차원에서는 이루어질 수 없고, 높은 수준의 국제 협력과 지역별 정치적 통합이 요구되는 제안입니다. 자본주의 국가들이 최상의 목표로 삼고 있는 높은 경제 성장을 대체할 경제의 새로운 패러다임이 자리 잡기 전에는 이런 제안의 실현을 꿈꾸기는 어렵죠. 마찬가지로 성장을 중시하는 패러다임을 바꾸지 않는 한 경제 시스템이 바뀐다고 해도 기아를 해결하고, 지구의 미래를 위한 지속 가능한 발전의 틀을 만들며, 실업을 줄이고 다수의 삶의 질을 높이는 일 등은 제대로 이루어지기 힘들 겁니다.

케인스는 1930년에 발표한 에세이집《우리 후손을 위한 경제적 가능성》에서 100년 뒤에는 1인당 소득이 4~8배 증가하며, 기본적인 생활 수준을 유지하기 위해서 하루 3시간, 일주일에 15시간만 일하는 시대가 올 것이라고 했습니다. 기술의 진보에 따른 생산성 향상으로 1인당 소득은 예측대로 증가했지만 노동 시간은 대폭 줄어들지 않았어요. 영국의 경제사학자 로버트 스키델스키 Robert Skidelsky 와 철학자 에드워드 스키델스키 Edward Skidelsky 부자는 철학과 역사, 경제학의 관점을 모두 동원해 왜 케인스의 예측이 틀렸는지를 파악하고자 했습니다. 이들 부자는《얼마나 있어야 충분한가》를 통해, 자본주의로 인해 인류가 엄청난 부를 일구어 냈음에도 노동 시간에 대한 케인스의 예측이 빗나간 것은 자본주의에 영혼을 빼앗겨 부가 주는 진정한 편익을 누리지 못하고 더 많은 부를 갖는

데 혈안이 되었기 때문이라고 분석했어요.《얼마나 있어야 충분한가》에서 '충분하다'의 의미는 '좋은 삶good life 을 살기에 충분한 정도'를 말합니다. 그렇다면 '좋은 삶'을 산다는 것은 무엇일까요? 이들은 좋은 삶을 구성하는 기본재 일곱 가지로 건강, 안전, 인간에 대한 존중, 개성, 자연과의 조화, 우정, 그리고 여가를 꼽았습니다. 개인적으로는 더 많은 돈을 버는 것, 국가적으로는 더 높은 경제 성장을 이루는 것이 목표면 결코 좋은 삶을 살 수 없다고 강조하며, 1974년 이후 영국의 국민 총생산 GDP 은 두 배 가까이 늘었지만 좋은 삶을 구성하는 기본재는 전혀 늘지 않았다는 사례를 밝혔죠.

이러한 자본주의 역사의 구조적 전환의 시기에 우리는 무엇을 해야 할까요? 낮은 경제 속에서도 일자리 나누기가 성공적으로 정착한다면 일자리는 늘어날 수 있고, 높은 성장이 지속되더라도 고용 없는 성장이 이루어지고 기계나 로봇을 이용해 생산성이 증가한다면 실업률은 오히려 높아질 수 있어요. 일반적으로 사회복지제도를 확충하는 것은 좋은 일이라고 보지만 국가 재정을 파탄에 이르게 할 정도거나, 근로 의욕을 낮아지게 만들 정도면 문제가 생기지요. 이렇게 경제 문제는 단순하지가 않아서 경제의 새로운 패러다임이 될 단어를 한마디로 꼭 집어내기는 어려워요. 그러나 이제 높은 성장이 최선이라는 사고에서는 벗어나야 한다고 봅니다. 먼저 경제의 새로운 패러다임은 사람들의 삶의 질을 향상시키는 데 최선인 무엇이라고 보고, 이를 기준으로 판단해서 경제의 새로운 패러다임에 어울린다고 생각되는 일이라면 적극적으로 행동으로 옮겨 봅시다. SNS를 통해 '피케티 신드롬'이나 '월가 시위'에 동조 의사를 표현한다거나, 만남의 장소를 다국적 기업 카페 대신 공정 무역 카페로 정하거나, 아

무엇도 사지 않는 날 운동에 동참하거나, 친환경적인 상품을 사거나, 생태 관광을 하거나……, 찾아보면 우리가 할 수 있는 일은 참으로 많지요. 그러나 사람들의 귀를 간지럽히는 포퓰리즘적 경제 정책에 환호하지는 맙시다. 치밀한 계산이 뒷받침되지 않은 채 주먹구구식으로 이루어지는 복지 정책이 가져올 결과는 뻔해요. 그것이 무엇인지는 2008년 금융 위기 이후 오늘날의 그리스가 처한 현실만 보면 알 수 있으니까 역사의 교훈을 찾아 멀리 갈 것도 없습니다. 냉철한 머리와 따뜻한 가슴을 가진 세계 시민이 되어 경제의 새로운 패러다임을 세우는 데 도움이 되는 일을 하자는 의견에 '콜'인가요?

아는 사람만 아는 **경제 이야기**

● 월가를 점령하라(Occupy Wall Street)

　　2008년 금융 위기로 시작된 경제 불황이 언제 끝날지 모른다는 불안감이 세계를 지배하던 2011년 9월 17일, 뉴욕 맨해튼의 주코티 공원에서는 'Occupy Wall Street(월가를 점령하라).'를 구호로 내건 시위가 벌어졌다. 시위대는 "최고 부자 1퍼센트에 저항하는 99퍼센트 미국인의 입장을 대변한다.", "매일 아침 일어나서 방값 걱정, 끼니 걱정을 하지 않게 해 달라."고 외쳤다. 이후 시위는 바로 미국의 주요 도시로 번져 나갔고, 10월 15일을 '국제 행동의 날'로 정해 시위를 전 세계로 확산시켰다.

　　'월가를 점령하라' 시위는 금융 자본주의의 탐욕에 대한 반발로 시작되었지만 다른 나라로 확산되면서 금융 위기 이후 더욱 심해진 소득 불균형과 금융 기관의 부도덕성, 청년 실업 문제에 따른 상대적 박탈감이 전 세계를 지배하고 있다는 걸 보여 주었다.

비행청소년
13

엎치락뒤치락
세계 경제
이야기

초판 1쇄 발행 2017년 3월 10일
초판 3쇄 발행 2022년 3월 4일

지은이 석혜원 그린이 어진선
펴낸이 홍석 이사 홍성우
인문편집팀장 박월 편집 박주혜 디자인 김명희
마케팅 이송희 · 한유리 · 이민재 관리 최우리 · 김정선 · 정원경 · 홍보람 · 조영행

펴낸 곳 도서출판 풀빛 등록 1979년 3월 6일 제2021-000055호
주소 07547 서울시 강서구 양천로 583, 우림블루나인 A동 21층 2110호
전화 02-363-5995(영업), 02-364-0844(편집) 팩스 070-4275-0445
홈페이지 www.pulbit.co.kr 전자우편 inmun@pulbit.co.kr

ⓒ 석혜원, 2017

ISBN 978-89-7474-414-4 44300
ISBN 978-89-7474-760-2(세트)

이 책의 국립중앙도서관 출판시도서목록(CIP)은 서지정보유통지원시스템 홈페이지(seoji.nl.go.kr)와
국가자료공동목록시스템(www.nl.go.kr/kolisnet)에서 이용하실 수 있습니다.
(CIP제어번호 : CIP2017003203)